海外中国研究丛书

刘东 主编

[日] 森正夫 编
丁韵 胡婧 等译
范金民 审校

江南デルタ市镇研究

江南三角洲市镇研究

江苏人民出版社

图书在版编目(CIP)数据

江南三角洲市镇研究 /（日）森正夫编；丁韵等译
. —南京：江苏人民出版社，2018.10(2021.4 重印)
（海外中国研究丛书/刘东主编）
ISBN 978-7-214-22422-4

Ⅰ.①江… Ⅱ.①森…②丁… Ⅲ.①乡镇-研究-江苏-20世纪②乡镇-研究-上海-20世纪 Ⅳ.①K925.3②K925.1

中国版本图书馆 CIP 数据核字(2018)第 192303 号

KOUNAN DELTA SHICHIN KENKYU by MORI Masao
Copyright © 1992 By MORI Masao
All rights reserved.
Originally published in Japan by THE UNIVERSITY OF NAGOYA PRESS, Aichi.
Chinese (in simplified character only) translation rights arranged with THE UNIVERSITY OF NAGOYA PRESS, Japan.
Simplified Chinese translation copyright © 2018 by Jiangsu People's Publishing House
All rights reserved.

江苏省版权局著作权合同登记：图字 10-2018-250

书　　　名	江南三角洲市镇研究
编　　　者	［日］森正夫
译　　　者	丁　韵　胡　婧　等
责 任 编 辑	卞清波　洪　扬
责 任 校 对	康海源
装 帧 设 计	陈　婕
责 任 监 制	王　娟
出 版 发 行	江苏人民出版社
地　　　址	南京市湖南路 1 号 A 楼,邮编:210009
网　　　址	http://www.jspph.com
照　　　排	江苏凤凰制版有限公司
印　　　刷	江苏凤凰通达印刷有限公司
开　　　本	652 毫米×960 毫米　1/16
印　　　张	18　插页 4
字　　　数	241 千字
版　　　次	2018 年 11 月第 1 版
印　　　次	2021 年 4 月第 2 次印刷
标 准 书 号	ISBN 978-7-214-22422-4
定　　　价	59.00 元

（江苏人民出版社图书凡印装错误可向承印厂调换）

序 "海外中国研究丛书"

中国曾经遗忘过世界,但世界却并未因此而遗忘中国。令人嗟讶的是,20世纪60年代以后,就在中国越来越闭锁的同时,世界各国的中国研究却得到了越来越富于成果的发展。而到了中国门户重开的今天,这种发展就把国内学界逼到了如此的窘境:我们不仅必须放眼海外去认识世界,还必须放眼海外来重新认识中国;不仅必须向国内读者迻译海外的西学,还必须向他们系统地介绍海外的中学。

这个系列不可避免地会加深我们150年以来一直怀有的危机感和失落感,因为单是它的学术水准也足以提醒我们,中国文明在现时代所面对的绝不再是某个粗蛮不文的、很快就将被自己同化的、马背上的战胜者,而是一个高度发展了的、必将对自己的根本价值取向大大触动的文明。可正因为这样,借别人的眼光去获得自知之明,又正是摆在我们面前的紧迫历史使命,因为只要不跳出自家的文化圈子去透过强烈的反差反观自身,中华文明就找不到进入其现代形态的入口。

当然,既是本着这样的目的,我们就不能只从各家学说中筛选那些我们可以或者乐于接受的东西,否则我们的"筛子"本身就可能使读者失去选择、挑剔和批判的广阔天地。我们的译介毕竟还只是初步的尝试,而我们所努力去做的,毕竟也只是和读者一起去反复思索这些奉献给大家的东西。

刘 东

目　录

序章　江南三角洲的市镇　1

第一章　中国江南三角洲的地貌形成与市镇的分布　1

第二章　朱家角镇史略　31

第三章　清末江南的镇董　98

第四章　中国的人民调解委员会　135

第五章　上海市周边地区聚落系统的空间结构　165

第六章　苏州市及周边地区集市的状况　203

市镇研究文献目录　236

后记　244

作者简介　246

序章　江南三角洲的市镇
—— 由实地调查及历史学、地理学进行探讨的尝试

森正夫

　　从过去到现代，江南三角洲即长江下游南岸的三角洲地带，始终占据着中国经济的核心位置。作为中国史、地理学研究者的我们，都一直对这一地区抱有强烈的关心，这正是本书进行共同研究的出发点。

　　江南三角洲是当今中国的经济政策中具有非常重要的意义的地区。其中上海市是沿海14个经济开放城市之一，江苏省的苏州、无锡、常州地区以及浙江省的嘉兴、湖州地区则构成了全国三大三角洲经济开放区中的长江开放区。就实际的经济活动而言，亦可知这一地区在中国经济中所占地位之高。在此引用1990年的统计数字来看这一问题。首先，上海市以及包含苏锡常地区的江苏省，还有包含嘉湖地区的浙江省，这三个基于江南三角洲的省级行政区的工农业生产额十分引人注目，共计6815亿1千万元，达全国总计31586亿5千万元的21.58%。从工业上来说，江苏省位居全国第一，上海市紧跟增长迅速的广东省位列第三，浙江省位列第五。此外，人均国民收入也是一个值得关注的指标。上海市以4624元列于省级行政区的第一位，大幅超过同样拥有大市区的北京市3321元、天津市2774元，甚至达到广东省1729元的2.67倍。顺便提一下，江苏省的苏州市在上海开港之前不仅是江南三角洲，更是全中国范围内的第一大经济城市，开港以后才让位于上海。不过最近

苏州市在旧有城区的西部建设与之相同规模面积的新区,焕发出新的活力。①

江南三角洲即使在公路发达的今天,全境内仍有无数大小水路纵横交错,其宽广程度之大远远超过我国平原的概念。中日战争中,日军曾根据民国初年中国军队所作地图制成"南支那十万分之一图"(1937年),以此作为侵略的工具之一。②将这张地图的长江下游南岸地区的部分贴于墙面展示,③可以看到除去位于西部的江苏省镇江市一带,江南三角洲全境几乎被一个四边形所覆盖。现在在这个四边形上,以上海市的长江入海口附近为东端,以江苏省金坛县附近为西端,各画一条南北走向的线,其间东西距离约220千米。再以与长江南岸相接的江苏省江阴县为北端,以浙江省桐乡县为南端,各画一条东西走向的线,其间南北距离约140千米。这样江南三角洲从地形上来说,东西向是从江苏省镇江市附近至东海,南北向是从江苏省南部的长江南岸至浙江省北部的嘉兴市附近,也就是包括了江苏南部、上海市、浙江北部的平原地区。在历史上则包含了明清时期的镇江府、常州府、苏州府、松江府、湖州府、嘉兴府一带。

为了与之比较,在此从日本国土地理院发行的十万分之一的地图册中,选取一张包含近畿地区中心部的"大阪及其周边"(1983年)来看。以三重县的名张市为东端,以兵库县的高砂市为西端,分别画一条纵穿南北的线,其间东西距离160千米;以京都市为北端,以纪之川为南端,分别画一条横贯东西的线,其间南北距离达75千米。现将贴合"南支那十

---

① 以上叙述中,有关沿海经济开放城市、三角洲经济开放区及1990年的统计,根据三菱综合研究所编《中国情报手册》,苍苍社,1992年)。有关苏州市的现状,根据1992年5月23—24日森访问该市时与苏州大学副教授王翔先生的谈话,以及森自己的观察。
② 在后述1988年夏季的调查中,森参观南京大学大地海洋系图书室时得知,中华人民共和国正在绘制比例尺更大且更为精密的地图(参照附表三)。但由于这些地图至今尚未公开,如要获得包括地形在内的详细的地理信息,目前仍须使用这种军用地图。
③ 由中山政弘(名古屋大学文学研究科博士前期课程毕业,现任清水东高校教员)复制并张贴于名古屋大学文学部东洋史学研究室大学院室(236号)东侧的墙面。

万分之一图"的上述四边形中上海市市区的中心部,与"大阪及其周边"中奈良市中心部对齐,并将两者重合。这样一来,日本近畿地区的中心部看起来就像是浮在江南三角洲这个大湖东部的一座岛屿,而靠近近畿西端的淡路岛北部,在江南三角洲中大致与地处中心的苏州市位置一致。

这个地区,在历史上从近代追溯到很久以前都十分富饶。众所周知,桑原骘藏写于1925年的名篇《历史上所见的南北中国》①中就已关于这一点指出许多基本史实。现在的苏州市作为吴国的首都吴城建设于公元前六世纪末,②即便这一时期另当别论,在10—13世纪的宋代,苏州、常州、湖州一带的水稻栽培也已迅速发展,出现了"苏常熟天下足"、"苏湖熟天下足"的谚语。③ 而在始于14世纪后期的明清两代,江南三角洲无疑是中国经济文化最为发达的地区,为19世纪40年代上海的开港及其繁荣奠定了基础。④ 而且不仅如此,江南三角洲以历史时期的这种特征为背景,如前所述,直到今天仍处于先进的位置。

我们猜测,江南三角洲之所以从明清时期直到近代,乃至今天都能保持这种先进性,正是由于市镇以及市镇网络的存在。所谓市镇,是指现在被称为小城镇的农村地区的城市性集落,我们使用市镇这个词时赋予了它历史意义。

---

① 《桑原骘藏全集》第2卷(岩波书店,1968年。原载于1925年)。
② 邹逸麟:《长江三角洲地区中心城市的更迭》[1991年11月17日,名古屋大学文学部召开中日国际研讨会"中国江南三角洲市镇的形成及其背景(第2次)"报告]。参见《名古屋大学教养部纪要》第34辑(1990年)。
③ 南宋人陆游(1125—1210)有文云:"方朝廷在故都(北宋首都开封)时,实仰东南财赋。而吴中又为东南根柢。语曰:'苏常熟,天下足。'"(《渭南文集》卷20《常州奔牛闸记》)此外,南宋绍熙三年(1192)编纂的范成大的《吴郡志》卷50中也有这句谚语。以上,参见前揭桑原骘藏《历史上所见的南北中国》注[69]。加藤繁《中国的稻作——特别是品种的发展》(《东洋学报》第31卷第1号,1947年,《中国经济史考证》(下),1953年)中引用桑原论文时也提到这句谚语。
④ 宫崎市定:《明代苏松地方的士大夫与民众》(《史林》37卷3号,1954年,《宫崎市定全集》第12卷,岩波书店,1992年)。前揭桑原骘藏《历史上所见的南北中国》也介绍了录用官僚的相关史实。

为了验证这一猜测,我们立志以江南三角洲的市镇作为研究对象,并且想一并采用实地调查的方法。不论我们每人的研究领域是中国史还是地理学,实地调查都有助于我们弄清楚仅仅依赖于文献而无法掌握的诸多侧面,可以极大地丰富我们的认识,同时加深对文献的理解。于是亲自详细考察江南三角洲的市镇成为我们难以抑制的需求。与现在不同,[①]1987年我们最初确立研究构想之时,在日本的中国研究领域,实地调查还是一件近乎于梦的事情,这也更加激发了我们的热情。此外,我们决定进行实地调查还基于以下理由,即江南三角洲自身所具有的特点。

如前所述,江南三角洲是超越我们日常体验范围的巨大平原。要研究这个三角洲与其中星罗棋布的市镇,首先需要对三角洲整体和市镇群的景观有切身的感受。同时也要针对几个有代表性的市镇,重点探讨其主要活动及其支持条件。我们计划对市镇进行实地调查,除了因为调查一般具有有效性,还出于上述这些原因。

在以上前提下,我们名古屋大学文学部及教养部6名中国史、地理学研究者,同南京大学历史系、地理系(现大地海洋系)的7名历史学、地理学研究者一起,计划基于下面的主题开展共同研究,并于1988、1989(昭和63年、平成元年)连续两年获得文部省科学研究费补助金(国际学

[①] 现在关于江南三角洲,中国史的滨岛敦俊和片山刚,将之与广东的珠江三角洲合并研究,利用文部省科学研究费(国际学术研究、大学间协力研究,大阪大学、复旦大学),京都大学东南亚研究中心科研费,以及两个民间财团的奖学金,自1989年以来大力开展农村调查,他们与邹逸麟、王楚文、樊树志、叶显恩等中国研究者的研究交流也成果斐然。另外关于华北,社会人类学的佐佐木卫与中国史的久保田文次、小林一美、佐藤公彦,以及陈振江等6名中国研究者一起,依靠文部省科学研究费(海外学术调查),于1986、1987连续两年开展以农村社会为对象的调查,作为调查报告,1988年3月出版《关于近代中国农村社会民众运动的综合研究》(课题编号62043052,A4版244页)。之后佐佐木为了进一步提高调查资料的准确度,又对该资料进行了核查和重新整理,并附上资料解说。本年2月,佐佐木编《近代中国的社会与民众文化——中日共同研究·华北农村社会资料集》(东方书店)出版。佐佐木编《中国的家·村·神——近代华北农村社会论》(东方书店,1990年)则是与上述资料集"互补"的论文集。以上只是列举部分有中国史研究者参与的研究,在以农村经济学为首的其他人文、社会科学领域,从80年代末到90年代初,实地调查也非常盛行。其代表性成果有石田浩的近著《中国农村的历史与经济——农村变革的记录》(关西大学出版部,1991年)。

术研究—大学间协力研究）。① 此次研究的主题为"关于江南三角洲中小城市—市镇—社会经济构造的历史学地理学研究"。1988年7月及1989年10月，两所大学的研究者在南京大学就研究计划与进展情况进行了交流，并将之运用于各自的个别研究之中。南京大学的研究者已经发表多篇论文，题目汇总参见表六。但两所大学合作进行市镇实地调查一事，却因为意外情况，两年间皆被搁置，困难重重。因此，两所大学一方面继续保持研究上的交流，另一方面在获得江苏省的个别市镇以及上海市、浙江省等有关方面的帮助后，决定由名古屋大学的我们来实施调查。

首先，1988年7—8月间，如附表三②所示，我们参观并调查了16个市镇，其中江苏省13个，上海市3个，另外我们还在10个市镇中进行了独立的自然地理学考察。接着在1989年11月，如附表一所示，我们按照之前的计划在上海的2个市镇，即青浦县朱家角镇和宝山区罗店镇，各开展了数天的调查，又在14个市镇中进行了自然地理学的考察。1989年的这次调查原本安排在当年夏天，为期一个月。但因为意外情况，调查最终被推迟到11月，而且时间缩短为两周。1991年1月，如附表二所示，森单独对朱家角镇进行了1989年11月调查的补充调查。而在一系列的调查之前，1988年3—4月间，如附表四所示，我们以预备调查的名义，还参观5个市镇，其中浙江省4个，江苏省1个。顺便说一下，

---

① 名古屋大学的6名分别是中国史的森正夫（文学部）、津田芳郎（笔名高桥芳郎，教养部；现北海道大学文学部）、稻田清一（文学部；现甲南大学文学部）、地理学的海津正伦（文学部）、林上（教养部），以及由名古屋大学学术振兴基金资助参加的地理学的石原润（文学部）。南京大学的7名分别是已故的时历史系明清研究室主任洪焕椿、现任主任罗仑、范金民、张华、夏维中，以及地理系的宋家泰、庄林德诸位先生。其中，罗仑研究江南三角洲市镇的产生、发展的原因，范金民研究苏州府市镇的特点，张华研究明代太湖周边专业性市镇的发展条件，夏维中研究市镇的发展与运河的关系，1989年10月6日，他们在南京大学就研究内容的概要与森正夫交换了意见。
② 附表一—五为实地调查报告所不可缺少的调查日程以及内容记录，根据每次调查的特点，记录方式有所不同。附表四所记1988年3—4月的准备调查也包含许多访谈，但表中为避免繁琐将之删减。另外若按照原本的时间顺序，则应以附表四、三、一、二的顺序开展。

1988年3—4月的预备调查以及1991年1月的补充调查都是自费。截至到1988年夏季的此次研究经过和具体调查内容,可参考森1990年发表的论文《1988年夏季江南三角洲小城镇纪行》。①

我们中国史、地理学的6名研究者,包括只参加过1988年夏天第一年调查的地理学的石原润,在调查前都设定了各自的研究课题及调查项目。现整理为附表五,从中可以了解我们当时的研究计划。这些研究都是希望从现在回溯到清末、民国年间或者仅就现在,去掌握市镇以及市镇相关的各种情况。

在这期间,1988年夏天,我们承蒙南京大学以及江苏省境内各镇人民政府和文化部门,还有复旦大学以及上海市嘉定县的县级镇级人民政府的协助,于酷暑中收获了十分宝贵的见闻。同年春天我们进行预备调查时,也得到浙江省社会科学院与该省各镇人民政府的诸多帮助。1989年,在上海市青浦县、该县朱家角镇、朱家角乡(当时)以及宝山区、罗店镇的各级人民政府及相关人士的支持下,我们得以在有限的时间内最大限度地开展深入调查。1991年的补充调查也受到了青浦县、朱家角镇、朱家角乡(当时)各级人民政府及相关人士的许多关照。本书所发表的我们的部分研究皆有赖于附表详述的这些调查,如果没有这些调查,我们的研究将难以为继。在此由衷地感谢所有为此次调查提供帮助的中国相关人士。

但是由于1988、1989两年间发生的意外事件,除了1989年11月在上海市的朱家角和罗店两镇进行的调查外,我们没能在同一个市镇停留超过5—6日。1989年11月的调查也如前述,只有两周的时间。因此,我们不得不更改先前提到的原来的研究计划。

中国史的森和津田(笔名高桥)选取了1989年调查和1991年补充调查中各自得以较为集中地访查的副题。森立足于20世纪30年代的粮食流通,研究了16世纪至20世纪90年代的朱家角镇的通史。津田则

---

① 《名古屋大学文学部研究论集》107·史部36。

以朱家角镇的事例为中心,研究了中华人民共和国成立以后与日本"调停"概念类似的调解机制,从而探讨镇的基层行政组织居民委员会的地位。同样研究中国史的稻田基于1989年在朱家角和罗店两镇进行景观调查的经历,也探讨了一个副题,即19世纪后半期,也就是清末以后,作为行政区划的镇域的形成方式,以及作为地域社会的镇的领导层,即镇董的问题。

地理学的石原参加1988年的调查时,没能在同一个市镇进行长期考察,所以他以自己停留时间稍长的苏州为中心,加之以木渎镇,来进行市集(market)的调查研究。海津预期的两个课题为江南三角洲本身的自然地理学分析,以及基于此分析的市镇的立地条件,他将调查的重点放在前者,然后在此基础上分析后者,而他的调查方式相较于市镇的个别调查具有相对的独立性。林按照原本的计划研究以市镇为中心的集落系统的社会经济系统化的动向,1990年已发表成果《中国苏州地区的集落系统构造与产业发展》[①],这次他进一步研究上海市区集落系统的空间构造。然而,这两项研究都是以比较宏观的分析为主,在个别市镇的小地域调查以及资料收集上存在一定局限性。

1988年我们与南京大学签订的协议书中,研究对象还包括隶属江苏省的常熟市支塘镇、苏州市木渎镇,隶属浙江省的湖州市双林镇、南浔镇。但是由于上述种种缘故,我们无法对这些市镇开展详细的个别调查。我们的研究主要集中在上海市境内以及郊外农村地区的两个城市性集落,即朱家角镇和罗店镇,而原来的研究计划也被迫更改。

另外,无论是中国史还是地理学的研究,都针对个别市镇,对访谈、民意调查以及地域资料收集的内容作出了一些变更,缩小了范围。因此,除了一开始就予以重视的明清时期至民国的地方志外,我们也要充分利用1990年后刊行的县级地方志,而且1949年中华人民共和国成立后直到近年间刊行的统计和资料中,也有许多可供参考之处。

[①]《名古屋大学教养部纪要》第34辑(1990年)。

我们的研究在实地调查方面存在上述局限,而且合作程度也远远不够。虽然我们经常就彼此的问题意识和方法,或者研究内容等等交换意见,但没有进行更深入的讨论以确认其共同点和差异。尽管如此,本书所收录的我们的研究仍具有以下几个特点。

第一,我们的研究虽然还很不充分,但已将实地调查纳入研究构想,并且是基于其成果而开展的。构成本书各章的我们的研究,无不是直接依据1988年、1989年的调查和1991年补充调查的成果。而且在各章的研究中,实地调查也都对文献利用提供了宝贵的启发。

第二,我们的研究正是在历史学和地理学领域,以各自特有的方法而开展的实证研究。中国史方面,森、津田、稻田的三个课题是按照时间线来进行研究,分别回溯到16世纪、19世纪后半期、20世纪中叶。地理学方面,海津、林、石原的三个课题是针对特定的空间来进行讨论,分别限定在江南三角洲、上海市周边地区、苏州及其周边。也就是说,我们虽然对江南三角洲的现状本身也有很强的关心,但是我们共同设定的基本目标是从历史学和地理学的角度出发,阐明今天的江南三角洲及其市镇的形成条件。

第三,我们推进各自的研究时,都十分关注市镇这一地域社会。森与津田研究朱家角镇这个特定的市镇,稻田研究清代太仓州与松江府下辖的市镇,海津研究江南三角洲整体的市镇,林研究包含着上海市及其周边市镇的集落系统,石原研究苏州市及其西南郊的木渎镇的集市,而苏州从历史时期直至今日一直构成作为集落的市镇的基础。无论各章的标题是否提及市镇一词,本书所收的研究都涉及到江南三角洲市镇的诸多方面。

第四,与第二个特点相关,并且毋庸多说,我们的研究是历史学与地理学的合作。当然这种合作方式并没有超出交流研究课题或问题意识、共同开展实地调查以及合作出版本书的范围,但这种合作无论是对我们个人来说,还是在学术层面,都几乎前所未有,因此可以彼此启发、帮助,相互影响。比如,海津研究市镇分布和地貌环境,这对于理解16世纪以前朱家角附近的交通方式和16世纪该镇的发展很有启发意义。再举一个非常显而易见的例子,本书中海津、林、石原3位地理学研究者执笔的章节地图之丰富,几乎不见于原来的中国史研究论著,这些地图有助于读者理解本书中森、津田、稻田执笔的章节。

关于历史学与地理学之间合作的尝试,这里还想再补充两点。一是,作为此次尝试中的一个环节,我们于1990、1991连续两年召开了学术研讨会,即由名古屋大学文学部东洋史研究室及地理学研究室主办、大阪大学文学部东洋史研究室协办的两次"中国江南三角洲市镇的形成、发展及其背景"研讨会,共有40多名来自日本各地、中国大陆、台湾、韩国的中国史、地理学研究者参加了这个问题的讨论。报告题目及报告人另作记录。①

还有一点是,我们尝试编制了市镇研究的文献目录。目前学界尚未从历史学、地理学的角度,对中国特别是江南三角洲的市镇进行过全面的研究史梳理。因此,为了今后的研究史梳理,我们认为有必要编制现阶段的文献目录,并且已经做了一些工作,整理结果参见卷末"市镇研究文献目录"。这些研究文献中包括我们在日本检索的,以近年来在中国大陆及台湾发表的为主,此外还有1988年以后的调查过程中,我们在南

---

① 1990年第一次研讨会得到福武奖学财团的资助,第二次得到大幸财团的资助。第一次(1990年,名古屋港港口大厦)与第二次(1991年,名古屋大学文学部)研讨会的报告人及报告题目如下。第一次10月21日(周日)

王文楚(复旦大学历史地理研究所)	《历史时期上海大陆地区城镇的形成和发展》
石原润(名古屋大学文学部)	《江南三角洲的自由市场和市集》
魏嵩山(复旦大学历史系)	《太湖平原开发的历史进程和圩田》
滨岛敦俊(大阪大学文学部)	《明清时代的江南三角洲开发和水利惯例》
秋山元秀(爱知县立大学文学部)	提出问题并总结讨论

第二次11月17日(周日)

邹逸麟(复旦大学历史地理研究所)	《长江三角洲地区中心城市的更迭》
樊树志(复旦大学历史系)	《文献研究与实地考察——江南三角洲市镇研究方法论》
稻田清一(名古屋大学文学部)	《18—20世纪江南三角洲市镇的领导层—以松江府、太仓州的董事为中心》
小岛泰雄(京都大学教养部)	《现代中国农村通婚圈的变化》
滨岛敦俊(大阪大学文学部)	提出问题并总结讨论

京大学历史系、苏州大学历史系、复旦大学历史系及该校历史地理研究所的帮助下在中国发现的。同时我们也参考了唐代史研究会编《中国聚落史相关研究文献目录》3·都市一般·市镇①一项。而且,此目录稿不仅收录了中国史、地理学方面的作品,还收录了下面将提到的关于小城镇的现状分析或政策立案的研究。

在现在的江南三角洲,市镇又被称为小城镇,而以小城镇为核心、重视小地区的农村工业化,自1981年中国开始第六个五年计划以来,就成为一项重要政策。众所周知,社会学家费孝通基于自己1936年以来的学术成果,为这项政策的推进提供了学术基础。费孝通将自己这一时期有关小城镇变迁的论文编成《小城镇四记》(1985年)一书。② 1988年,该书又由大里浩秋、并木赖寿翻译成《江南农村的工业化》。③ 因为这本译作,小城镇一词以及以小城镇为核心的独具特色的农村工业化内容,在日本也广为人知。

一方面,针对江南三角洲特别是江苏省内小城镇的这种发展趋势,1985年以来,中日双方的研究团队站在"完全对等的立场",以全新的方式长期开展共同研究。④ 我国鹤见和子、宇野重昭等11名研究者组成日方的"小城镇研究会",而费孝通及其合作者、江苏省经济研究室主任朱通华等15名研究者组成"江苏省小城镇研究会",双方进行共同研究。鹤见和子、宇野重昭等7名日方参与者在1985年3月的预备调查的基础上,分别于1986年9月12—23日,1987年8月26日—9月5日在江苏省境内的农村和小城镇进行了两次访谈调查。⑤ 作为日方的研究成果,

---

① 《(增补)中国聚落史相关研究文献目录》,唐代研究会编、唐代史研究会报告第Ⅲ集《中国聚落史研究》,1989年10月。
② 费孝通:《小城镇四记》,新华出版社,1985年。
③ 费孝通著,大里浩秋、并木赖寿译《江南农村的工业化——"小城镇"建设的记录1983—1984》,研文出版,1988年。
④ 关于此次共同研究,以下一系列登载其成果的文献可供参考。另外,日方"小城镇研究会"有时也被相关人员称为"日中小城镇研究会"。
⑤ 关于该调查的情况,见下页注⑤。

1989年他们刊行了合著《中国的"小城镇"建设相关研究——以江苏省为中心》①以及共同执笔的论文《中国的"小城镇"建设》②,1991年山本英治又发表论文《江南的小城镇》③。此外,1991年,作为中日双方共同研究的集大成者,宇野重昭、朱通华所编合著《农村地区的近代化与内发性发展论——中日"小城镇"共同研究》出版。④ 通过这一系列的共同研究,基于江苏省内小城镇的实态调查,⑤我们得以逐步理清,乡镇企业的工业化实态、具有城市化性质的小城镇的发展及其对地域社会形成的影响、农村的变化、家族构造的改变、中央的政策决定与地方自治之间的关系等等诸多问题。费孝通致力于以适应中国的方式使中国农村走上"脱贫致富"之路,这些研究也都贯穿着对费孝通的理论和实践⑥的强烈关心和共鸣。日方的核心成员鹤见在这些现状分析的成果的基础上指出,以小城镇建设为中心的改革中,存在着一种以小地域为单位,而非以国家为单位的内发性发展模式。⑦

以上鹤见等人所开展的调查研究是NIRA的研究项目,由于参加研究的中日两国成员多在社会学上有所造诣,所以研究侧重于现状分析及政策研究。关于现代江南三角洲的小城镇,即我们所说的市镇,可以说鹤见等人一系列的研究提供了许多的线索。

虽然都是以江南三角洲的小城镇作为研究对象,但鹤见等人的研究

---

① NIRA研究丛书第890037号,综合研究开发机构,1989年。
② NIRA《政策研究》第2卷第9号《亚洲的小农与农村问题》,综合研究开发机构,1989年。
③《日中文化研究》2·特集《江南的文化与日本》,勉诚社,1991年。
④ 国际书院出版。
⑤ 关于这一系列的共同研究以及作为其中一环而实施的调查,可参考NIRA研究丛书第890037号(前揭)的"序文"(鹤见和子执笔),NIRA《研究政策》第2卷第9号(前揭)的第3章第1节《作为内发性发展模式的'小城镇'》(鹤见和子执笔),《日中文化研究》2所收山本英治论文(前揭),宇野重昭、朱通华合编前揭书中两位的"序言"。
⑥ 费孝通:《对中国城乡关系问题的新认识——四年思路回顾》,宇野重昭、朱通华合编前揭书第一编《关于研究方法》第一章。
⑦ 关于鹤见和子的内发性发展论,可参考其执笔的《作为内发性发展模式的"小城镇"》(前揭),《内发性发展论的原型——费孝通与柳田国男的比较》(宇野重昭、朱通华合编前揭书第一编《关于研究方法》第二章),以及《内发性发展论的谱系》(鹤见和子、川田侃编《内发性发展论》东京大学出版会,1989年)。

与从中国史及地理学角度出发的研究之间是有着距离的。然而,实际上这两者间也存在一定的联动关系。

在中国,关于市镇的历史学方面的研究,大部分都出现于1983年以小城镇为基础的经济发展政策开始实施之后。我们这些日本的中国史研究者,也对中国现代小城镇研究的创始人费孝通的言行所带来的刺激记忆犹新。此外,我们还想指出两点,以期探寻缩小两者距离的方法。一是,费孝通在最近的研究中特别强调,要理解今天的苏南——江南三角洲,就必须要弄清楚这一地区因为"特有的历史和地理条件"而区别于其他地区的特点。① 本来历史学和地理学的方法对于现状分析和政策研究而言都是不可或缺的,从这一点来看,我们的考察与鹤见的研究之间仍有很多交集。换言之,在以更广阔的视野进行现状分析与政策研究的时候,从中国史和地理学角度出发的我们的研究,可以为之提供有用的参考资料。

还有一点是关于内发性发展论的问题。中国史成员中的森和稻田作为名古屋大学文学部东洋史学研究室中的一员,都参加了该研究室主办的中国史研讨会"地域社会视角——地域社会与领导者",探求"我们作为人而活着,与我们研究中国史、亚洲史之间的结合点"。此处所说的地域社会是一个方法概念,是指"作为广义上再生产的场,人生活的最基本的场"。② 该地域社会论与鹤见的以小地域为单位的内发性发展论之间,在方法上应该可以进行相互讨论。

我们的研究还很不充分,但仍希望它能够一方面为加深日本对现代中国的认识,另一方面为加深中国的自我认识,以及为增进中日两国间的相互理解,略尽绵薄之力。

---

① 前揭费孝通《对中国城乡关系问题的新认识——四年思路回顾》。
② 关于森的地域社会论,目前可参考以下文献。名古屋大学东洋史学研究室编《1981中国史研讨会"地域社会视角——地域社会与领导者"》(1982年),森正夫:《中国前近代史研究中的社会地域视角——中国史研讨会"地域社会视角——地域社会与领导者"主题报告》《名古屋大学文学部研究论集》83·史学28,1982)。岸本美绪:《道德经论与中国社会研究》第四节"规范成立的场的构造",《思想》第792号《儒教与亚洲社会》,1990年。

附记

本书为 1988、1989(昭和 63 年、平成元年)年度文部省科学研究费(国际学术研究—大学间协力研究)"关于江南三角洲中小城市—市镇—社会经济构造的历史学地理学研究"的研究成果的一部分。本书出版之时,还得到名古屋大学学术振兴基金 1990(平成 2 年)年度出版补助费的资助。谨记于此深表谢意。

附表一 1989 年 11 月上海市青浦县朱家角镇和同市宝山区罗店镇调查(名古屋大学文学部、教养部)

调查者:[中国史]森正夫、津田芳郎、稻田清一;[地理学]林上、海津正伦。

同行者:樊树志(复旦大学历史系)、藤田佳美(大阪大学大学院博士课程)、沈中琦(复旦大学历史系博士研究生,翻译)。

(2—3 日,台湾"中研院"刘石吉同行。同年 4 月,津田转会北海道大学文学部)

日期	市镇、单位名	访谈对象或说明者		课题	参加者
11月2日上午	青浦宾馆	青浦县人民政府外事办公室主任	李训义	青浦县的历史与现状	全员及刘
		副主任	蔡东荫		
11月2日下午	朱家角镇人民政府	朱家角镇人民政府副镇长	周善明	朱家角镇的历史与现状	全员及刘
		朱家角镇人民政府	徐约根		
		同上	朱志高		
11月3日上午	朱家角镇街市区	前述周善明、徐约根、朱志高		参观朱家角镇街市区的老街及文化遗产	全员及刘

续　表

日期	市镇、单位名	访谈对象或说明者		课题	参加者
11月3日下午	朱家角镇街道办公室	新风居民委员会主任	朱阿菊	镇内各街道居民委员会的活动内容和干部选拔规定	森、津田、稻田、樊
		副主任	叶婉贞		
		大新居民委员会主任	李永康		
		副主任	徐天宝		
		街道办公室	吴佩重		
		街道办公室	朱友余		
	上海第九丝织厂第二分厂			参观工厂	海津、林、樊
	上海三五纸厂珠溪印刷分厂	厂长	居廉	参观工厂	林、海津、津田、藤田
11月4日上午	朱家角镇人民政府	朱家角镇人民政府副镇长	周善明	朱家角镇的城市规划	林、樊
	朱家角镇西大街居民委员会	朱家角镇西大街居民委员会主任	朱静芬	街道居民委员会的组织及调解活动	森、津田、稻田、樊
		副主任	曾友林		
		副主任	舒明立		
		朱家角镇东大街居民委员会主任	陈继舫		
		副主任	朱文英		
			董宝堂		
		朱家角镇北大街居民委员会主任	陈彩英		
		副主任	周慧贞		
	青浦县博物馆	副馆长	蔡雪源	参观有关地形、考古遗址调查的参考资料	海津、藤田

续　表

日期	市镇、单位名	访谈对象或说明者		课题	参加者
11月4日 上午	朱家角镇 人民政府	青浦县工商联合会	雷家鳞	1949年以前朱家角镇的商业、农业、公共设施、祭礼、信仰	森、津田、稻田、林、樊
		青浦县工商联合会	顾志刚		
		退休工人	吴开泰		
		退休医生	夏贞一		
		退休居民委员会干部	雷世琴		
		朱家角镇土地管理所	李克刚		
		退休工人	许惠文		
		卫生所负责人	刘鸿生		
		退休工人	金家振		
		退休工人	杨永春		
		朱家角中学退休校长	徐正刚		
		退休医师	张康九		
		西湖居民委员会	金士农		
		朱家角镇文化馆	朱华生		
		朱家角镇人民政府	徐约根		
11月4日 下午	青浦县重固乡福泉山、青浦县白鹤乡政府、白鹤乡青龙塔	白鹤乡政府相关人员 前述 徐约根		参观新石器时代遗址、地形调查 地形调查、露头观察	海津、藤田

续　表

日期	市镇、单位名	访谈对象或说明者		课题	参加者
11月5日上午	朱家角乡人民政府	朱家角乡人民政府乡长	于德明	了解朱家角乡的历史与现状	森、津田、稻田、林、樊
		办公室主任	沈千根		
		乡志办公室			
		主管编写乡志	车国强		
	青浦县赵巷乡崧泽村、青浦县徐泾乡人民政府北边的水渠	崧泽中学	张顺祥	参观新石器时代遗址、地形调查、露头观察调查大量牡蛎化石出土地	海津、藤田
11月5日下午	朱家角乡人民政府	乡志办公室负责人	徐国庆	1949年以前朱家角乡的农业经营、土地所有、村落与行政、社会关系、朱家角乡志的编纂	森、津田、稻田、林、樊
		主管编写乡志	车国强		
	朱家角乡人民政府	朱家角乡薛间村	罗顺明		
		马家埭村	马法林		
	青浦县金泽镇、江苏省吴江县芦墟镇	果园村	冯福良	地形调查	海津、藤田
11月8日上午	上海市宝山区宝山宾馆	宝山区区长	夏德润	宝山区的历史与现状	津田、海津、林、稻田、藤田
		宝山区人民政府办公室副主任	朱正光		
		办公室外事科科长	陆文瑜		
11月8日下午	上海市宝山区罗店镇人民政府	镇人民政府镇长	苏永康	罗店镇的历史与现状	
		罗店镇人民政府政策研究室主任	张家法		
		罗店镇办公室副主任	顾福奎		
		罗店镇办公室文书	潘本禹		

续 表

日期	市镇、单位名	访谈对象或说明者		课题	参加者
11月9日上午	罗店镇的街区、古迹	罗店镇志编纂相关人员	汪被冲		
11月9日下午	罗店镇人民政府			调查罗店镇城市规划、城市聚落再部署计划、经济发展计划	林
	上海市宝山区民星路			下水道施工现场地质调查	海津、藤田
	上海市嘉定县外冈乡			地形调查	
	江苏省太仓县浏河镇			景观调查	津田、稻田
11月10日上午	罗店镇四方村金胡新村胡家宅生产队	胡家宅生产队队长	罗正良	80年代农村改革的实态	津田、林、稻田
	镇营聚氯乙烯管、磁铁制造工厂			参观工厂	同上
	上海市罗店镇、外冈乡、江苏省太仓县南郊镇	南郊镇农民	何剑明	冈身地形调查、露头观察同上	海津、藤田同上
11月10日下午	罗店镇四方村	新宅生产队唐成龙、周玉英夫妻		生产责任制的实态	津田、林、稻田
	朱拓新村	朱宅生产队黄洪生		农村的家族制度	
	罗店镇新华村、和平村供销社			农村的商业实态	同上

续　表

日期	市镇、单位名	访谈对象或说明者		课题	参加者
	江苏省常熟市南湖			地形调查、露头调查	海津、藤田
	上海市宝山区盛桥乡			地形调查	同上
11月11日上午	罗店镇四方村	村民委员会主任	陶爱珍	村民委员会的调解活动、行政村的镇域设定	津田、稻田、藤田
		副主任	赵伟成		
		委员	林玲弟		
		委员	龚娟娟		
		罗店镇司法部	李振生		
11月11日下午	罗店镇人民政府	罗店镇的"古老"	汪被冲（75岁）	49年革命（解放）前的商业、农业历史	津田、稻田、藤田
			杨造和（67岁）		
			刘福祺（77岁）		
			李占坤		
11月12日全天	罗店镇人民政府	罗店镇的"古老"	汪被冲（75岁）	49年革命（解放）前的商业、农业历史	津田、稻田、藤田
			杨造和（67岁）		
			刘福祺（77岁）		

附表二　1991年1月青浦县朱家角镇补充调查（名古屋大学文学部）

调查者：森正夫。同行者：沈中琦（复旦大学历史系博士研究生　翻译）

日期	市镇、单位名	访谈对象或说明者		课题
1月3日上午	青浦宾馆	青浦县外事办公室主任李训义、副主任蔡东荫、秘书沈晓光		
下午	青浦县南部的沈巷乡、练塘镇、蒸淀乡、小蒸乡			景观调查
1月4日上午				景观调查
下午	青浦县商榻乡、江苏省昆山县周庄镇	朱家角镇政府副镇长	周善明	镇行政现状与课题
		同上　副镇长	沈嘉明	
		同上　司法助理	黄建军	
		同上　办公室主任	沈勇	
		同上　科学技术普及协会	朱志高	
1月5日上午	朱家角镇人民政府	居民委员会干部座谈会		居民委员会与人民代表的选举制度、调解制度
		新风新邨居民委员会主任	朱阿菊	
		大新街居民委员会副主任	徐天宝	
		朱家角镇政府司法助理	黄建军	
		镇街道办公室副主任	王玉英	

续　表

日期	市镇、单位名	访谈对象或说明者		课题
1月5日下午	朱家角镇西大街居民委员会	居民委员会干部座谈会		小城镇生活意识调查（民意调查方式）的试行访谈。关于调解的补充调查。
		朱家角镇西大街居民委员会主任	朱静芬	
		副主任	曾友林	
		副主任	舒明立	
		朱家角镇东大街居民委员会主任	陈继舫	
		副主任	朱文英	
		副主任	董宝	
		朱家角镇北大街居民委员会主任	陈彩英	
		副主任	周慧贞	
1月6日全天	朱家角镇人民政府	朱家角镇志编集人员座谈会		明清时期镇的历史
		前朱家角中学校长	徐正刚	
		朱家角镇土地管理所	李克刚	
		朱家角镇文化馆	朱华生	
		退休医生	张康九	
		科学技术普及协会	朱志高	
1月7日全天	朱家角镇人民政府	工商业者座谈会（1）		解放前的商业——以米行为中心
		青浦县商工联（原米行店员）	雷佳麟	
		原朱家角镇商业站	施维龙	
		原朱家角镇商业站	叶祉涛	
		镇街道办公室	吴佩金	

续　表

日期	市镇、单位名	访谈对象或说明者		课题
1月8日上午	朱家角镇人民政府	文化遗产相关人员座谈会		文化遗产及其保护现状
		青浦县博物馆文保组	沈求洁	
		科学技术普及协会	朱志高	
		朱家角镇人民政府副镇长	周善明	
	朱家角镇北大街、东市街、旧米行、娘娘庙、城隍庙、九当铺等		沈求洁	
			朱志高	
			周善明	
下午		工商业者座谈会(2)		
		前述	雷家麟	
1月9日上午	朱家角乡人民政府	人民政府干部、农民座谈会		土地所有、村的共同体性质、农村与市镇的关系
		朱家角乡乡长	于德明	
		乡政府办公室主任	沈千根	
		乡政府乡志办公室	车国强	
		朱家角乡马家埭村	马法林	
		朱家角乡果园村	冯福良	
		朱家角乡淀峰村	汤在云	
		朱家角镇张家圩	何惠清	
1月20日	朱家角镇（新）人民政府	70名朱家角镇街市区各街道居民委员会代表		小城镇生活意识调查。基于1月5日下午森和沈中琦与居民委员会代表的商谈内容,由沈中琦实施,并将调查表原表寄给1月10日回国的森。

附表三　1988年7、8月江苏省、上海市一带市镇调查（名古屋大学文学部、教养部）

调查者：[中国史]森正夫、津田芳郎、稻田清一；[地理学]海津正伦、林上、石原润

同行者：樊树志（复旦大学历史系）、藤田佳美（大阪大学大学院博士课程）

日期	市镇、单位名	讨论者、说明者、访谈对象	活动内容
7月16日	南京大学外事办公室	南京大学历史系明清史研究室罗仑、范金民、夏维中 南京大学大地海洋系庄林德	与南京大学方面会谈调查准备
7月17日	江苏省江都县大桥镇		景观调查
7月18日	南京大学专家楼	南京大学外事办公室副主任钱兴荣	商议江苏省当局对调查的批准问题
7月19日	江苏省省政府外事办公室	江苏省政府办事办公室副处长蔡锦秀	讨论调查批准相关事宜
	江苏省经济研究室	江苏省经济研究室主任、江苏省小城镇研究会总干事秘书朱通华	讨论调查批准相关事宜
	江苏省社会科学院	江苏省社会学会会长、江苏省小城镇研究会会长徐福基	讨论调查批准相关事宜；进行交流准备
7月20日	江苏省句容县茅山镇		景观调查
	南京大学专家楼	前述朱通华	听取江苏省小城镇研究现状
7月21日	南京大学大地海洋系	大地海洋系副主任崔巧豪	阅览江南三角洲及市镇相关的地图、基本文献、资料

续　表

日期	市镇、单位名	讨论者、说明者、访谈对象	活动内容
7月22日	南京大学外事办公室	前述徐福基、江苏省社会科学院秘书长刘靖、副研究员吴大声、副研究员居福田、江苏省外事办公室负责人周冠三	听取江苏省社会科学院小城镇研究相关人员介绍研究现状,并交换意见
	江苏省宜兴县宜城镇、丁蜀镇		景观调查
7月23日	南京大学大地海洋系	前述崔巧豪	阅览江南三角洲及市镇相关的地图、基本文献、资料
7月25日	南京大学专家楼	江苏省外事办公室负责人周冠三 南京大学外事办公室副主任钱兴荣	汇报并商议江苏省政府对调查的看法
7月26日	江苏省经济研究室	前述朱通华	讨论江苏省内市镇调查和苏南模式
		南京大学历史系吕作燮、留学生办公室严学熙	讨论江苏省内市镇调查
7月29日	江苏省木渎镇	木渎镇人民政府副镇长顾叙根、村镇建设助理田嘉禾、吴县防爆电机厂副厂长徐坤泉	讨论木渎镇的历史和现状;参观镇街市区
	洞庭东山紫金庵	吴县文物管理委员会姚勤德、苏州博物馆丁金龙	地形调查和参观文化遗产
7月31日	江苏省支塘镇、许浦镇、梅李镇		景观调查
8月1日	江苏省昆山县甪直镇	保胜寺文物保管所长王新	景观调查;参观保圣寺、吴东水乡博物馆并进行讨论

续 表

日期	市镇、单位名	讨论者、说明者、访谈对象	活动内容
8月2日	苏州大学图书馆	苏州大学历史系王翔	阅览江南三角洲及小城镇相关的文献、资料
	苏州市长青乡	长青乡人民政府外事办公室助理李永根、花农兼村长王柏平	讨论该乡的现状；听取农业经营、村落行政的相关情况
	无锡市石塘湾乡		太湖北岸地区的地形调查、露头调查
	无锡市西南鼋头渚		同上
	无锡县红旗乡华庄附近的采石场		同上
8月4日	江苏省昆山县周庄镇	周庄镇文化站庄春地	景观调查；参观沈厅（沈氏旧宅）、陶煦故居
8月5日	江苏省吴江县黎里镇	柳亚子纪念馆馆长殷安和、黎里镇文物保管所长汝孝先	景观调查；参观柳亚子纪念馆、周宫傅祠
8月6日	江苏省盛泽镇		景观调查；参观东方丝绸市场
	浙江省嘉兴市、桐乡县		地形调查、露头调查
8月9日	上海市嘉定县嘉定宾馆	嘉定县办公室陈福明；嘉定县志编辑委员会办公室副主任、县志编纂委员会主编杨于白	讨论嘉定县及县内小城镇的相关情况
	上海市嘉定县娄塘镇	副镇长赵贤德、镇老龄委员会委员长费缉香	讨论该镇的历史和现状；景观调查；参观工场

续 表

日期	市镇、单位名	讨论者、说明者、访谈对象	活动内容
8月10日	上海市嘉定县南翔镇	镇外事办公室沈永元、政治协商会议嘉定县委员会副秘书长钱乃之	讨论该镇的历史和现状;景观调查;参观农家
	上海市嘉定县外冈乡、同乡葛隆、沙冈、马陆乡、同乡石冈		地形调查、露头调查
8月11日	上海嘉定联合棉纺织厂	厂长钟展和	参观工厂并进行讨论
	上海市黄渡乡	副乡长杨秀英、人民政府助理顾银生、人民政府办公室主任徐学长	讨论该镇的历史和现状
	上海市嘉定县嘉定宾馆	嘉定县人民政府调研员、嘉定县志编辑委员会副主任陈炳生、前述杨于白、县志编辑委员会副主编倪所安、县志编辑委员会办公室副主任张振法	讨论嘉定县志编辑、地方历史资料收集、以及访谈和民意调查等问题
8月12日	上海社会科学院经济研究所	上海社会科学院历史研究所研究员王守稼	讨论上海市(旧松江府、旧太仓州嘉定县)的历史
8月13日	上海社会科学院经济研究所	上海社会科学院经济研究所研究员袁恩桢、助理研究员叶奕尧、研究实习员周一峰、研究实习员真理	讨论小城镇研究和苏南模式

附表四　1988 年 3 月、4 月江苏省、浙江省一带市镇预备调查(名古屋大学文学部、教养部)

调查者:[中国史]森正夫、津田芳郎、稻田清一;[地理学]林上。

同行者:陈学文(浙江省社会科学院历史研究所)、樊树志(复旦大学历史系)、藤田佳美(大阪大学大学院博士课程)

南京大学:[中国史]洪焕椿(已故)、罗仑、范金民、夏维中;[地理学]

宋家泰、庄林德

日期	活动内容	参加者
3月21日—25日	名古屋大学文学部、教养部与南京大学历史系、大地海洋系的历史学、地理学研究者就共同研究及调查一事进行商讨	森、津田、稻田、林、藤田 洪、罗、范、夏、宋、庄
3月26日	前往江苏省苏州市	
3月27日	参观江苏省吴江县同里镇、松陵镇	森、津田、稻田、林
3月28日	与复旦大学历史系樊树志商讨考察浙江一带市镇事宜	森、津田、稻田、林、藤田、樊
3月29日	与浙江省社会科学院陈学文商讨上述考察一事	森、津田、稻田、林、藤田、樊
3月30日	参观浙江省余杭县塘栖镇	森、津田、稻田、林、藤田、樊
3月31日	参观浙江省桐乡县乌镇镇和濮院镇	森、津田、稻田、林、藤田、樊
4月1日	参观浙江省嘉兴市王江泾镇、浙江省湖州市南浔镇	森、津田、稻田、林、藤田、樊
4月3日—5日	拟定名古屋大学文学部、教养部与南京大学历史系、大地海洋系的历史学、地理学研究者开展共同研究及调查的协议书	森、津田、稻田
4月6日	参观江苏省昆山县千墩镇	森
4月7日	参观上海市嘉定县南翔镇	津田、稻田

附表五 1988、1989（昭和63年、平成元年）年度文部省科学研究费（国际学术研究、大学间协力研究）"关于江南三角洲中小城市—市镇—社会经济构造的历史学地理学研究"名古屋大学方面的初步研究课题

[中国史]

森正夫——[课题]以县属（建制）镇为中心的市镇行政机能及其在地域社会统一中的作用。市镇的历史。[项目]镇的设置基准。镇的界限的决定方式。镇的人口、户籍。镇的行政机构和人民代表大会、居民

委员会及居民的行政参加。财政。产业。水利事业。医疗机构。上下水道。垃圾粪便处理。交通通信系统中镇行政的干预。教育。图书馆、博物馆及相关设施。文化事业。现代乡镇志的编纂出版情况。文化遗产的保护和保存情况。

津田芳郎(笔名 高桥芳郎)——[课题]近现代江南三角洲市镇与农村的经济关系。市镇日常生活中的法律惯例。[项目]承包责任制下农业经营的实态与市场的关系。产品销售的组织和方法、法律规定及税收。市镇除市场机能之外在农业经营、农村经济中的作用。以上各点和1949年中国革命以前及清末情况的比较。市镇调解活动的实态。

稻田清一——[课题]市镇的商业功能。市镇行政范围的现状及其形成过程。市镇作为地域社会的统一及其领导阶层。[项目]民国至1949年中国革命以前市镇中商人的生存状态。同时期市镇的跨地区贸易中客商(从事跨地区贸易的商人)的作用。1949年以后的商业组织和市场构造的变迁(具体的商店名称、营业形态的变迁)。清代以来市镇的领域及其行政性质的有无。以同时期的市镇为中心的地域社会领导阶层。

[地理学]

海津正伦——[课题]江南三角洲的地形、水文环境的形成、发展过程与市镇及其网络的关系。[项目]在解读美国陆地卫星图像和地形图的基础上绘制江南三角洲的地形分类图及水系图。在收集现地调查、钻探资料以及土壤图等并进行综合分析的基础上,阐明江南三角洲的自然地域特性。考古遗址分布图、各时期的市镇分布图、历史时期交通路线图、土地利用图的收集和分析。基于以上工作,分析市镇的立地条件。

林上——[课题]以市镇为中心的集落系统的社会经济组织化动向。[项目]市镇的人口和工业、商业、交通、行政各功能的具体存在形态。基于小单位地区的人口统计(户口数。分别按男女、年龄、职业,以及集落、街区统计。)关于事业所的统计和资料。关于工业的统计资料。关于商业、服务业的统计资料。关于人的移动、物的移动的统计资料。关于上述各事项的民意调查。

石原润——[课题]市镇中市集(market)的作用。[项目]明代—民国时期市集的开展与市镇发展的关系。中华人民共和国成立以后江南三角洲的市集的变化,特别是与国营商业机构、人民公社(当时)、"自由市场"的关系。市集、市镇的观察。市集、市镇平面图的绘制。市集中买主和卖主的民意调查。

附表六　1988、1989(昭和 63 年、平成元年)年度文部省科学研究费(国际学术研究、大学间协力研究)"关于江南三角洲中小城市—市镇—社会经济构造的历史学地理学研究"南京大学方面的研究成果

1. 论文　均载于《南京大学学报》(哲学・人文・社会科学)1990 年第 4 期

[中国史]

罗仑、夏维中(南京大学历史系)《明清时代江南运河沿岸市镇初探》

范金民(南京大学历史系)《明清时期苏州市镇的发展特点》

张华(南京大学历史系)《明代太湖流域专业市镇兴起的原因及其作用》

[地理学]

宋家泰、庄林德(南京大学大地海洋系)《江南地区小城镇形成发展的历史地理基础》

2. 著作

洪焕椿(已故)、罗仑(南京大学大地海洋系)主编《长江三角洲地区社会经济史研究》(南京大学出版社,1989 年)

内容

洪焕椿　长江三角洲经济区的历史变迁和历史问题

罗　仑　明清之际嘉湖地区地主雇工经营的生产力优势

郑志章　明清江南农业雇工经营的利润问题

罗　仑　明代苏松嘉湖地区农业计量研究的发展趋势及其推动力

洪焕椿　明代治理苏松农田水利的基本经验

张　华　论明清时期浙西海塘的修筑
范金民　明清时代苏州丝织业生产形势和生产关系初探
范金民　明清时期苏州的外地商人述略
罗　仑　乾隆盛世江南坐商经营内幕初探
邱　禹　明末清初苏州地区市民生活中的侈靡之风
夏维中　明清时代浒墅镇的研究
洪焕椿　明清时代长江三角洲地区的经济优势和特点
张华、范金民、邱禹　明清江南社会经济史研究十年综述

（胡婧　译）

第一章 中国江南三角洲的地貌形成与市镇的分布

海津正伦

中华人民共和国东部的长江(扬子江)下游地区,面朝东海发育着广阔的海岸平原,以长江为界,北侧地区被称为苏北平原,南侧地区被称为江南三角洲。这一带的海岸平原和三角洲,被认为是受到长江和曾经流经苏北平原北部的黄河等河道变迁带来的沉积作用,以及第四纪末期海平面变化的强烈影响而发育形成。尤其是长江右岸的江南三角洲,地势平坦,以太湖为代表的众多湖泊星罗棋布。关于三角洲的发育和湖泊的形成,长久以来已有很多讨论。

此外,江南三角洲早在6000年前就已经开始种植水稻(吴,1985),之后便作为一个富饶生活的舞台,人类的生产活动十分活跃。尤其是进入历史时期以后,由于纵横交错的运河网的建设,该地区活跃的经济活动进一步发展,苏州、无锡、常熟等中心城市兴起,与此同时,市与镇作为各地经济活动的据点也开始形成和发展。

"镇"这一称呼,来源于北魏时期设置的"军镇"或北宋初期设置的"监镇",而作为经济据点的"镇"被认为出现在隋代,宋代地方志中已可见"镇"的记载(江苏省小城镇研究会编,1987年)。

江南三角洲的市和镇大多形成于明代以后,其大部分起源自乡村草市或集市,并且是以苏州、湖州一带的蚕桑业、自太仓到嘉定、松江一带的棉业等为背景而兴起的(江苏省小城镇研究会编,1987年)。

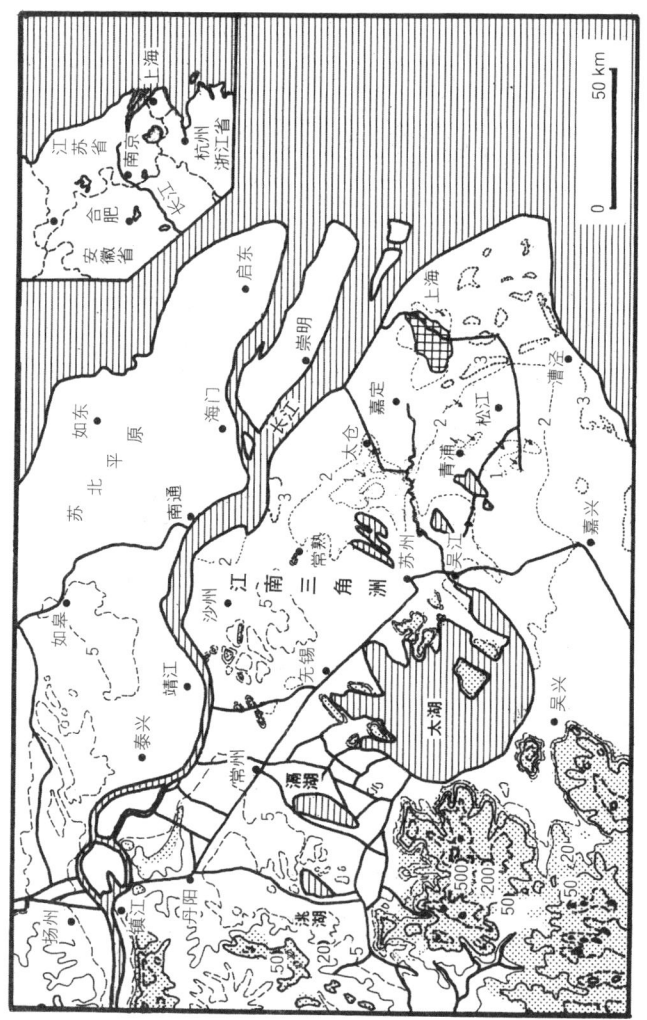

图 1 调查地域概况图

等高线数值单位：米

　　江南三角洲这些市镇兴起的背景，与这一地区的自然条件，特别是土地条件的差异密切相关，而土地条件的差异又与该地区的地貌形成过程密切相关。因此，本章为了阐明江南三角洲中市镇分布的背景，将探讨该地区的地貌形成，并对该地区的地貌形成以及地貌、地质特征和市镇分布之间的关系，进行若干考察。

照片1　江南三角洲水乡景观（吴县斜塘附近）

关于江南三角洲的地貌形成，本章在综述前人研究成果的同时，结合照片判读和实地调查等手段，力图厘清该地区地貌和地质的特点，并对该地区的地貌形成过程这一老问题提出新的见解。另外，关于与市镇分布的关系，将针对江南三角洲原苏州府及松江府地区，重点探讨其地貌环境与明代及清代初期市镇分布的关系。

照片2　冈身地带的微高地（嘉定县嘉定附近）

一、关于江南三角洲形成的前人研究

江南三角洲是一片东西长约 200 千米,南北宽约 150 千米的广阔低地。低地的大部分地区在海拔 5 米以下,以太湖、淀山湖为代表的诸多湖泊分布其间。在太湖的东侧和南侧地区,广泛分布着海拔 1—2 米的土地,从整体上来看,形成了低地中部略低于周围的盆地状的地貌。

关于这片三角洲的地貌和地质,迄今已有许多研究,而关于其地貌形成过程,虽然已经出现了一些解释,但仍留有很多探讨的余地。另外,该地区存在着全新世海侵最盛期形成的大规模砂堤(冈身)和贝壳堤,这些砂堤和贝壳堤在该地区的地貌发育中具有怎样的意义?全新世的环境变化对该地区的地貌形成又产生了怎样的影响?诸如此类的问题也都有探究的必要。

关于江南三角洲的地貌及其形成过程,陈吉余等人(1959)认为,冰后期海侵伴生的海湾形成以后,大体沿着现在的长江南岸及杭州湾北岸形成了大规模的沙洲,太湖一带因此逐渐变成潟湖,而随着该潟湖的成陆,江南三角洲最终形成。这一观点自发表以来,就被广泛接受。该论文通过对低地微地貌的研究,指出自长江右岸镇江附近到上海市西部,乃至杭州湾北岸,可见海拔达 5—8 m 的砂质微高地的存在,认为这是全新世高海平面时期的沙洲。

而且,从一些地点的钻孔样本中,亦可辨认出海湾时代的沉积物、潟湖及河流沉积物。此外,在太湖以东震泽附近,地表下约 5 m 处发现了海湾时代的牡蛎礁,由此可知,该地区经过了海湾—潟湖—沼泽地(和海洋完全隔离的湖泊所分布地区)的演变过程。另外,根据历史资料以及长江三角洲表层沉积物的分析,可知大约 2000 年前的海岸线,位于苏州市以东太仓至杭州湾沿岸的漕泾一线,其延长段,进入杭州湾后延伸至玉盘山,继而西折以至澉浦。沿着当时的海岸线,也可见有断断续续的贝壳堤存在。

与之相对,随着史前遗址相关研究的推进,冰后期海侵以及其后的潟湖时代,本应在海湾底或潟湖底的地方,也发现有史前遗迹的存在(尹焕章、张正祥,1962年)。魏嵩山(1979)认为,即便是冰后期海侵时期,该地区也没有成为海湾或潟湖,约6000年前的海岸线应位于始自上海市西部,沿北北西—南南东方向延伸,含有贝壳堤的冈身地带(砂堆)。

另外,陈月秋(1986)基于考古学的证据,也认为太湖和冈身之间的地区并未受到冰后期海侵的影响,这一带广布着大片陆地,太湖应是构造湖,而非潟湖。此外,吴维棠(1983)根据新石器时代文化遗址的分布,同样认为7000—6000年前,杭州湾北岸的太湖以南地区存在着大片陆地。

然而,与以上结论相对,潘凤英(1985)和竹淑贞(1986)等人,基于对太湖地区沉积物中海相化石和沉积物层相的研究,判定全新世时期太湖及其周边的沉积环境为滨海潟湖相及浅海相(但未能得到沉积物的绝对年代),认为该地区在全新世时期受到了海侵的影响。此外,孙顺才等(1987)在研究中将太湖周边及杭州湾北岸的低地区分为湖积平原、湖荡平原、海积平原,暗示了冰后期海侵的影响。严钦尚(1987)等及Lin等(1989)也认为杭州湾北岸的大部分地区,即从长江河口附近到杭州湾北岸的广阔范围内,遍布着浅海或海湾。

另外,杨怀仁等(1885)对江南三角洲内各考古遗址海拔高度进行了统计处理,得出最低居住高度变化曲线,并将之解读为海平面变化曲线,讨论了海侵、海退与地貌变化的关系,以及太湖周边地区水域的盈缩情况。但是,将遗址分布高度视作海平面的变化,毕竟只是一种间接方法,仍有诸多可商榷之处。

如上所述,关于该地区的地貌形成过程,诸多观点呈错综状态。为廓清这种状况,不仅要对沉积相和沉积环境进行考察,还有必要在沉积物的对比、沉积时期的确定、地形面的判定、区分及形成时期的确定等方面进行研究。

二、江南三角洲的地貌

江南三角洲的地貌,结合卫星照片的判读和实地调查的结果,可大致分为 4 个小区:(1) 自北部镇江到常州、无锡一带,海拔偏高,浅谷发育的地区;(2) 江南三角洲中部,太湖及其东侧诸多湖沼群分布的地区;(3) 没有明显的水系网,被小规模的树枝状谷底切割,高而干燥的南部地区;(4) 江南三角洲北部至东部,长江右岸砂堆发育的地区。

其中北部地区,根据陈吉余等(1959)、单树模等(1979)的研究,大部分可区分为潟湖相沉积平原或古潟湖相沉积地区,即认为这是一片在全新世高海平面时期存在着广阔潟湖的地区。然而,从卫星照片的判读及实地调查的结果来看,该地区与周边相比,并未表现出平缓且低湿的地貌,而是清楚地呈现出海拔较高地势平坦的地形面与切割其上的浅谷所组合而成的地貌。

本节将被切割的平坦地形面称为上位面,将切割上位面而形成的浅谷状地形面称为下位面,以作区分。上位面和下位面相对高度差为 1—2 米左右。多数情况下,下位面由湖面或是河面以下 1 米以内的低湿土地形成。上位面及下位面的平面分布状态,与洪积台地及切割其上的浅谷的平面形态极为相似,镇江市与常州市之间的地区,除发育着广阔的谷底外,大部分在平面上呈现为宽不到 1—2 千米的树枝状形态(图 3)。

与之相对,江南三角洲中部的湖沼分布地区,可分为太湖占面积大部的西半部和有诸多湖沼群的东半部。太湖是中国第三大淡水湖,东西长 68.5 千米,南北宽 34 千米,面积 2427.8 平方千米(岛屿以外水域面积 2338.1 平方千米)。湖岸线总长达 405 千米,平均水深 1.89 米,最大水深 2.6 米。湖岸北部及东部分布有丘陵,湖岸线参差不齐,而西部及南部发育有大规模的滩脊,形成平滑的圆弧状湖岸线。在东半部地区,围绕苏州市的南北以及东侧,分布着阳澄湖、澄湖和淀山湖等湖泊,附近海拔高度仅 1—2 m。各湖沼的水深与太湖一样极浅,其大多数因运河贯通

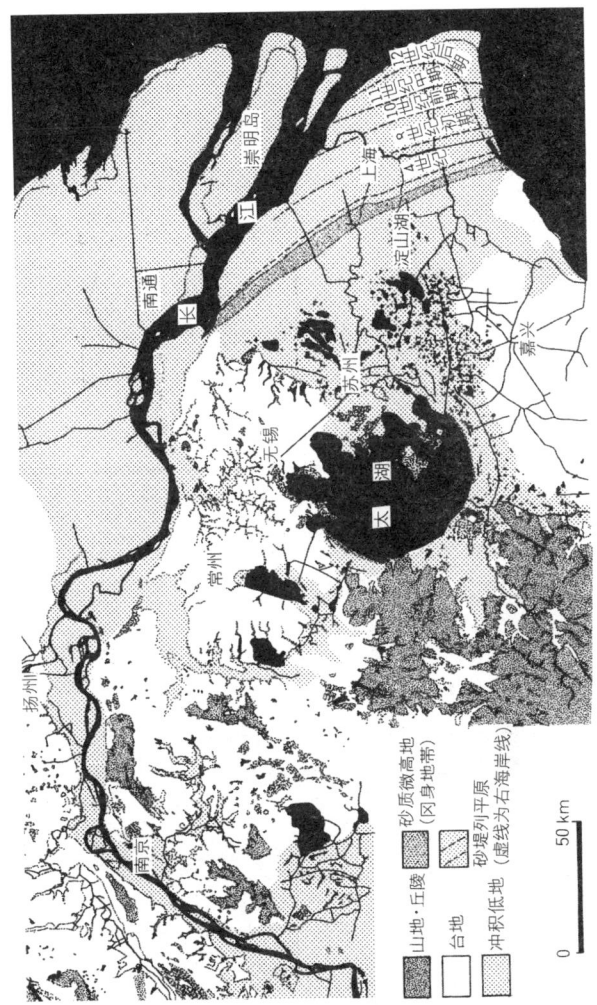

图 2　江南三角洲的地貌

依据谭其骧《历史时代的海岸线》(1973)

其中而连成一体。

另一方面,面朝杭州湾的上海市西南部至嘉兴市,乃至浙江省东南部一带,由海拔 3 米以上的平坦台地和切割其上的谷底平原状地貌构成,特征非常明显。台地与低地间的相对高差达 3—5 米,构成台地的沉积物由黄褐色的淤泥质堆积物组成。而且,在该地区的卫星照片中,未能看到清晰的自然水路，而以各城市为中心呈放射状展开的人工水路（运河）显著发达。

江南三角洲东北部至东部的长江沿线地区，形成了海拔2—5米左右的低平地貌，表层的沉积物一般由暗褐色的砂质淤泥或淤泥质粉砂构成。从福山开始，经太仓、嘉定、马桥，至杭州湾岸边漕泾一线构成了本地区的西缘，在这一带分布着比周围高出数米的带状微高地，自北宋时代郏亶的《水利书》及朱长文的《吴郡图经续记》以来便已受人关注（谭其骧，1973）。

这些呈带状分布的微高地被称为冈身，由于解放后大规模的耕地整理而几乎消失殆尽。现在仅太仓县南郊附近及上海市徐泾附近等地，可辨认出相对高差3—5米的微高地，由混有贝壳化石的沉积物构成。位于冈身地带的支塘、嘉定和南翔一线以东的地区为棉作地带，与西侧的水田地带在土地利用上形成鲜明的对照。而且，在冈身地带以东上海市东部的下水道工程施工现场，地表下7—8米附近，可观察到广泛分布着混有贝壳化石的灰色中细砂。

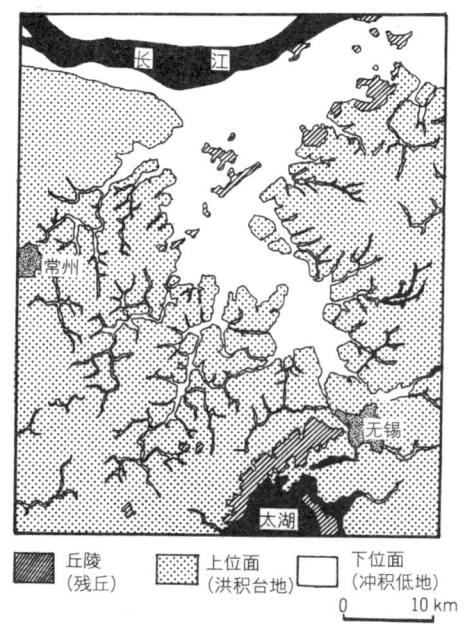

图3 常州、无锡附近的地貌

照片3　太湖西岸山麓的村落(宜兴县浜东附近)

照片4　湖沼地带的低湿地(青浦县青浦郊外)

照片5　洪积台地烧瓦用粘土的采掘（无锡县石塘渡附近）

三、江南三角洲的沉积物

江南三角洲的沉积物主要由砂、淤泥和黏土构成，它们的分布和层序等也因地而有差异。

江南三角洲东部自长江右岸最下游至上海市南部临杭州湾一带，地表附近发育有厚达 10 米的相对较厚砂层。位于上海市面粉厂的钻孔结果表明，这部分砂层由青灰色的细砂组成，与西部冈身地带的表层沉积物具有连续性。该砂层的下方，堆积有混砂黏土或淤泥层。其中都包含有海栖或半咸水栖生物的化石（王靖泰等，1981），据此可推知当时的沉积环境为浅海或是离海岸较近的水域。

这部分沉积物的更下一层堆积有暗绿色的亚黏土（淤泥质黏土）层。该亚黏土层的深度，上海附近的为地表下 20—25 米，嘉定、海安附近的在地表下 10 米上下。该亚黏土层中有禾本科—柏科（Cupressaceae）—栎（Quercus）—蒿属（Artemisia）植物群落的花粉检出，并含有冷杉、落叶松等指示寒冷气候的花粉(王靖泰等,1981)。而且,这部分沉积物中不包含有孔虫等海相生物,因此可推定该亚黏土层是更新世晚期大理冰期(末次冰期)的沉积物。再者,覆盖其上的沉积物中,有孔虫富集,并含有介形虫等生物,故被认为是在滨海、浅海沉积环境中形成的冰后期沉积物,据此可推断这部分沉积物所覆盖的暗绿色亚黏土层顶面,正是更新统与全新统的界线之所在(王靖泰等,1981)。此外,沿长江、吴淞江等河道地带,暗绿色亚黏土层经常缺失而埋藏谷发育,谷中填充有由砂、砂砾组成的冲积层。

但是,在位于上海市西部的松江附近,淤泥及砂质淤泥层一直沉积至地表下10米附近,其下则分布着黄土层(孙顺才等,1988)。该黄土层在冲积层的正下方发育,分布深度在西半部地区较浅,在东半部地区较深,因此可以取上海市附近发现的暗绿色亚黏土层与该黄土层进行对比(图4)。

另外,随着钻孔试验在太湖周边一些地点的展开,沉积物的层序也逐渐明晰起来(潘凤英等,1985;孙顺才等,1987;孙顺才等,1988)。其中,位于太湖东岸苏州渡村825的钻孔中,自地表4米以下处,分布着厚约4米的黄土层,该黄土层上覆盖着被认为是泻湖沉积物的淤泥层。而黄土层的下面,沉积有砂质淤泥、淤泥和含砾淤泥层。另根据孙顺才等人(1987)的研究,位于太湖以北的无锡方桥,地表有黄土出露,其下沉积着砂质淤泥和淤泥层,太湖西岸的宜兴大浦口处也沉积有砂质淤泥和淤泥层,可见地表下约8米处附近的沉积层并没有表现出良好的一致性。

如上所述,该地区的大部分区域中,黄土层分布于一个相对较浅的位置,位于太湖以北无锡方桥地表有黄土出露,证明前述江南三角洲北部的上位面形成于黄土堆积以前,也就是说,这一地形面并非是全新世长江三角洲的沉积面,而应是末次冰期最盛期低海平面期以前形成的洪积台地面。

另一方面,太湖与杭州湾之间的嘉兴及其周边地区,台地的部分表层由淡黄褐色淤泥质沉积物构成,由此可推断该地区大部分地方的黄土,与太湖北岸地区相同,也正是出露地表的洪积台地。

照片6　上海市东部下水道工事现场所见砂质堆积物

但是,在太湖周边,黄土层上堆积有厚达数米的冲积层,松江附近青浦县的金泽,地表下约1.5米附近有泥炭层,3米附近为含有牡蛎的贝壳层,这两层楔入一直堆积至地表下4米的黏土层,再往下是被推定为黄土层的硬黏土层。硬黏土层的正上方可见有直立的铁竹笋(高师小僧),根据此处的层序,可知该地区在海水流入覆盖黄土层沉积面而形成泻湖、沼泽地带后,基于海水与淡水的交互作用,有铁竹笋形成。随后,海平面上升导致海水入侵,形成贝壳层,之后泥炭层发育,随着泥砂的堆积,最终形成现在的地表(尚思棣等,1974)。

综合以上讨论可知,江南三角洲的地貌,基本可以分为沿长江有较厚砂质沉积物堆积的地区,和地表附近有黄土层堆积的地区,后者可进一步细分为地表有黄土露出的台地状地形面和覆盖着较薄的泥质沉积物的低湿地带,而以太湖为代表的湖沼群便是后者较低处被水淹没而形成的。另外,该地区也有末次冰期最低海平面期形成埋藏谷地带,这一带堆积有较厚的冲积层。

第一章 中国江南三角洲的地貌形成与市镇的分布

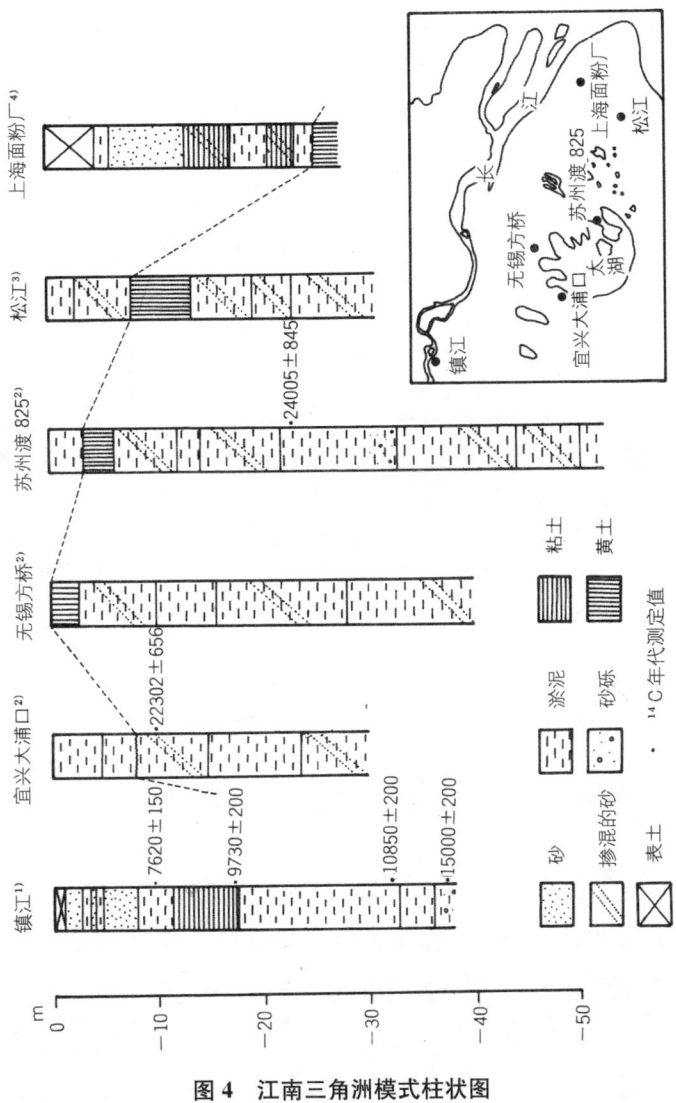

图4 江南三角洲模式柱状图

1) 徐馨、朱明伦(1984)　2) 孙顺才(1987)
3) 孙顺才(1988)　4) 王靖泰(1981)

13

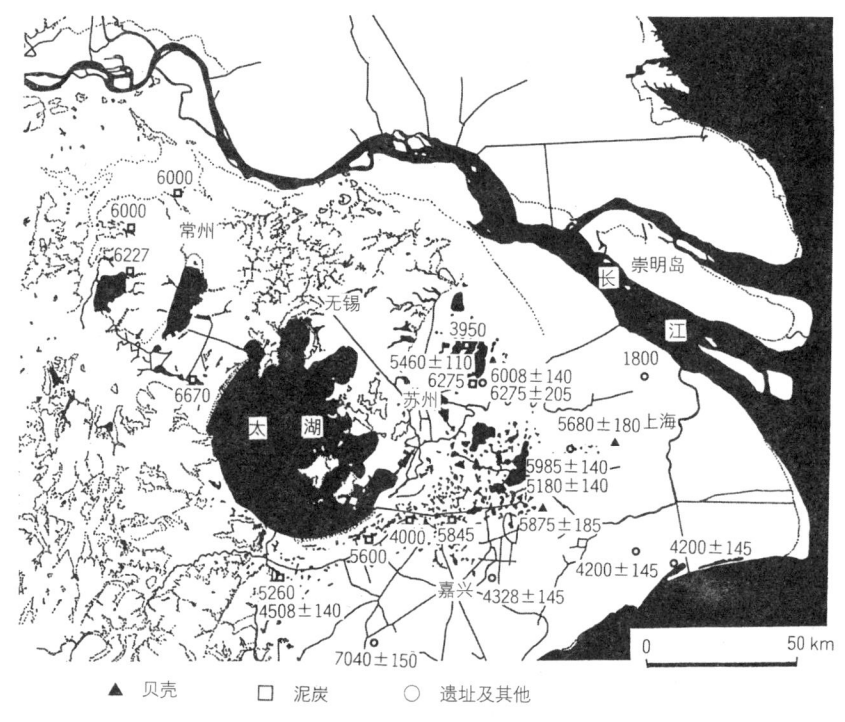

图 5　江南三角洲 ^{14}C 年代测定值

四、沉积物的年代与文化遗址的分布

关于本地区沉积物的年代，迄今已有若干碳14年代测定值（表1）。将这些碳14年代测定值标绘于地图，多集中于太湖以东湖群分布区的边缘地带（图5）。这些探测点的地表下1—3米处附近有发育良好的泥炭层，年代测定值多显示为6000—4000年前。另位于太湖西北的金坛县等地，在地表下1—3米附近，亦有测定年代为6000年前的泥炭层发育，综合观之，当时江南三角洲各地泥炭的形成情况便逐渐明朗起来。而且，将此期太湖东侧湖沼地带泥炭的形成过程与下文将讨论的遗址分布情况结合考虑，认为当时该地为广阔泻湖，或是海湾在全新世中期延伸扩大的观点就基本可以被否定了。

表1 江南三角洲^{14}C年代测定值一览表

地　点	年代	钻孔编号	材料	海拔高度（深度）	出处
上海市北部	1800			＋3m	王靖泰等(1980)
吴县田泾400亩泥炭层	3950		泥炭	(1.5)	孙顺才等(1987)
吴江梅堰泥炭层	4000		泥炭	(2.2)	孙顺才等(1987)
上海市柘林附近	4200±145			＋3.8m	王靖泰等(1980)
亭林 T_1	4200±145		树干		陈月秋(1986)
雀幕桥	4328±145		木板		陈月秋(1986)
吴兴钱山漾 T_{13}	4580±140		竹绳		陈月秋(1986)
吴兴钱山漾 T_6	4710±140		千篰		陈月秋(1986)
青浦崧泽遗址 $76T_3M_{12}$	5180±140		人骨		陈月秋(1986)
吴兴钱山漾 T_{22}	5255±130		木棒		陈月秋(1986)
吴兴钱山漾	5260±135	ZK—49			吴(1985)
吴兴钱山漾泥炭	5260		泥炭	(1.8)	孙顺才等(1987)，陈月秋(1986)
吴县唯亭泥炭层	5260±110		泥炭	(1.5)	王开发等(1981)
吴江团结大队泥炭	5530		泥炭	(2.0)	孙顺才等(1987)，陈月秋(1986)
吴江梅堰	5530±115		泥炭	(5.7)	钦尚等(1987)
吴江八都泥炭层	5600		泥炭	(2.5)	孙顺才等(1987)，陈月秋(1986)
上海市西郊	5680±180		贝壳	＋4m	王靖泰等(1980)
吴江黎里泥炭层	5845±105		泥炭	(3.0)	孙顺才等(1987)，陈月秋(1986)
青浦崧泽遗址 $76T_3M_{15}$	5860±200		人骨		陈月秋(1986)
青浦县练塘公社	5875±185	ZK—343	贝壳	(3.0)	上海市青浦县博物馆所藏
青補崧泽遗址	5985±140	ZK—55	木头		吴(1985)
武进奔牛泥炭层	6000		泥炭	(2.5)	孙顺才等(1987)，陈月秋(1986)

续表

地　　点	年代	钻孔编号	材料	海拔高度（深度）	出处
丹阳皇塘中学泥炭层	6000		泥炭	(3.0)	孙顺才等(1987)
吴县草鞋山 T₂₀₃	6008±140		木板		陈月秋(1986)
吴县草鞋山 T₂₀₂	6275±205		木板		陈月秋(1986)
宜兴新建公社泥炭层	6670		泥炭	(3.8)	孙顺才等(1987)，陈月秋(1986)
邱城(下)	6696±125		木板		陈月秋(1986)
金坛五叶公社泥炭层	6227		泥炭	(2.5)	孙顺才等(1987)
吴县唯亭泥炭层	6275		泥炭	(1.5)	孙顺才等(1987)，陈月秋(1986)
吴县草鞋山	6275±205	ZK—201			吴(1985)
浙江省桐乡罗家角遗址	7040±150	BK8004			吴(1985)
浙江省湖州市双林	7370±140		泥炭	(5.7)	严钦尚等(1987)
镇江附近农机学院南	7620±150			−3 m	徐馨等(1984)
镇江附近农机学院南	9730±200			−10.6 m	徐馨等(1984)
镇江附近农机学院南	10850±200			−26 m	徐馨等(1984)
上海真如	11640±540			−46 m	徐馨等(1984)
镇江附近农机学院南	15000±200			−31 m	徐馨等(1984)

(本表仅收测定值为距今2万年以内的记录。)

另一方面，与湖沼地带东部相邻接的冈身地带中已知有贝壳堤被发现，现已得知构成上海市西郊贝壳堤的贝壳化石年代为 $5680±180$ yrBP。而且，位于冈身西侧的上海市青浦县练塘公社地表下3米处发现壳长达20厘米的牡蛎壳，其年代也在 $5875±185$ yrBP，几乎为同一时期。据此可推断6000—5500年前，从冈身开始内陆一侧的地区也广布着适合牡蛎生长的水域。该时段及空间范围，与前述泥炭的形成时期及分布地区正相重合，但在这里其实并不矛盾，三角洲前缘部与潟湖边缘部等地带就是这种泥炭地与半咸水水域互相交织的环境，沼泽地带分布着大规模的湖泊,湖泊连成一体海水便可以一直进入到内地,试着参考一下苏州市和上海市青浦县的景观,便足以想象当时的景象。另外,关于东侧砂堤的年代,也已研究得知位于上海市北部的为1800yrBP,位于上海市南部柘林的为4200 ± 150 yBP(王靖泰、王品先,1980)。

此外,孙顺才等人(1987)的研究表明,太湖西岸宜兴大浦口地表下约10米处的年代值为22302 ± 656 yrBP,无锡梁溪桥22米深处为21340 ± 465 rBP,苏州渡825孔地表下24米处为24005 ± 845 yrBP。前述被黄土层覆盖的地层为更新统,此处的年代数据虽然与之相合,但各地点进行年代测定时所预判的参考沉积环境为浅海或是三角洲,而实测所得年代为海平面相对较低的更新世末期,两相抵牾,故仍有值得商榷之处。

该区域内还分布有众多的史前遗址。尹焕章、张正祥(1962),魏嵩山(1973)等人从考古学的观点出发,指出太湖周边地区在新石器时代成陆。陈月秋(1986)在探究太湖的成因时,基于草鞋山等遗址在文化上具有连续性等证据,认为太湖与冈身地带之间的区域并未受到距今6000年前以降的海侵影响。但是,此处论证所依据的遗址大多位于湖沼地带边缘部微高地之上,附近泥炭地的发现也表明该地区与其说是陆地,倒不如说是处于湿地或是沼泽地的环境。因此,认为太湖与冈身地带之间的湖沼地带在全新世中期以降便全面成陆的观点,尚存疑窦。

另外,位于江南三角洲南部的嘉兴附近,分布有约7000年前的吴家浜、乌镇、马家浜、罗家角和彭城等遗址,此外,还有6000年前上海市青浦县的崧泽遗址,吴维棠(1983)据此推断太湖与杭州湾之间的区域在全新世中期存在着陆地。本章认为嘉兴市附近为中心的区域分布着洪积台地,此观点也与之相符合,虽然陆地范围大小仍有进一步探讨的余地,但大体而言,应是一种正确的解释。

五、关于地貌变化的考察

迄今为止关于江南三角洲的多数考察,都是将构成三角洲大部的低地面作为冲积面来处理。但是,本章的研究表明,这片低地的地貌,在西北部以常州、无锡附近为中心的区域,根据相对高差为1—2米的小岸,可区分为上位面和下位面,另外,在太湖与杭州湾之间以嘉兴为中心的区域也发育有被认为是洪积台地的台地状地形。

从该地区的沉积物来看,西北部常州、无锡附近地表处有黄土出露,据此可推断上位面是被黄土所覆盖的地形面。而南部地区的台地状地形中,最上层主要由无层理的黄褐色淤泥层构成,该沉积物可与西北部地区上位面覆盖着的黄土进行对比。

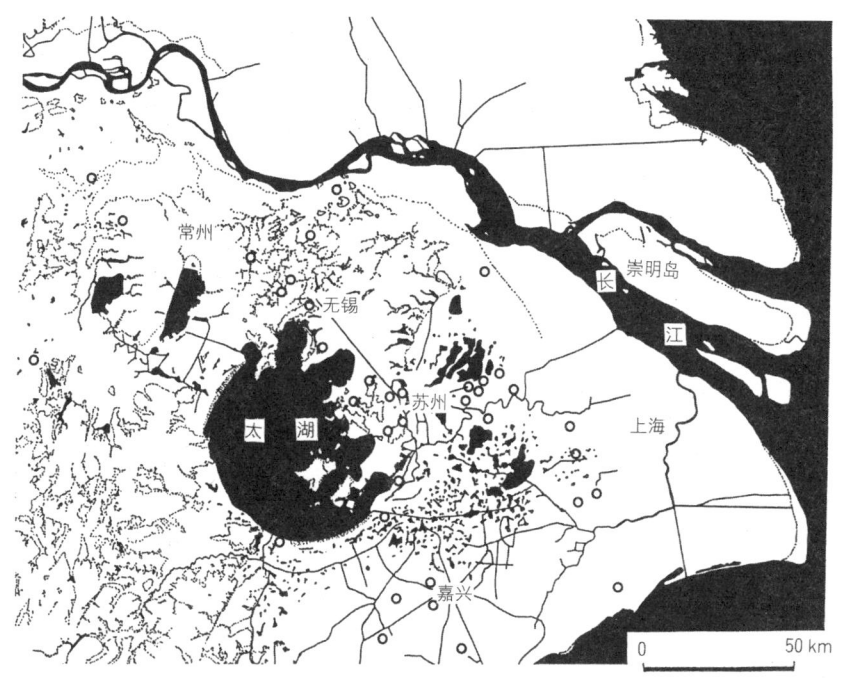

图6　江南三角洲7000~5000年前的遗迹分布

据吴维棠(1983)、陈月秋(1986)

关于黄土层的形成时间,因层中含有冷杉、落叶松等指示寒冷气候的植物花粉,故推定为末次冰期时期(王靖泰等,1981)。根据这些证据,可认为在常州、无锡附近展开的上位面与嘉兴附近的台地面,同为更新世期间形成的洪积台地,但是两者的形成时期是否相同,具体是什么年

照片7　福泉山遗迹全景（青浦县重固乡）

照片8　福泉山遗迹碑文（青浦县重固乡）

代等方面依然并不明了。而且，两者与切割其上的冲击面之间的相对高差，在南部的台地地区更大，这是由于原本地形面的高度便有差异，还是因为地壳变动的影响所致，尚无定论。

与以上洪积台地广为分布的区域相对，太湖以东广阔的湖沼地区则以冲击面为主，地面的海拔高度亦较低。然而在这些地区，冲积层一般较薄，埋藏谷以外地区，地表下5—10米处分布有黄土层。

冲积层中，已知在上海市西部青浦县金泽和太湖南岸震泽镇附近等地,地表下3—5米处有贝壳层发育,青浦县练塘公社处获得的贝壳化石,碳14年代测定值显示为约5800年前。魏嵩山(1973)认为,虽然已有研究相信此地的贝壳化石系潮汐搬运而来,但是考虑到贝壳化石一般为冰后期海侵高海平面时的堆积产物,而当时直面大洋的海岸线在下文将提到的冈身地带附近,贝壳化石的分布地点居于远离海岸线的内陆地区,所以这些贝壳化石应当就是当地的产物。顺着这一思路,此地贝壳层形成时,湖沼地区及太湖沿岸地区也是一片受海水入侵的水域,并可见泥炭的发育,由此,可推断当时冈身内侧的区域,亦呈现为如前所述陆地和水域相交织的环境。

另一方面,在江南三角洲东北部自西北向东南绵延的冈身地带,位于上海市西部的一段,亦确知有贝壳层的存在(王靖泰、汪品先,1980)。其出土地点海拔高度为+4米,碳14年代测定值为5680±180 yrBP。因此,如迄今为止多数研究所言,该冈身地带的位置大致相当于过去的海岸线,它的形成时期,据贝壳化石年代测定所示,为6000—5000年前,想来是妥当的。再者,根据本章的研究亦可推断台地的存在对冈身的形成有着巨大的影响。详述之,从冈身的分布来看,冈身是以连接洪积台地东北端和东南端的形式发育而成,究其原因,伸入台地的入海口前有砂洲形成,堵住了入海口,冈身就是以这种湾口砂嘴的形式发育而成。而这一时期的海岸线,进一步延伸至杭州湾中,一直到达位王盘山附近(魏,1973)。

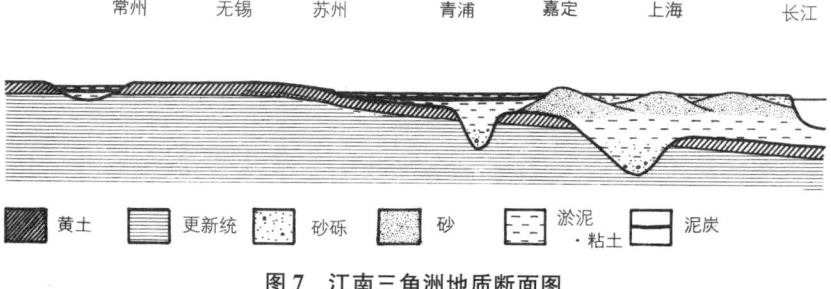

图7 江南三角洲地质断面图

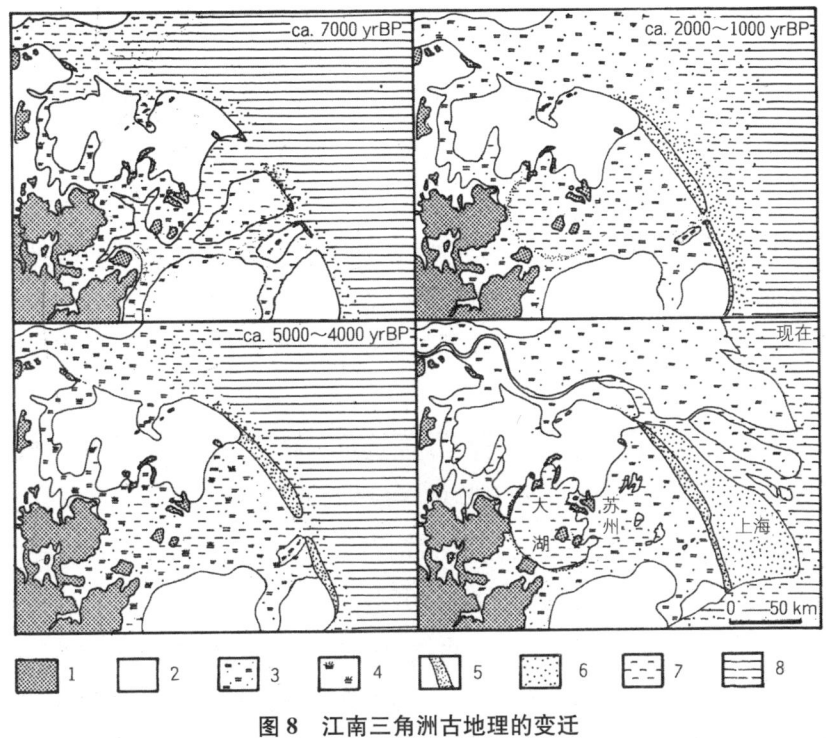

图 8　江南三角洲古地理的变迁

1. 山地·丘陵　2. 台地　3. 泛滥平原·三角洲　4. 泥炭地　5. 砂洲·砂嘴
6. 砂堤列平原　7. 浅水域　8. 水域

长江沿江的湖沼地区与太湖湖岸地区,明显发育有末次冰期最盛期低海平面时期形成的埋藏谷,而且其支谷经过湖沼地带向太湖湖底延伸,可以想见冰后期的海侵就是沿着这些谷底进入内陆地区。全新世高海平面时期,江南三角洲中部的洪积台地地面高度和海平面高度相差不大,以此为中心,在谷底两侧延伸的台地较低部分为一片开阔水域,但并未形成大规模的海湾或是泻湖。直到距今约 6000—5500 年前,冈身发育,内陆地区逐渐沼泽化、泥沼化(图 8)。可以想象,此后就是在这样的环境中,冲积区域内略微高亢干燥的地带与洪积台地之上,出现了史前文化遗址。

冈身地带的砂质微高地与内陆地区的泥炭地形成以后,伴随着长江所携泥砂的沉积,在冈身外侧(东北侧),砂质沉积物进一步堆积,从而不断形成由砂堤列构成的平原地貌。此时的海岸线在史料中已有记载,图2中历史时期海岸线的位置便采用了谭其骧(1973)的文献研究成果。

另外,该地区还存在着由于长江干流而形成的埋藏谷,其冲积层底部与内陆地区的相比要深很多。

下面对前述江南三角洲地貌的特点及其形成过程作一梳理总结。

构成江南三角洲低地的地形面,可分为三大部分:以低地西北部和太湖北岸的常州及无锡附近为北端、低地南部的太湖与杭州湾之间为南端的广阔洪积台地;太湖周边及其东侧的湖沼地带;延展于长江沿岸的冲积低地。

洪积台地的地表有黄土堆积,黄土的形成被认为在更新世最末期的末次冰期最盛期,因此,洪积台地的形成可追溯到此期以前。在长江沿岸地区和江南三角洲中部至东部一带,洪积台地被末次冰期最低海平面时期河流向下侵蚀而形成的埋藏谷切割。

其后伴随着海平面的上升,此处的河谷又逐渐被新的沉积物(冲积层)堆积填埋。太湖地区及湖沼地区的大部分地方是仅比洪积台地地面稍低的凹陷地,这些地方成为水域的时间被推定为约6000年前,当时因为冰后期的海侵,海水达到了现代海平面的高度。也正是在此期,连接台地东端的砂洲(冈身)发育形成。随着水域的扩大,牡蛎等开始繁殖,同时,沼泽地化、泥炭地化也带动了类似于现代湖沼地带景观的出现,即水域与泥炭地呈马赛克状分布的地貌形态。

其后,随着长江来沙的沉积,砂质沉积物在冈身地带的大海一侧不断堆积,承载现代上海市大部分地区的冲积地面(砂堤列平原)就此形成。

六、市镇的分布与地形环境

正如上文所阐述的,江南三角洲的地貌不能整体以单一的地貌类型而作区分,而是应该分为形成时期、形成环境不同的若干地貌类型。从该地区的地貌来看，尤以以下几个地区极富特色，一是从太湖周边吴县、吴江县到上海市西部青浦县一带分布有众多湖沼群的低湿地区，一是沿太仓、嘉定、松江、漕泾一线的冈身地带，以及东部长江沿岸的砂堆（砂堤列平原）地区。而且，湖沼群分布地区以北的常熟至无锡、常州一带，及其南侧的嘉兴周边至杭州湾沿岸一带发育有洪积台地，也呈现出与前两者截然不同的地貌环境。

为了探讨该地区市镇的分布状况，试以明代正德年间（1506—1521）市镇广为分布的苏州府及松江府为对象，绘制市镇的分布图（图9）。该分布图的绘制是基于现代的地图及战前制成的5万分之1地形图，逐一确认樊树志（1990）整理的各府县市及镇的位置，并标绘于地图之上。另外，这些市镇中，有一些现已不存，或是名称改变，所以无法确认位置。图9中将无法确认位置的市镇数量标注于县名下的括号内。

照片9　湖沼地带市镇景观（青浦县朱家角镇）

此外，除探讨明代市镇的分布状况之外，为了进一步考察明代至清代初期市镇分布的变化，以洪焕椿编（1988）明清苏州府各县市镇统计表为基础，加之以樊统计的数据，整理出明代至清乾隆年间（1736—1795）

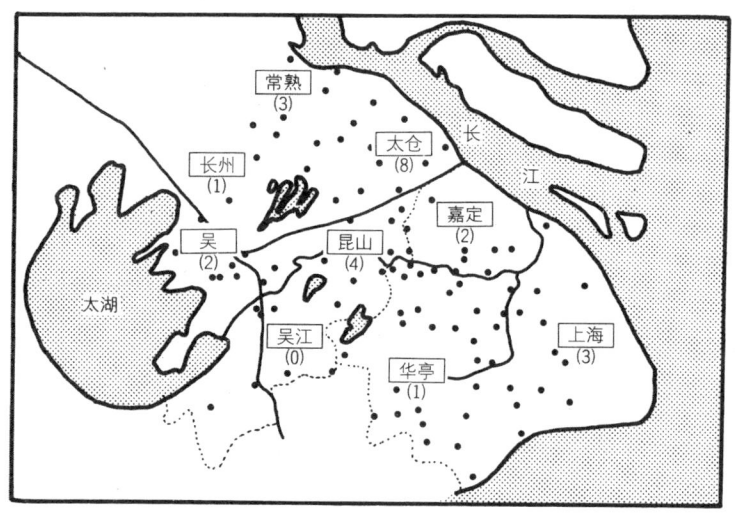

图 9　明代正德年间苏州府、松江府的市镇分布

(括号内为位置不详的市镇数)

苏州府及松江府内各县市镇的数量变化。因为不同时代县的划分不同，或是县域有所变化，故难以对这些数值进行严密的讨论，但可以大体掌握各县各时期市镇数量的变化趋势。

根据图 9 明代正德时期的市镇分布图，可知除了现在上海市东南部长江河口一带，当时市镇已在江南三角洲内广泛分布。但就分布密度而言，该地区的市镇分布却并非完全一致，而是具有若干地域性。分布密度较高的有嘉定县西部、太仓县、昆山县东南部等地，与之相对，位于砂堤地的长江沿岸地区和吴江县、长洲县东部、松江府华亭县西部等地，分布密度偏低，而常熟县与东南部的松江府等地介于二者之间。

这种市镇的分布状况，较好地对应了前述该地区地貌的地域性特征。详述之，以市镇分布密度较高的嘉定县、太仓县为中心的地区，基本位于冈身地带，很早便开始积极从事棉作业(樊，1990)。与之相对，分布密度较低的吴江县、长洲县东部、华亭县西部等地，地处湖沼群分布的低湿沼泽地带，尤其是阳澄湖、澄湖、淀山湖等湖泊所分布的地区，市镇的分布密度更低。

另外，分布密度居中的地区，位于西北部及南部的洪积台地和东南部的广阔砂堤地地带。

这种市镇分布状况的地域性差异与地形条件之间的关系，反映出各地区所从事的经济活动的差异，于是分析、考察市镇的分布及经济活动，与包含地形条件在内的自然环境之间关系，成为一个大的课题。不难想见，冈身和砂堤地区活跃的植棉业对市镇的形成和发展起到了很大的推进作用，而众多湖沼分布且极为低湿的地形条件对于以农业为首的经济活动来说非常不利。这些问题以后有机会再作详细探讨。

另一方面，如果按照市镇发展的时代来看其变化，根据表2可分为以下几种变化类型：以明代正德时期为基准直到清代（乾隆年间）(1)市镇数量在明代显著增加的县（常熟、吴江）；(2)市镇数量在明代—清代显著增加的县（长洲、华亭、上海）；(3)市镇数量在明代—清代稍有增加的县（嘉定、昆山）；(4)市镇数量在明代—清代近乎没有变化的县（吴县、太仓）。

照片10 砂堤地的棉花田（嘉定县外冈附近）

25

表 2　明代、清代前期苏州府、松江府的市镇数变化

	苏州府														松江府						
	吴	长州	元和	昆山	新阳	常熟	昭文	吴江	震泽	嘉定	宝山	太仓	镇洋	崇明	华亭	奉贤	娄	金山	上海	青浦	南汇
弘治 1488—1505								6 (7)		(14)											
正德 1506—1521	7 (6)	8 (9)	9 (9)	14 (14)		7 (7)		15		14					22				22		
嘉靖 1522—1566						22 (16)		14 (14)													
隆庆 1567—1572				(9)																	
万历 1573—1615	(7)																				
崇祯 1628—1644																					
康熙 1662—1722																					
乾隆 1736—1765	8 (8)	9 (8)	9 (9)	13 (11)	4 (4)	13 (14)	28 (28)	12 (11)	7 (5)	17	5	8	4	4	18	8	14	14	17	32	13

市镇数根据樊树志(1990)及洪焕椿编(1988)，括号内为洪的数字。

在发生以上变化的各县之中，作为在明代市镇数量显著增加的县，常熟县的大部分地区都位于广阔的洪积台地上，而吴江县地跨北部中部的湖沼群分布地和南部的台地。两者县域都占有部分洪积台地，这是其共通之处，但是吴江县内明代新兴的市镇中也有很多未必坐落在台地上的，如芦墟镇和八斥市等，因而难以认定市镇的增加与台地的存在等因素有很大关联。另外（2）明代至清代市镇数量显著增加的县中，华亭县地跨湖沼群分布的低湿地区与南部的台地地区，上海县居于砂堆之上，而与此相对长洲县几乎全境都处在低湿地，这些县亦未见在整体上共有

明确的地貌特点。再者(3)及(4)中的各县,也没有共同的特点,故不能单纯地对应地貌来考虑。

但是结合前述市镇的分布密度来看,市镇的形成、发展与明代正德时期市镇分布密度之间存在着十分有趣的关系。首先来看(3)及(4)中明代至清代市镇增加不多的县,和市镇近乎没有增长的县,这其中包括嘉定、太仓等市镇分布密度较高的县,此外,从分布图可看出吴县的市镇分布密度也偏高。与之相对,(1)及(2)中增加显著的县,大多包括吴江县、常熟县、华亭县、上海县等分布密度较低或是居中的县。

以上事实表明,明代及明代至清代市镇数量的增加与明代(正德时期)以前市镇的存在状况密切相关,已有众多市镇分布的地区,此后市镇数量的增长不太显著,而原本市镇分布较少的地区,此后市镇的发展十分活跃。如前所述,明代(正德时期)市镇的分布,反映出该地区的社会经济条件的差异,而社会经济条件的差异又反映出土地条件的差异,所以与之相关的明代至清代市镇的形成、发展,亦能反映该地区的土地条件。

结语

本章立足于前人关于江南三角洲地貌的研究成果,并结合卫星照片判读和实地地貌考察,明确了该地区地貌的地域性特点,同时探讨了其形成过程。此外,本章对该地区地貌环境的地域性特点和市镇分布之间的关系,也进行了一些讨论。其结果表明该地区市镇的分布及其形成、发展反映了地貌环境的地域性差异。如果能进一步掌握明代及清代各时期市镇的分布状况,应该可以更加详细地分析这个问题。而且,为了深究其因果关系,也有必要对该地区的社会经济发展以及作为其背景的各种各样的经济活动加以分析和探讨。在这些方面本章皆未能进行充分的考察,有待今后的研究。

参考文献

江苏省小城镇研究会编:《小城镇干部必读》,江苏人民出版社,1987年,第643页。

陈吉余、虞志英、恽才兴:《长江三角洲的地貌发育》,《地理学报》第25卷第3期,1959年,第201—220页。

陈月秋:《太湖成因的新认识》,《地理学报》第41卷第1期,1986年,第23—31页。

潘凤英、石尚群、邱淑彰、孙世英:《全新世以来苏南地区的海侵和古地理演变》,中国第四纪研究委员会、中国海洋学会编:《中国第四纪海岸线学术讨论会论文集》,海洋出版社,1985年,第162—170页。

洪焕椿编:《明清苏州农村经济资料》,江苏古籍出版社,1988年,第652页。

樊树志:《明清江南市镇探微》,复旦大学出版社,1990年,第534页。

尚思棣、苏浚功、施文斌编:《上海地理浅话》,上海人民出版社,1974年。

孙顺才、伍贻苑、董本风:《太湖地形及现代沉积》,《中国科学院南京地理研究所集刊》第4号,1987年,第1—16页。

孙顺才、伍贻苑、董本风:《太湖平原地区湖泊分布及成因》,吴三保编:《太湖流域水土资源及农业发展远景研究》,中国科学院南京地理与湖泊研究所,1988年,第45—59页。

谭其骧:《上海市大陆部分的海陆变迁和开发过程》,《考古》1973年第1期。又收于谭其骧:《长水集(下)》,1987年,第160—178页。

王靖泰、郭蓄民、许世远、李萍、李从先:《全新世长江三角洲的发育》,《地质学报》1981年第1期,第67—81页。

王靖泰、汪品先(1980):《中国东部晚更新世以来海面升降与气候变化的关系》,《地理学报》第35卷第4期,1980年,第229—311页。

魏嵩山:《太湖水系的历史变迁》,《复旦学报(社会科学版)》1979年第2期,第58—64页。

吴维棠:《从新石器时代文化遗址看杭州湾两岸的全新世古地理》,《地理学报》第38卷第2期,1983年,第113—126页。

严钦尚、黄山:《杭嘉湖平原全新世沉积环境的演变》,《地理学报》第 42 卷第 1 期,1987 年,第 1—15 页。

杨怀仁、谢志仁、杨达源:《全新世海平面变化与太湖的形成和演变》,《第四纪冰川与第四纪地质论文集》第 2 集,地质出版社,1985 年,第 49—64 页。

尹焕章、张正祥:《对江苏太湖地区新石器文化的一些认识》,《考古》1962 年第 3 期。

竹淑贞、吕全荣、奚建国:《长江口全新世沉积区及其沉积层序》,《中国第四纪研究》第 7 卷,1986 年,第 18—29 页。

Jingxing Lin, Shanlin Zhang, Jinbo Qiu, Biaoyun Wu, Huanzhong Huang, Huizhen Huang, Jianguo Xi, Baogen Tang, Zuren Cai, Yubao He(1989),Quaternary Marin Transgressions and Paleoclimate in the Yangtze River Delta Region. *Quaternary Research*, 32, pp. 296—306.

配图翻译:

图 1　调查地区概况图　等高线数值单位为米

图 2　江南三角洲的地貌　依据谭其骧《历史时代的海岸线》(1973)

图 3　常州、无锡附近的地貌

图 4　江南三角洲柱状模式图

(1)徐馨、朱明伦(1984)(2)孙顺才等(1987)(3)孙顺才等(1988)(4)王靖泰等(1981)

图 5　江南三角洲的碳 14 年代测定值

图 6　江南三角洲 7000—5000 年前的遗迹分布

据吴维棠(1983)、陈月秋(1986)

图 7　江南三角洲地质断面图

【黄土/更新统/砂砾/砂/淤泥/黏土/泥炭】

图 8　江南三角洲古地理的变迁

图 9　明代正德年间苏州府、松江府的市镇分布(括号内为位置不详的市镇数)

照片 1　江南三角洲水乡景观(吴县斜塘附近)

照片2　冈身地带的微高地(嘉定县嘉定附近)
照片3　太湖西岸山麓的村落(宜兴县洑东附近)
照片4　湖沼地带的低湿地(青浦县青浦郊外)
照片5　洪积台地烧瓦用粘土的采掘(无锡县石塘渡附近)
照片6　上海市东部下水道工事现场所见砂质堆积物
照片7　福泉山遗址全景(青浦县重固乡)
照片8　福泉山遗址碑文(青浦县重固乡)
照片9　湖沼地带市镇景观(青浦县朱家角镇)
照片10　砂堤地的棉花田(嘉定县外冈附近)

(胡婧　译)

第二章　朱家角镇史略

森正夫

前言

朱家角镇在当今中国是被称作"小城镇"的城市性聚落，即所谓的"町"（日本行政区划之一）之一。① 上海市共辖12个区县，53％的人口集中于市区，朱家角镇就位于该市西侧远郊。

从其河口附近浏河注入处，长江南岸向东南方延伸，达到与黄浦江的交汇点后，继续伸向东南方向，最终到达东海。沿着东海的海岸线向南伸展至杭州湾后，以此为界几乎呈直角西拐，顺着海岸一直向西延展。勾画出长江南岸与海岸线的是具有鹰钩鼻般特征的曲线。为此曲线所

---

① 众所周知，费孝通在《江海学刊》1984年第1期发表论文《小城镇 大问题》，最早提出了作为农村政治、经济、文化中心的"小城镇"这一概念及其存在的重要性。该论文收录于费孝通指导、江苏省小城镇问题研究会课题组编辑、执笔的《小城镇 大问题》（江苏人民出版社，1984年）卷头，影响广大（后来收录于《费孝通文集》第九卷，群言出版社，1999年）。有关"小城镇"概念以及该论文，在日本，详见包括相关论文在内的费孝通译著，大里浩秋、並木赖寿译《江南農村の工業化—"小城鎮"建設の記録　一九八三～八四》（研文出版，1988年）。另参照森正夫编《江南デルタ市鎮研究》（名古屋大学出版社，1992年）序章及卷末"市鎮研究文献目録稿"第二部、"小城鎮研究関係"。

环绕,铺展着现今上海直辖市所在的平原①。

上海市域向西最突出的部分是淀山湖等湖沼集中地区,海拔很低,被称为淀泖低地。东距上海市中心约40公里的青浦县政府所在地——青浦镇亦位于此低地。青浦镇在行政制度上被定位为县城。朱家角就在此青浦镇西方六公里处。青浦县在制度上称为县属镇的城市性聚落还有三个,即朱家角镇、金泽镇、练塘镇,都位于县西部(参照地图1)②。另外,县属镇亦称建制镇。

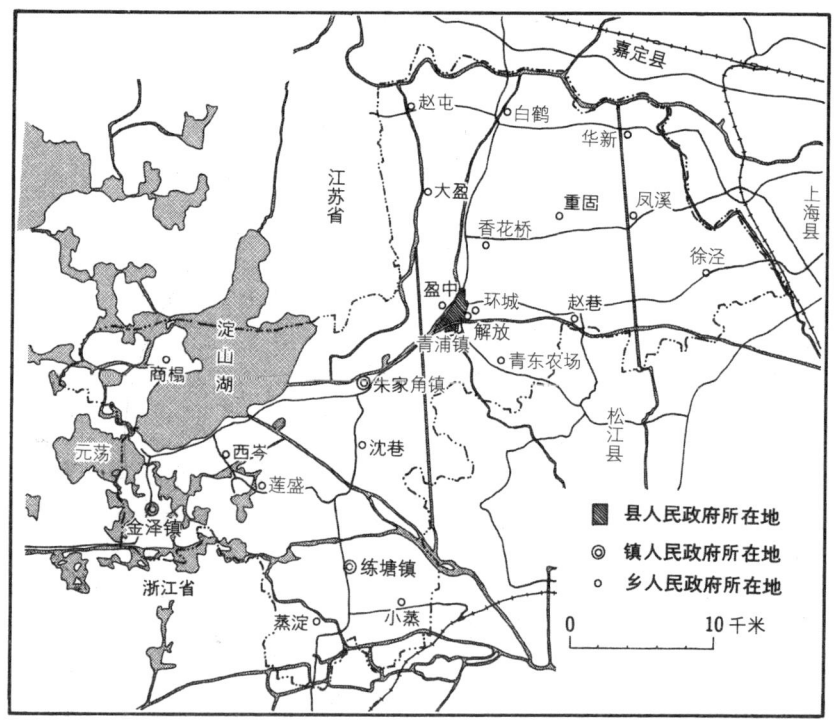

地图1　青浦县略图(据新《青浦县志》[参照下页注①])

---

① 上述上海概况是依据中国地名词典《上海市》编撰委员会(主编李春芬)编《中华人民共和国地名词典 上海市》(商务印书馆,1989年)的上海市条目,但地域形状参照了中国地图出版社编制《中华人民共和国分省地图集》(新华书店上海发行所,1989年)。
② 关于青浦县的概况,出自上海市青浦县县志编纂委员会编《青浦县志》(上海市人民出版社,1990年)的"概述"、第二篇建置【县城】青浦镇。以下在本章节内把该《青浦县志》叫做"新《青浦县志》"。

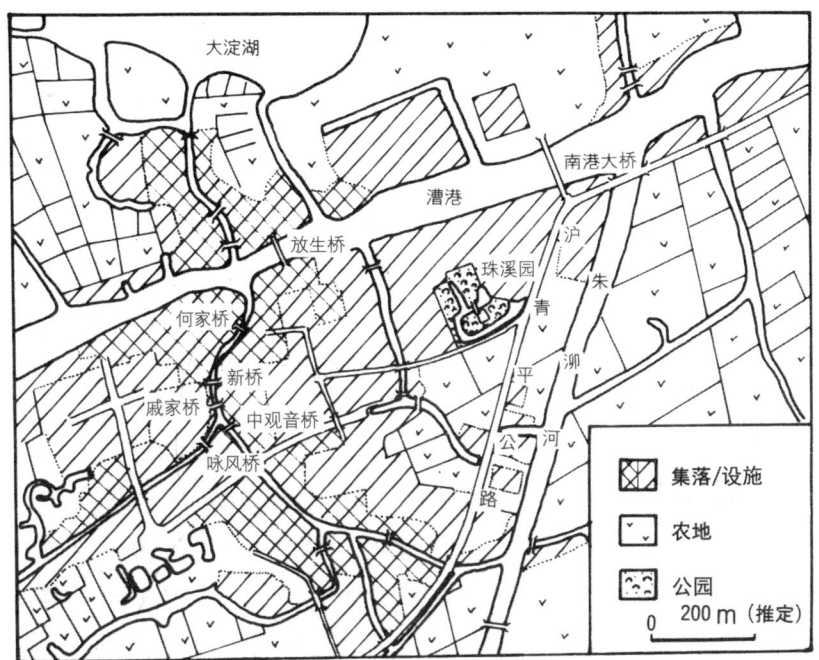

地图2　朱家角镇市街地图

至1990年12月,朱家角镇行政上仅由面积1.25平方公里的市街部分构成,朱家角镇政府加以管理。朱家角乡环绕之。该乡面积49.19平方公里,由20个行政村组成,受朱家角乡政府领导①。1991年1月朱家角镇与朱家角乡合并,新的朱家角镇诞生。② 自此,朱家角镇在行政上与日本的町、村相同,成为包括城市性聚落与农村的区域。本章考察的对象,并非此新诞生的朱家角全域,而是至1990年为止行政上称为朱家角

---

① 关于朱家角镇的概况,出自新《青浦县志》第二篇建置【县属镇】朱家角镇之项,以及森正夫编《江南デルタ市鎮研究》(名古屋大学出版社,1992年)序章与本序章附表Ⅰ叙述的1989年11月2日的调查。另外,关于朱家角乡概况,出自新《青浦县志》第二篇建置【乡】朱家角乡之项,以及本序章附表Ⅰ叙述的1989年11月5日的调查、附表Ⅱ叙述的1991年1月3—9日的补充调查。

② 1991年1月朱家角镇和朱家角乡的合并,是同年1月进行补充调查时获知的。1月4日下午,朱家角镇人民政府的干部以及一起参加的青浦县人民政府外事办公室的干部对笔者说的时间是"本月中"。

镇的这一 1.25 平方公里地区的历史,是该镇作为城市性聚落的发展脚印。因为本稿的目的在于,从其历史中探讨现代中国农村的城市性集落所发挥的作用及其直接面对的课题。当然,这并不意味着机械地排除、舍弃城市性集落与农村的所有关联。毋宁说恰恰相反,没有这种关联,城市性集落本身的历史就不可能成立。

首先,主要根据 1989 年 11 月 2 日调查时朱家角镇镇长周善明先生的介绍,说明一下朱家角镇的概况。

从上海市区流经青浦县政府所在地青浦镇、沿着通向江苏省吴江县方向道路北侧静静流淌的漕港河横贯该镇东西。水量丰沛的漕港河是流贯青浦县东西的淀浦河的一部分。镇的东端为横跨此漕港河的南港大桥,西端相同为铁秀桥,南端为上述道路,北端是大淀湖。隶属于朱家角乡的农村环抱该镇。镇呈扇状东西展开,镇内河道纵横,桥梁四通,沿河所建的住宅,有的带有一种被称为"河桥"的石梯状设施,面河而筑,供船停泊系留。周善明先生将这种传统性住宅的氛围,评价为"娴静优雅,极有情趣",认为该镇"是江南著名的水乡古镇"。

1988 年末朱家角镇定居户数 5223 户,人口 13304 人,每平方公里的人口密度 10643.2 人。顺带说一下,朱家角乡有户数 7052 户,人口 24544 人,人口密度 498.9 人。① 镇在行政上分为东大街、西大街、北大街、大新街、漕河街、东湖街、西湖街、东市街、胜利街、新风新村、西湖一村、西湖二村 12 个街道,各自设有街道居民委员会,共 12 个。

1979 年以来,该镇在努力保护"水乡古镇"特色的同时,对东市、新风、胜利、漕河、东湖、西湖六区的住宅进行了改造,新建了 68 栋称为"新邨大楼"的耐火建筑,建筑面积约 10 万平方米。

12 个街道中,北大街、大新街、漕河街形成商业中心地带。周善明先生介绍说:"本镇位于江苏、浙江、上海交界处,因此这里的农贸市场——

---

① 1989 年 11 月 2 日,周善明先生介绍的 1988 年年末人口统计数据和新《青浦县志》第二篇建置【县属镇】朱家角镇之项不一致。周善明先生介绍的数据应该是更新的。关于朱家角乡,出自新《青浦县志》第二篇建置【乡】朱家角乡之项。

自由市场是上海地区七大市场之一,成为两省一市农产品、农家副业产品、水产品的集散地。朱家角镇产的米'青角薄稻'、菜种'角里油菜'远近闻名。"又据周善明先生说,朱家角镇"从事制造工业的企业有29家,其中上海市经营者6家,青浦县经营者10家,朱家角镇经营者10家,学校经营者3家。业种涉及化学、仪表、铜管、冶金、塑料、丝绸、服装、家具、照明、造纸、酿造等行业"。①

在当今中国行政制度中,分布于各县县城四周农村的一些城市性集落,有的在制度上就叫"某某镇"这种正式名称。这就是刚才述及的县属镇。除此之外,还有很多制度上并不称作"镇"的。以地图1为例,乡人民政府所在地均属此类。现在将这种城市性集落都叫做传统城镇。如果以我们这几年的江南三角洲景观调查为根据的话,朱家角镇可以说是这种三角洲地带城镇中的典型代表。以下我们就探寻一下朱家角镇从形成到现代的历史。

《江南三角洲市镇研究》序章指出,近年来在中国大陆与台湾(刘石吉先生),有关江南三角洲城镇的历史研究日新月异,在以明清时代为对象的研究方面成果优异,认为江南三角洲城镇具有作为商品生产、流通发展历史的性质。② 另一方面,近年来在中国一种亦可称作现代乡土史研究的地方志出版繁荣。本稿经常引用的1990年4月出版的新《青浦县志》也是这类成果之一。朱家角镇也完成了以旧镇范围为对象的镇志编写,有关过去的乡,则在1989年完成了乡志的试行本。③ 这些镇志、乡志还未公开发行,通过相关人员,仅获知其大致条项。这种新地方志积极吸收了

---

① 在1989年11月2日,周善明先生介绍的有关制造工业的数据和《青浦县志》第二篇建置【县属镇】朱家角镇之项不一致。还是前者更新。
② 关于江南三角洲市镇研究的代表性成果,在台湾,刘石吉1978年发表了先驱作品,1987年,冠名为《明清时代江南市镇研究》由中国社会科学出版社(北京)出版。另外,中国大陆的樊树志也在1990年,通过复旦大学出版社发表了大著《明清江南市镇探微》。
③ 试行本《朱家角乡志》,在我们1989年11月5日拜访朱家角乡政府时,就已经打印完成,能概观其全部内容。关于《朱家角镇志》,1991年1月6日下午和5名编辑人员座谈会时,据介绍现已完成资料收集工作,正在进行编辑和整理,也有几个部分已经完成初稿。由1、大事记,2、概述,3、政治,4、经济,5、文化教育,6、社会篇(人物、风俗习惯、宗教、杂记等等)构成。

中国方志的传统,具有记录集成的性质,囊括了所属地区的各个领域。

本稿在吸取这类成果的基础上,以中国大陆和台湾(刘石吉先生)历史研究中未必得到充分研究的单个城镇为直接对象,并且尝试沿着被中国编写的新地方志置于目的之外的时间系谱进行通史性考察。笔者认为朱家角镇作为城市性集落而存在的基础,从明代后半期的形成阶段,已经有商业活动。因此,作为实际研究工作,本稿将立足于这一推断而把重点放在商业方面。这亦基于以下情况,即1989年调查和1991年补充调查时,在有关该镇历史进行的访谈中,对一种米批发商即米行的调查获得了最为翔实的信息。在日本的城镇个案历史研究方面,已有林和生的成果出现。作为地方城镇史的一环,该成果利用历代留下的丰富镇志,对同样构成江南三角洲一角的乌青镇、现在的浙江省嘉兴市桐乡县乌青镇(俗称乌镇的县属镇),从宋代至清代的发展进行了论述。① 本稿是延续上述研究之作,但注重灵活利用实地调查所得。

在把握中国社会自身的历史方面,学界一直是以1840年的鸦片战争为近代开端、以1949年的中华人民共和国成立为现代开端而强调历史转折点的断绝面,笔者自己也一直引以为据。这种观点现在正面临着重新讨论,对于连续面的认识变得必不可缺。有关朱家角镇的历史亦需要注意此点,但鸦片战争引起的开埠和中华人民共和国成立后的社会主义制度建立,其影响之大也必须加以确认。本稿将十六世纪五十年代至十九世纪五十年代末、六十年代初作为第一节明清,将开埠影响显著出现之后的时期作为第二节,并将标题立为近现代,虽有行文时断章分节之意,也是基于上述情况。

一、明清

(1) 明代后半期的萌动

构成现今青浦县朱家角镇前身的集落,其名称以确切形式记载于文

---

① 林和生:《中国近世における地方都市の発達—太湖平原乌青镇の場合—》(梅原郁编《中国近世の都市と文化》京都大学人文科学研究所,1984年)。

献是嘉靖三十三年(1554年)。① 同年四月初四倭寇由上海县方面南下逼近松江府,初六日转向青浦县,"过广富林,抵唐行,分踪掠朱家角、沈巷、林家角、蒔澳塘。"五月初一,倭寇再攻松江府城,被击退后西转,初二"抵金泽镇",初九日"过章练塘,劫朱家角"。这里所说的"唐行"为历代青浦县城所在地,就是现青浦县人民政府所在的青浦镇。而所谓"金泽镇"则是位于现青浦镇西端,是县属镇之一的金泽镇。"朱家角"就是现在的朱家角镇。不过,与都称作"镇"的这两个镇不同,朱家角那时还不叫"镇"。

作为上海平原上仅次于华亭、上海两县出现的第三个县,青浦县自身则是在上述倭寇入侵前十二年、即嘉靖二十一年(1542年)由以上两县分出设立的。县治是现仍存名于白鹤乡内行政村的青龙镇。青浦县嘉靖三十二年(1553年)一度废除,万历元年(1573年)以唐行镇为治所再度设立。② 自此25年后,即万历二十五年(1597年),最早的《青浦县志》刊行。朱家角作为城镇——以商业为基础的城市性集落在史书上出现,正是此时。

即,万历《青浦县志》卷二《镇市》,以附有"万历元年,更置县治"等夹注的"唐行"为主,列举了32个这种城市性集落的名称,其中可见"朱家角"之名。"朱家角"的夹注为:"在五十保一区二十五图。商贾辏聚,贸易花布。今为巨镇。"③朱家角是以棉花、棉布买卖为基础的新兴大镇。

上述32个同类集落中,像"青龙镇"那样带有"镇"名者有18个,杨林市等有"市"之名称者有6个,而唐行、朱家角等8地没有带上"镇"、"市"这种名称。

在此之前,早于青浦县设立而于正德七年(1512年)刊印的《松江府志》卷九《镇市》列出了50保,仅见唐行镇之名,无"朱家角"。朱家角是从十六世纪十年代开始经过九十年代,在属于明朝后期的80多年的发展

---

① 以青浦县为主,关于松江府各县倭寇的动向,崇祯四年(1631年)刊《松江府志》卷四十九《兵燹》,首次记载详情。
② 万历二十五年(1597)刊《青浦县志》卷一《沿革》。
③ 指前注万历二十五年刊《青浦县志》。以下同样表记。

中,以棉花、棉布贸易为基础,而作为城镇树立起牢固形象的。

万历《青浦县志》问世33年后,崇祯四年(1632年)刊行的《松江府志》卷三《镇市》之项列举了华亭县下18、上海县下17、青浦县下29个市镇名称。朱家角部分的记述在万历《青浦县志》的基础上写道:"朱家角镇,在五十保。商贾辏聚,贸易花布。京省标客,往来不绝。今为巨镇。有明远禅寺及太石梁,俱为新创制,颇雄丽也。"就是说从首都北京及各省来购买松江府特产上等棉布标布的商人们时常出入该镇。所谓"太石梁",意为大石桥,大概是指隆庆五年(1571年)由慈门寺僧人性潮发起募捐而建的放生桥,现在仍是朱家角镇的象征性标志。① 放生桥是座全长72米的五孔石桥,架于自东而西悠然流淌于朱家角镇市街地偏北处的漕港河之上。桥自中央最高处向南北桥墩缓缓倾斜,是江南三角洲现存众多宋代之后石桥群中的白眉。在后述该镇地志、嘉庆二十年(1815年)刊《珠里小志》卷五《桥梁》中,有关于该桥的详细记载。

照片1　今日放生桥

---

① 关于放生桥,除了1989年11月2日和周善明先生的谈话以外,参照新《青浦县志》第二十九篇、文物古迹、放生桥之项。后面说到的至近年为止该镇唯一的地志、嘉庆二十年(1815年)刊《珠里小志》卷五《桥梁》,也有详细记载。

有关十六世纪以前的朱家角,相关记载甚少。但并非没有资料可以推测该地过去具有农村中心地区的性质。放生桥稍西方向从漕港河分出一河,离此分叉处数十米的南边有一陡坡石桥,名何家桥。桥西脚有一工场,是原封不动利用元代所建的一座佛寺建筑而开办的。该佛寺是圆津禅院,人称娘娘庙。① 载有嘉庆四年(1799年)二月住持觉铭题词、同七年九月钱大昕作序的《圆津禅院小志》(共六卷),为明末崇祯十五年(1642年)举人、不仕清廷81岁而故的陆庆臻所著。此志录有歌咏该寺楼阁清华阁景致的《清华阁十二景诗》。② 其十二为五言诗。诗中有:"西秧沈氏田,旧朝豪姓地。"

此句的夹注是:"阁北里许,名西秧田。明初民沈万三居所也,为洪武没籍。"

沈万三生活在明初十四世纪后半的洪武年间,为苏州府富豪,有关其留下很多传说。根据近年陈兆弘的研究,以及用作资料的光绪八年(1882年)刊《周庄镇志》收录的各种记载,可知沈万三出自现昆山市东南端的周庄镇。③ 如果利用漕港河和淀山湖的水路,朱家角镇离周庄镇极近。因此,明初朱家角地区出现所谓"沈万三居所"这一因缘之地也是自然的。即使是现今,朱家角镇附近也是一大水乡地带。漕港河由此向东,流经青浦镇,通向上海。就在镇北方,大盈浦流向吴淞江。镇西通淀山湖,经商榻乡,如前所述通周庄镇。如果向西南而行,仍旧是进入淀山湖,经金泽镇入吴江县平望镇,进而通浙江湖州市、嘉兴市。以明代行政

---

① 1991年1月8日上午,与朱家角镇政府科学技术普及协会、朱家角镇志编辑责任者朱志高,青浦县博物馆文物保存组沈高洁以及镇长周善明三位,就文物现状召开座谈会,然后详细考察了圆津禅院。《珠里小志》卷六《寺庙》中,有"圆津禅院在泰安桥西,中塑辰州圣母像,俗称为娘娘庙"。另外,《珠里小志》卷五《桥梁》中,称"泰安桥在二十五图北栅,俗名叫何家桥,明万历十二年里人建。"故何家桥是泰安桥的俗称。
② 《圆津禅院小志》是1991年1月6日上、下午与朱家角镇志编辑人员开座谈会时,成员之一医生张健九先生第一次给我介绍,从而得以阅读,在日本没有收藏。
③ 陈兆弘:《明初巨富沈万三致富和衰落——读沈伯熙墓志铭》(1983年11月,无锡,明代经济史学术研讨会报告)。光绪八年(1882年)刊《周庄镇志》卷二《第宅·沈万三宅》,同书卷三《冢墓·沈庄墓》等等。

单位而言,朱家角镇与松江府、苏州府、嘉兴府、湖州府都有水路相通。前引陆庆臻诗的夹注,说明十四世纪后期这一地区在以上意义上就已经是水上交通要冲。①

十六世纪十年代以后朱家角镇发展的前提中,便有着这种交通上的特征。当地青浦县编辑、最近刊行的《青浦地名小志》朱家角镇一项,对明代朱家角镇做了如下概括,其中就很注重水运的重要性。

> 朱家角镇位于青浦县西八公里处,原名朱家村。宋、元时代开设小型定期市。因水运方便,商业渐渐兴旺,明万历年间形成乡镇(农村人口集中的集落),改名珠街阁。其名又称珠溪镇、珠里,亦俗称角里。②

(2) 清初的镇与镇商

崇祯《松江府志》简洁地描绘了该镇十七世纪二十年代带有动感的风貌。清初亦原封不动继承下来。约经过了半个世纪,康熙二年(1663年)刊《松江府志》卷十七《镇市》有关"朱家角"的记载,仅仅是替换了前引崇祯《松江府志》中的一字,其他一如前者。这大概不仅仅是图方便吧。有关清初的朱家角镇,有将这种情形描述得更为生动的记载。

> 顺治乙酉,王师南下,宏(弘)光[帝]出走,当车螳臂,所在多有。我里千户鲍某亦谋起义,里人奔窜避居淀山左右。不数日安堵如故。③

明朝灭亡翌年,即清顺治二年(1645年),旨在复兴明朝而于南京建立的南明弘光政权,被南下的清兵打败后,长江以南各地兴起反清义军。如前引所示,《珠里小志》在描述了众所周知的局势后,记载了"我里"朱家角镇"千户"(明代指挥1120人规模军营的军官)鲍姓者起军抗清,数

---

① 朱家角镇位于水上交通的要冲,是很久以后的事情,从第二节(3)"近代上海的发展与朱家角镇米行的繁荣"提到的十九世纪后期至二十世纪初定期班船名单中也能看出端倪。
② 青浦县志编纂办公室、青浦县博物馆编《青浦地名小志》(前言是1985年9月)。
③《珠里小志》卷十七《杂记上》。

日后告终之事。有关鲍千户起义,《珠里小志》还同时引用了《陆景俊年谱》。该年谱对鲍姓者说得较多,但认为其行动并非起义。

陆景俊居住于珠里长春河畔,明末为青浦县学的生员,乡试落第中迎来清朝统治,顺治十五年江南奏销案发生时,受到清廷处罚,此后过着"以诗酒自娱"的生活,生前自编年谱。① 据引用的该年谱一节载,鲍姓者名辑五,南明军事负责人("兵部尚书")史可法麾下军官("标校")。史可法这一年4月在扬州指挥与清军激战,兵败被杀。鲍辑五6月与同仁来到珠里,认为"此地必有兵(战事)"。有关这一部分的主要情况如下:

> 后,白腰党连年不息,七月黄(蜚)师舟师,退屯淀河,吴弁舟师退屯泖上。镇商以客兵在外,醵金犒师,吴独不受。八月大兵过镇,声如沸,辑五率家丁募乡人严列放生桥,赖以安,则千户未尝起义也。②

如果说头裹白布是当时江南抗清义兵的共同特征的话,"白腰党"也可视为持有同样立场的抗清团体。吴弁的"弁"指军官。当时,清军目标进攻统领上海平原上华亭、上海、青浦三县的松江府府城(华亭县城)。对此,南明吴淞水师提督吴志葵由东海进入长江,总兵黄蜚也从太湖北岸的无锡率大量船舶赶来,在相当于府城西侧的青浦县方面共同构建水寨,进入泖河、淀山湖活动,牵制清军。③

引人注目的是"镇商"的存在。他们想给来自其他地方的军队提供军饷,贡献物资。吴志葵拒绝了提供,但镇商在朱家角镇地位之高及其对地方利害关系所表现出的积极性由此可见一斑。

其后,清兵渐渐迫近朱家角镇,鲍辑五组织自家私兵("家丁")和地方民众("乡人"),在位于水乡地带的镇交通要冲放生桥严加布防警戒,

---

① 《珠里小志》卷十一《人物上》。
② 《珠里小志》卷十七《杂记上》。
③ 徐鼒《小腆纪年附考》下册。

由此保护了镇之安全。① 根据以上实情,《珠里小志》认为他没有起兵抗清。但是,鲍辑五为了预防清军屠杀、掠夺,用当时的话来说,在朱家角镇组织乡兵,采取措施抵抗清军是确凿无疑的。

从出于自卫而采取的这一系列行动中,可以看到朱家角镇正在具备作为地域社会的内涵——共同拥有社会生活的空间。这在该镇对待薙发令的行动中也能窥知。为了彻底镇压各地的抵抗,同年6月11日薙发令发布,反而激起各地更大的反抗。例如,位于青浦县北的沙溪镇,隶属靠近长江的太仓州,号称"州之第一都会",镇民对于薙发令的反抗斗争就曾经迅速扩大过。② 朱家角镇事态也同样发展,最早服从薙发令的"里中陆虞"就被愤怒的"里人"打死。当时,清军泊船"放生桥外",在船上待机。当戴着头巾、穿着长袖衣物的"童子师",即由镇上的儿童组成的一队人从旁快速通过时,清军将他们杀害。因此,此后大家都剃了发。③

这里的"里"指"镇"。《珠里小志》的编者在后来的嘉庆二十年(1815年)记载这一事件时,将朱家角镇称为"我里",可以看到十七世纪四十年代该镇作为一个能够产生自我身份认同的城市性集落,业已得到确立。对此加以旁证的是,在此事件稍前,即明崇祯末年,这个聚落据点活动的无赖之徒的残存资料。

> 崇祯季年,珠街镇(朱家角镇)李八招致任侠。有翁二者,力敌百人,冬月服单袷,或赤体卧冰上。又有仲二者,亦勇悍,遇恶少辄以铁械击之,能耐数掴,即拉入为党。④

1645年,在北边靠近长江的太仓州沙溪镇,领导"乡兵"对抗薙发令的是该镇的无赖结社乌龙会。在同样抵抗薙发令的朱家角镇"里人"中,

---

① 《珠里小志》卷十七《杂记上》。
② 拙稿《一六四五年太倉州沙溪鎮における烏龍会の反乱について》(《中山八郎教授頌寿記念明清史論業》,燎原書店,1977年。《森正夫明清史論集》汲古書院(2006年)第二卷第七章)。
③ 《珠里小志》卷十七《杂记上》。
④ 乾隆五十三年(1788年)刊《青浦县志》卷十九《杂记》。

也有可能存在前引资料中称为"任侠"的无赖之徒。

(3) 乾隆十三年朱家角镇的米价暴动

乾隆十三年(1748年)朱家角镇因米价暴涨发生暴动,该镇新的一面由此变得清晰起来。如岸本美绪所研究的那样①,该暴动是乾隆六年(1741年)以后,至乾隆二十年(1755年)以长江以南各省为主频繁发生的粮食暴动之一,是清朝正式记录中也载入的大事件。特别是这一年,从1月到8月以江苏为中心13个地方集中性地发生了抢米、遏籴、强借、强籴等暴动,手段多种多样。全汉昇在1965年指出:"因为米价暴涨问题深刻,民众暴动在苏州及其附近广大地区展开",在论文中首次介绍了清朝中央政府记载此事件的诸资料。② 1979年中国人民大学清史研究所、同大学档案系中国政治制度史教研室编辑的资料集,也系统介绍了此类资料。③ 其中之一的《清实录》,在乾隆十三年五月辛丑记载道:

> 今江苏一省,因米价昂贵,而奸民遏籴滋事之案,不一而足。如苏郡顾尧年自缚以煽惑众心,其尤著者。……寻据尹继善、安宁会奏,苏州顾尧年一案,已经发落。青浦朱家角镇一案,审明踏沉米船、拆毁行面、并勒令罢市抗官,系秦补、王圣金为首,应立即杖毙,从为者分别充徒枷责。

另外,朱家角镇的地方志、嘉庆二十年(1815年)刊《珠里小志》卷十八《杂记下》对此事件也有记载。该志对事件全貌有比较深入的记述,是官方资料看不到的。它也详述了苏州府城、杭州府城的暴动。以下选择朱家角镇本身的部分,述其大意。顺带说一下,《清实录》与《珠里小志》所载领导人姓名有异。

---

① 岸本美绪《清代中期经济政策の基調――一七四〇年代の食糧問題を中心に―》(《近きに在りて》11、1987年)。后收录于《清代中国の物価と経済変動》研文出版,1997年。
② 全汉昇《乾隆十三年的米贵问题》(《庆祝李济先生七十岁论文集》,1965年。后收录于《中国经济史论丛》第二册,新亚研究所,1972年)。
③ 中国人民大学清史研究所、同大学档案系中国政治制度史教研室合编《康雍乾时期城乡人民反抗斗争资料》下册(中华书局,1979年)。

乾隆十三年四月米价昂贵,每石达铜钱1200文。朱家角镇官府批准的米批发商([牙行])中,仅仅从沈绍彭的店铺看,就聚集了众多商人,一天米价就飞涨了500文。镇上的居民胜金和药王平日为无赖之徒,[这时]传言沈绍彭偷偷售米,通过海上路线运出[至其他省份],便带着一百个同伙拆毁房屋,翻箱倒柜,毁坏工具,向商人满载[米]的船舶注水,使其沉在河中,街上骚动。胜金等人还让同伙挑着粪桶在街上到处走,叫喊着让大家关店,如果不从,则向店门泼粪,镇上出现不安与惊慌的气氛,沈绍彭逃奔至青浦县城诉说[困境]。

知县万方极让青浦县城的城守把总马某同行,带领官兵和衙役来到朱家角镇,准备抓捕[胜金],民众喧嚣,将县知事和城守把总带到圆通寺,先打了城守把总数十下耳光。挥舞着的拳头眼看就要落到县知事身上,经过[设在镇上的]淀山巡检司巡检马锦再三说服,才逃过一难。因为马锦原本有好善乐施之评,受人尊敬。[但是]胜金的帮人围住圆通寺大门,禁止其随从出入。

[知县和城守把总找机会偷偷逃出圆通寺]终于来到松江府城,知县向知府汇报,城守把总则向府城军官提出想让军队出动镇压。知府立刻加以制止。"朱家角镇居民达数千人,说来原本善良。这次参加暴动者仅仅数十人。如果出动军队镇压,会好坏不分加以惩处。自己想出面把握动向,但必须做好准备。准备出动军队三百人,分两路向镇上进发,一路从青浦县城出发,一路经过长泖(昔时泖河的上游)至镇上,悄悄布控于四周,以备不测。"府城军官同意如此安排。

此时,镇上流言甚嚣尘上,"听说府城军官希望出动军队杀戮,放生桥外已经架好大炮。"富裕人家埋藏好谷物和金银财宝,反复制定远逃计划。知府一来到镇上,就减少随从,轻装而至城隍庙,先说服一家家商店[再次]开业,又召集镇长老询问事件经过。其后则捉拿胜金等审问。暴动者均如实招供。

知府说:"你们是出于公愤而行动的,但侮辱朝廷命官依法当死。你们以为如何?"众人皆哭。知府又言:"法律上区分首谋者和参加者。你们当中谁是首谋?"药王和胜金马上自报姓名,当场被杖毙。其手下陈士、林怀、枣子、汪七等数十人皆受杖责,长时间戴枷后,交给"地方"(当地负责治安者)拘束。仅仅孔姓军官被捕时逃脱,其后下落不明。

从以上记载可以窥视十八世纪中叶朱家角镇作为城市性集落的形态。

正像青浦县有"邑"、松江府有"郡"之雅称一样,朱家角镇被称为"里中"、"里老",是被雅称为"里"的地方。如后所述,这说明朱家角镇这一市街事实上已经得到确立。

这里已是商店密集。如知府所言,此地已住有数千居民,商店罢市([闭肆])成为一种具有政治意义的表现,前来恢复治安的知府,首先要求那些商店([列肆])复市。

该记载未明确说明居民由何种阶层构成,但显然存在着一些富裕家庭([殷实之家]),当认为有大规模军事冲突时,不是与普通居民一起行动,而是希望设法单独远逃。这种想法与先前明末清初混乱时策划守护城镇、提供军饷的"镇商"的行动迥异,也与那时一边按照暴动首领的指示停业营业,一边关注事态的发展,现在记载中所说的"市人"的行动不一样。

另一方面,无赖之徒([无赖])的存在也是事实。他们至少聚集了"数十人",成为暴动的领导人,试图把上涨的米价压下来。他们能体会到知府所说的"公愤"这种镇民的共同利害所在,具有实现共同利益的愿望。

还有数千居民([民户]),即知府镇压暴动时常用说法中所指的"原本善良"者中的大多数人。他们处于上述富裕家庭与无赖之间。前述朱家角的商人就属于这数千人。与至今为止的资料不同的是,这一资料已经有几家像沈绍彭经营米谷的那种"牙行"。可以认为当时涌到沈绍彭家的众多商人([估客]),平时就由外地来镇上的牙行购米。这也与以往的资料不同。十六世纪末的万历《青浦县志》与崇祯、康熙年间十七世纪的两种《松江府志》,描述的朱家角镇商业中核心是棉花、棉布。十八世纪中叶朱家角镇围绕米价的暴动，与棉花、棉布无直接关系。但是，朱家角镇有米批发商，有很多前来购米的商人。这一事实反映了该世纪朱家角镇的新变化。

这一变化有两个侧面。同年以丝绸买卖著名的苏州吴江县盛泽镇也同样发生了米价暴动。就像由此究明的那样，①在当时米消费人口多的大城镇，无论何地，除了支柱性行业外，米都是主要交易商品，有经营此业的米批发商。这是其一。其二是，可以推定，米之交易行业在朱家角镇的行业中，与过去相比，固有的重要性正在增加。

全汉昇以十八世纪清朝中央政府的资料《雍正朱批谕旨》《清实录》等为主从事研究。据他现在的另外一项研究可知，清代中期苏州的米市规模甚大，一方面不仅满足苏州及其周边的需要，而且满足浙江、福建等沿海各省消费者的需要，另一方面则销售来自江西、湖南、湖北、四川的米粮，规模非常大。在近代上海兴起以前具有重要地位。② 刘石吉利用包括乡镇志在内的地方志而进行研究，在肯定全汉昇研究的同时，指出受惠于十八世纪苏州米市与商品经济的繁荣，与苏州相邻的各市镇也深受其影响而获得了发展。③

刘石吉列举了明清时代以米贸易为基础发展而成的13个"米粮市镇"。其中可见属于苏州府的枫桥、浒墅关、月城、平望、黎里、信义六镇，以及隶属于杭州府的四镇，但没有西邻苏州府的松江府青浦县属各镇之名。另外，樊树志的研究所举的江南三角洲"粮食市镇"，也提到苏州府的枫桥、平望、同里，杭州府的长安、湖州府的新市、双林，④同样没有青浦县属各镇之名。但是，朱家角镇是苏州府昆山县和吴江县的东邻，水运

---

① 《清实录》乾隆十三年五月辛丑，乾隆十三年六月二十九日署江苏巡抚安宁的奏折（前引《康雍乾时期城乡人民反抗斗争资料》下册）以及前注全汉昇论文。
② 全汉昇：《清朝中期苏州米粮的米粮贸易》（《"中央研究院"历史语言研究所集刊》三九，1969年。后收录于前注《中国经济史论丛》第二册）。
③ 刘石吉：《明清时代江南地区的专业市镇》五、米粮贸易及以苏州为中心的米粮市镇（收录于前注《明清时代江南市镇研究》）。
④ 前注樊树志《明清江南市镇探微》第五章"粮食业市镇与其他专业市镇"。

发达,可以推断十八世纪苏州米市的显著发展对该镇的影响比其他地方都更大。因为,十九世纪初,即嘉庆二十年(1815年)刊《珠里小志》有关上述1748年米价暴动的记载,并未止于前述朱家角镇的暴动,是篇幅达三页弱的长文。对于其他地方的动向也不惜纸幅加以记述,并且还收录了乾隆十三年前后的传闻和资料,这是实录等清朝中央政府记录中看不到的。

首先记载的是苏州的暴动:"按,胜金、药王滋事时,吴郡(苏州)同日亦有顾尧年聚众至巡抚衙门,束身请死,求减米价,聚观者万人。"接着又说"是时,米价昂贵不独苏松,两浙(江苏南部、浙江北部一带)亦然",说明了杭州官方降价销售及其当时的混乱状况。继而言及前年乾隆十二年,江浙虽丰收,但米价还是上涨,介绍了杭州府城一角钱塘县人周京写的"贵米谣"。"贵米谣"共六篇,各篇重要的句子有:"并非水旱,并非虫伤害,从四月起说米贵""如何丰稔似昨岁,忽尔换作凶荒年""连年买官米""海洋广积粮""官买吏又买""洋米诱高价"等。

《珠里小志·杂记上》的这种编撰法,反映了编者对十九世纪初刊行该志时朱家角镇的米贸易与米价问题的关心。编者在介绍"贵米谣"六篇时说,"词微而志显,似并非无见闻",认为来自现实,接着与乾隆十二年前后作比较,进一步分析了价格上涨的乾隆五十、五十一年(1785、1786年)、同一时代的嘉庆九年(1804年)及其十二、十三年(1807、1808年)、十六年(1811年)的米价动向。而且,《珠里小志》卷三《风俗》有关商业之项,如后所述,记载有同时代朱家角镇米贸易盛况的明显印迹。乾隆十三年的事件,在十九世纪初被发掘出来,其意义得到了确认。

概述十八世纪朱家角镇总体状况的是,乾隆五十三年(1788年)刊《青浦县志》卷十三《市镇》的下述一段文字:

> 珠街镇,一名珠谿,俗名朱家角。在五十保(用来区划由华亭、上海、青浦三县组成的松江府全域的编号)。县治西十二里。里南通泖湖,东北接三分塘,而漕港亘其北,北连昆山县境。水木清华,文儒辈出。自明陆树声之后,士族之盛,为一邑之望。而商贩交通、

贸易亦甲于他镇。故移安庄巡检司至此。镇北慈门寺规模宏壮,而圆津禅院尤为文士往来之所。

商贩往来以及由他们进行的贸易,与青浦县其他镇相比,最为繁盛。这一点得到重点描述。不过,与过去此种记述作比较,没有述及特定行业。另外,比过去醒目的是,费了不少笔墨来说明士人阶层。据《珠里小志》卷九《科目》载,在朱家角镇,明代万历三十一年(1603年)以后,出了3个举人、两个进士。在清代,顺治八年(1652年)至乾隆五十九年(1794年)间,有举人19人,从康熙九年(1670年)至乾隆六十年(1795年)间有进士11人。这一事实证明了乾隆《青浦县志》的记载,"文儒"——具有儒学教养的知识分子、"士族"——考中科举当官者在青浦县最多。这是因为从十七世纪后期到十八世纪末,朱家角镇以经商致富为主正在积累财富,文化基础得到扩展充实,作为当时统治、领导阶级的士人阶层也在扩大。

象征性事例是,乾隆《青浦县志》就是由朱家角镇人王昶编撰的。王昶是乾隆十八年(1753年)的举人,乾隆十九年成为进士,长期任各省按察使、布政使,官至刑部侍郎①。乾隆四十六年(1781年)归省服丧,受青浦县知县杨卓所托,担任新县志编撰的总负责人,选拔18个志同道合的"同志"后开始工作。② 朱家角镇正在占据代表青浦县的经济文化位置。

(4) 十九世纪初叶的《珠里小志》与鱼米、棉花之镇

十九世纪初叶,有关近代以前朱家角镇地区的系统信息才变得明朗起来。已经屡屡引用的《珠里小志》,由该镇的人——自称"里人"的周郁宾策划、编辑、执笔,于嘉庆二十年(1815年)刊行。自该镇被视为城市性集落而载于万历《青浦县志》以来,已经过去了二百多年。其后又过去了180多年,直到最近几年未见刊行该镇的地志。把这些结合起来考虑的话,可以说朱家角镇的发展在那时已经发展到了一个阶段。并且,从十九世纪初叶到中期之间,构成江南三角洲的现上海市、江苏省长江以南

---

① 光绪五年(1879年)刊《青浦县志》卷十七《人物一·列传》。
② 乾隆五三年(1788年)刊《青浦县志》卷首《重修青浦县志序》。

地区、浙江省北部这三个地区,前两者除了民国时期以外,乡镇志的刊行尤为显著,上海市在嘉庆年间还达到了顶峰。① 朱家角镇的发展轨迹与上海地区市镇的发展具有相通的一面。

表1 现存江南三角洲乡镇志的刊行年代

时代	年号 / 现在的行政区	上海市	长江以南的江苏省	浙江省的北部	合计
宋代	绍定(1228—1233)			1	1
明代	正德(1506—1521)			1	1
	嘉靖(1522—1566)		2	1	3
	万历(1573—1619)			1	1
	崇祯(1628—1644)	1	2	1	4
	年号不详			1	1
清代	顺治(1644—1661)		3		3
	康熙(1662—1722)	2	5	2	9
	雍正(1723—1735)		1	2	3
	乾隆(1736—1795)	6	6	8	20
	嘉庆(1796—1820)	13	3	4	20
	道光(1821—1850)	2	14	6	22
	咸丰(1851—1861)	2	1	3	6
	同治(1862—1874)	1	2	7	10
	光绪(1875—1908)	12	15	8	35
	宣统(1909—1911)	3	3	1	7
	年号不详	4	7	1	12
民国		14	22	12	48
合计		60	86	60	206

---

① 有关乡镇志的数量变迁,请参阅第Ⅲ部"清代江南三角洲的乡镇志与地域社会"表一"现存江南三角洲乡镇志的编辑年代"。

《珠里小志》的开头,其卷一《界域》正文本身并没有特别突出十九世纪初叶朱家角镇的总体印象,以全新的形式展现,只是原封不动地转引了本章已经引用过的康熙《松江府志》、乾隆《青浦县志》的简洁介绍。其他仅仅是增加了乾隆二年(1737年)刊《江南通志》的以下记载:"朱家角镇,县西十里,商贾云集,贸贩甲他镇。"例如,有关形成该镇作为城市性集落基础的商业贸易之繁荣状况,虽然在此可以看到"商家云集"这样的字句,以及"商贾凑聚"(康熙《松江府志》)、"商贩交通"(乾隆《青浦县志》)这些句子,但并没有一处对其本身进行明确细致的描写。不过,正文末尾所引的一首诗,却第一次将该镇的容貌描写得栩栩如生。这就是陈金浩的《衢歌》,樊树志在其著《明清江南市镇探微》(见前注)已经引用过:

  鱼米庄行闹六时,南桥人避小巡司,两泾不及珠街阁,看尽图经总未知。

买卖水产品和米谷的商店整日喧闹繁忙,聚集在镇南桥的人对巡检司差役的巡视感到心烦,朱泾镇和枫溪镇合起来也不及珠街阁(朱家角镇),即使翻遍公刊的图经(地方志)也不会知道该镇的繁荣。

在朱家角镇的商业活动中,鱼等水产品和米谷买卖提高了比重,因此诞生了"两泾不及珠街阁"之句。这应该说是近年所说的"三径不如一角"之句的先驱。①

《珠里小志》卷三《风俗》由士农工商四业以及婚礼、丧礼组成。其"商"——商业方面一节的开头写道:"珠里民安土著,驱车服贾者仅有。"这让读者感到朱家角镇居民对商业活动极为消极。但是,这只是作者摆出来的一种姿态,即恪守以农为本以商为末的这一传统立场。此句一结束,编者立刻开始对该镇的商业用语展开说明,"居停客商售货曰行,随地贸易曰摊,头肩挑行贩曰脚担"等等。接着是通货,首先细述银,然后

---

① 参照第二节(1)。

是铜,还记载了度量衡以及"市"中使用的量具、衡器、度器,亦言及典当的利息和"当票"。最后提到极具城市性的社会阶层无赖的活动。

以上记载早就应该在以往的府志、县志"市镇"简介中出现,却未见载,这都是朱家角镇商业活动的具体说明。其中值得关注的是银钱的部分。该志对当时此镇通行的各种银钱,尤其是外来种种银钱,以夹注形式进行了仔细介绍([ ]内为夹注):

珠里钱多银少,昔年用银曰圆丝,[有苏圆、老圆。]①今唯洋钱盛行。

紧接上句又介绍说,以往有"马剑""双烛佛头"两种,现在仅仅盛行"佛头"。其中有"三工""四工""广版""罏底""大头""苏版""土版""闹版""夹版""灌铅""喷钱""烂印哑洋锉边"12种,并且一一附上夹注进行说明。例如,"三工"的注是"谓之三吉,银色最上。""闹版"的注为"以低银为之。"如此说明银质。而"大头"则注为"谓之太子版,近时新出。"以此说明银钱出处。顺带说一下,"烂印哑洋锉边",其意难解,据推测是用磨损的墨西哥银再度加工而成,但其夹注是说银质,"银色皆佳,唯兑价少减。"内容非常重要的是其后末尾的一句,即:

市中行用,唯花、米市最杂,价亦唯花、米市最昂。

此句意味着在镇上使用这些外国制银钱进行买卖时,仅棉花和米使用的种类最多,还有,只有棉花和米买卖价格最贵。由此可知,在朱家角镇商贸业中,一向与棉布一起成为主要商品的棉花占有重要位置,同时,米也同样成为重要商品。接着,有关量具的记载也很详细:

市中量物曰斛(省略夹注),曰斗,曰升(省略夹注)。古以十斗为斛,今以十斗为石,五斗为斛(省略夹注)。珠里用桥斛[容五斗六升,四乡之斛,有五斗四升至五斗七、八升者,市中粜籴,皆以桥斛为

---

① 以下【】内指原文的夹注。

准],桥斛有四[东市、西市、中市、北市],昔皆斠准。今东西二市斛稍大,又有刻字斛[容五斗八升]。十升为一斗,市有应斛斗[五斗应桥斛一斛]、准升[容巢升十升]、丰斗[容五升又谓之五升斗]。十合为升,京中公升[五十升应桥斛一斛],乌镇升[六十升应桥斛一斛],巢升[米铺所用,七十升或七十五升应桥斛一斛]。

最后的巢升夹注中出现了"米铺"。据此可知已经有卖米给消费者的专门店铺。更值得注意的是,"珠里"有"桥斛"这种量具,广为"市中巢籴"使用。十九世纪初叶的朱家角商业,与十七世纪中叶康熙《松江府志》的那一时期不同,不仅有棉布、棉花,也发展到以米为中心商品。

棉花作为商品之重要在前面银钱部分也说得很清楚,但当地农家家庭工业用棉花纺纱,或以此种棉纱织布,当做商品出售,在此也有记载。卷三《风俗》的农业部分,以"吾乡厥土涂泥艺稻艰于他处"起始,有如下记载:

女红,工针黹者(用针做的活)十之有一,工纺织者十之九。织用木棉花,去花之核用勘车。车有铁木二干。弹花之具为弓,击弓之具曰弹花椎,弹之使花和匀,然后划分而细卷之,名曰棉条,引而长之,曰纺纱。纺有纺车。……卷纱之具曰轴,织布之具曰机。……布二丈谓一疋,以细为上,不纺而织者为兑纱,不织而纺者为卖纱(省略夹注)。田家收获,输官偿租外,赖以接济衣食者唯此,若蚕桑之利习之者罕矣。

这样纺织成的棉布,在朱家角镇市场出售的过程,《珠里小志》卷四《物产》,特别是"木棉布"之项有记载。例如:

按,布有刷经、拍浆两种。刷经缜密,拍浆细软,市价相若。又有大号、小号。小号门面阔八寸三分,长十八尺。大号门面阔九寸五分,长十九尺。本色布南翔、苏州两处庄客收买。青蓝布估客贩至崇明南北两沙。又有杜织布("布"原文为"希"字),门面阔一尺三、四、五寸不等,每疋长至二十二尺。乡人多自服。朱检讨彝尊(朱彝尊)所谓"裁作轻衫春更宜"是也。

不仅一般棉布,对于下列三点都有具体记载:(1)因其织法之硬软、尺寸之大小而引起的质量差异,(2)贩卖到外地时有无染色与商贩乃至销路的不同及其关系,(3)当地使用的种类。显然,棉布依旧是该镇的主要商品。

如上所述,十九世纪初叶朱家角镇,加上棉花、棉布,米及水产品贸易也很活跃。朱家角镇作为以商业为基础的城市性聚落,其地位正变得更加稳固。

《珠里小志》为我们了解近代以前的城市集落朱家角镇留下了资料。其中有一点不能漏过。那就是有关十九世纪初叶其空间范围、人口的资料,以往的"县志"、"府志"几乎都没有提及。

编撰者周郁宾在卷一、"界域"中,就"珠里"——朱家角镇的空间范围作了如下记载:

> 青浦县分八保,保分八区,区分八图。珠里隶县治五十保三区之二图、十一图、一区之二十五图。其后十一图又以二图并之。故所隶止[三区十一图、一区二十五图]两图焉。东西广六里,南北袤五里,周十二里。……东至龙河桥,西至接秀桥,南至李马浜娄县界,北至北漕港昆山县界,东南至长条港,西南至普安桥,东北至斜沥港,西北至汤家埭。

这一东西约3.5公里、南北约2.9公里的空间,不仅有集中了商店、住宅、其他建筑、道路、桥梁等城市性部分,而且还包括农地、农业集落组成的农村性部分。准确地说,该空间是青浦县的行政区域,包括了作为市街的朱家角镇。它由五十保三区之十一图和一区之二十五图这两图组成。

乾隆五十三年(1788年)刊乾隆《青浦县志》卷十三《乡保》中的每张图都标记了包括其范围的"村里"、即自然村落。上述情况参照此就能弄清楚。当时的一区二十五图和已经合并二图的三区十一图的所属部分如下所示:

> 一区
> 二十五图(粗体字是与《珠里小志》记载的"村落"名一致者)

罗家浜　王家浜　新港　珠街角镇　匠人浜　胡家桥　放生桥

　　三区

　　二并十一图（粗体字是与《珠里小志》记载的"村落"名一致者）

　　珠街阁镇　雪葭里　周家港　高家港　河长湾　郁家桥　道士浜

《珠里小志》卷五《里巷·附村落》所记"村落"名及其所属的图，与乾隆《青浦县志》的乡保不一定一致。与工匠相关的匠人浜、放生桥等，这些看上去就构成镇之一角的地方，是作为"村落"记载的。两资料之间存在这种差异，但是，由此得到进一步确认的是，《珠里小志》的编撰者所说的"朱家角""界域"是指行政上的区划，其内部由朱家角镇市街和四散的村落这两者构成。正因为如此，如乾隆《青浦县志》所记载的那样，才出现了"珠街角镇"的一部分属于一区二十五图，其他部分属于三区十一图这一现象。

顺带说明一下，《珠里小志》卷五《里巷·附村落》首先列举了相当于今日里弄的三十五个"里巷"名称，其中包括现在仍作为地名保留的"石巷"等。接着记载了"高家港在十一图，镇西南二里"等，列举了属于三区十一图的13个"村落"名和属于一区二十五图的三个"村落"名。还有，《珠里小志》卷二《田赋》，对当时该地以"漕粮"、"条银"这两种形式征收田赋的赋税对象"田"进行了记载。"田"在三区十一图计为七十顷二分六厘，在一区二十五计为二十七顷七十八亩五分四厘。

表2　嘉庆十九年（1814年）朱家角镇地区的户口统计

区图＼种类	三区十一图	一区二十五图	合计
户数	877	625	1502
口数	3432	2505	5937
男口数	1288	991	2279
女口数	1129	821	1950

续表

种类\区图	三区十一图	一区二十五图	合计
男童数	710	315	1025
幼女数	75	112	187
店伙数	141	126	267
雇工数	37	62	99
奴仆数	7	14	21
婢女数	22	26	48
菴观	5所	6所	11所
僧侣数	4	19	23
道士数	16	4	20
女尼数	3	6	9

如前所述,《珠里小志》中"珠里"的"界域"是青浦县行政上的区划,不仅有作为城市性集落的朱家角镇,也包括农村部分。在此区划内的人口也有记载。表2是《珠里小志》卷二《户口》所载嘉庆十九年(1814年)"户册"上的数据。二十五图人口总数记为2505人,但对"男口数"以下各类人口相加的话,多出了17人。不管怎么说,两图共有户数1502户,人口5937人。就是说,十九世纪初叶,约1500户、6000人构成了以朱家角镇市街为中心的地区。

这样,《珠里小志》所载的空间区域和人口统计,将与镇名相符的市街部分及其相连的农村部分合在了一起。不过,并不是没有明确显示市街地、即城市性集落存在形态的记述。那就是有关这种河湖地带特有的水栅的记载,它附在卷八《官署》的末尾:

水栅　附

本镇五所　报安桥　何家桥　关帝桥　西何家港桥　祥宁浜

乡村三所　六九房　强固埭　小江村

按,村镇水栅之设以防盗船出入。在镇栅夫岁暮里中给钱以充工食。在乡则村民轮值,晨启夜闭,地方实有裨益。

"镇"——"里中"与"乡"——"村民"形成鲜明对比,前者负责市街部分,后者负责农村。可以说,这一有关水栅的记载说明了朱家角镇当时作为城市性集落的空间范围。

(5) 太平天国时期

《珠里小志》刊行的1815年相当于清朝嘉庆皇帝的第20年。自此经过六年,1821年道光皇帝继位。进入道光时代以后,中国陷入前所未有的境地。众所周知,英国以清朝禁止鸦片输入为借口武力要求中国开放,1842年进入长江流域,迫使清朝签订《南京条约》。从此中国处于欧美资本主义国家各种影响之下。根据条约,上海与广州、厦门、福州、宁波一起开港。① 在此前,元代至元二十九年(1292年)所设的上海县,与华亭县、青浦县、清代后分设于黄浦江南部及东部的娄县、南汇县、川沙厅、奉贤县、金山县等其他六县及一厅同属于松江府。② 所谓上海,就是此上海县县城及其邻近地区,是今天上海市区的前身。

道光皇帝死后第二年即1851年,因上述条约签订后包括经济变化在内的社会变动,广西发生了大规模起义,国号太平天国的权力由此诞生。太平天国在咸丰三年(1853年)自长江中游攻入下游占领南京,以此为首都。咸丰六年(1856年)清朝乘太平天国领导层内讧夺回长江中游流域,加强了对南京的包围,但太平天国在咸丰十年(1860年)反而打破包围占领了江南三角洲的主要都市,使这一带成为太平天国的新据点。③太平军首先在3、4月佯攻杭州,然后迅速掉头,攻破压迫南京的清军江南大营,同年5、6月连续夺取常州府城、无锡县城、苏州府城,也攻陷上海平原的嘉定县城、青浦县城。8月上旬经过曲折占领松江府城,中旬攻至接近上海县城的徐家汇。因英法派兵干涉,太平军对上海的进攻数日

---

① 此间情况,参照唐振常主编、沈恒春副主编《上海史》(上海人民出版社,1989年)。
② 嘉庆二十四年(1819年)刊《松江府志》卷一《疆域志·列代沿革》。
③ 近年来有关咸丰六年(1856年)以后太平天国在江南三角洲活动的研究,详见针谷美和子的《太平天国占领地域の檜船集团—太湖周边地域を中心にして—》(《歷史学研究》五二二,1983年)。另外,参照前注唐振常主编、沈恒春副主编《上海史》。

告终。但是,在上海平原上,同治元年(1862年)1月末至6月下旬的五个月间,太平军与英法军队、华尔率领的常胜军、清军反复展开激战。朱家角镇东边的青浦县城也在攻防之中。太平军5月上旬攻陷青浦县城,8月上旬弃城,青浦县城再次被清军夺回。① 有关此后一个月的朱家角镇状况,有资料做了记载。如前所述,隔着淀山湖,与东岸的朱家角镇相对,西岸是周庄。周庄隶属于当时苏州府的元和、吴江两县,镇上有个读书人陶煦,与掌有武装船只的"游民阶层中心的私人武装集团"头目费玉成、若卿父子等联合护镇。② 9月4日,他有事乘船去青浦县城,途中看到了朱家角镇:

> 过珠家角,见房屋无一存瓦砾,田中草如稻禾,沿塘器皿狼藉。惟内港有船,呻吟之男女数人而已。③

镇上的房屋被破坏殆尽,虽是9月,但周边的稻田却是杂草丛生,好似长满稻穗一样茂盛,河塘边餐具等器皿乱七八糟地散落着,只有内港停泊了船只,仅仅听到从船上传来的几个男女的呻吟声。太平天国运动中太平军和清军的激战使得朱家角镇的正常营生完全停顿。

不过,朱家角镇好像迅速就从太平天国和清朝交战的打击中恢复过来。如第二节所示,该镇靠至十九世纪初叶为止米业比重的逐渐上升而致富的商业,在翌年同治二年(1863年)就显示了新的动向,好似什么事情都没有发生过。引起太平天国起义的南京条约,确实将以中华传统为自豪的王朝国家中国置于不平等的外交关系之下,此后百年制约了其政治上的自主前进,但对于朱家角镇而言,以上海因开埠而向大都市发展为媒介,它迎来了以商业为基础的全新发展的机遇。

---

① 有关1862年太平天国和清军在上海平原展开的战斗详情,详见前注唐振平主编、沈恒春副主编《上海史》。另外,参照前揭针谷的论文。
② 有关以周庄镇为据点的枪船集团之一的费玉成、若卿父子的活动,参照前揭针谷的论文以及陶煦《贞丰里庚申见闻录》,光绪八年(1882年)刊《周庄镇志》附录。《周庄镇志》与附录,现在收录在《中国地方志集成·乡镇志专辑⑥》)。
③ 以下有关陶煦对朱家角镇的观察,出自前引《贞丰里庚申见闻录》。

二、近现代

(1) 黄金的二十世纪三十年代与米行

朱家角镇的近现代史,对于如今生活在此镇的人们而言,是该镇作为以商业为基础的都市性集落而繁荣的历史。1949 年解放以前就在朱家角镇从事商业、革命后也从事同样工作的人,在回忆这一时代历史时,显示出两个共同特点。一是认为给解放以前的朱家角镇带来繁荣的是"米市"和他们所说的进行米谷买卖和掌握此贸易的被称为"米行"的米谷批发商。

例如,1989 年 11 月,当时 65 岁的雷家麟进行了以下回忆。雷先生年少起就在米行工作,解放后就职于青浦县工商联合会,近年退休,仍继续参与该会活动。他说:

我们朱家角镇有句熟语"三径不如一角"(朱泾镇、枫溪镇、泗泾镇三者合起来不如朱家角镇)。① 还有"小上海"的俗称。这些说法都与我们朱家角镇米市的发达大有关系。三十年代我们朱家角镇米市一天的收购额最多达四万石前后,约 3000 吨。当然不是每天这样,但这是最多一天的。米市的发达带来了我们朱家角镇过去的繁荣。②

1991 年 1 月 7 日,我们又对已经 67 岁的雷家麟进行访谈。以前曾经开过一次座谈会,出席者都比他大十三岁左右,第二天即 8 日,他看了

---

① 朱泾镇位于上海市中心南东 48 公里处,是现金山县人民政府所在地,即县城。枫泾镇在朱泾镇西 15 公里处,金山县的县属镇。泗泾镇位于上海市中心西南 43 公里、松江县人民政府所在地松江镇北 12 公里处,是县属镇。如上所述,朱家角镇南边的朱泾、枫泾、东边的泗泾是旧松江府下传统的大市镇,现在也是各县主要的城市化集落。
② 以下在本章各节常常引用的雷家麟先生的谈话,是在 1989 年 11 月以及 1991 年 1 月,也就是在间隔一年又两个月的两次调查中进行的。1989 年 11 月的座谈会,是 4 号下午举行的。与会者有我们名古屋大学调查团的津田芳郎、林上、稻田清一、森正夫 4 人,同行的复旦大学历史系副教授樊树志先生,包括雷先生在内 15 个来自各界的对同镇历史熟悉的老者。1991 年 1 月的座谈会,先是在 7 日上、下午,森正夫采访了该镇工商业方面的雷先生、施维龙先生、叶祉涛先生,在接下来 8 日下午,森又对雷先生进行了单独访谈。而座谈会实质上也是进行访谈的,所以没有特地对两者加以区别,在文章中都说是访谈(或者访谈调查)。本章各节提到的,1989 年 11 月 4 日对雷家麟的访谈,1991 年 1 月 7、8 日对雷家麟的访谈,1991 年 1 月 7 日对施维龙先生、叶祉涛先生进行访谈,都源自上述采访记录。

那次会议记录时说,"最多的一天,1933年冬天的某天,收购了25000石。这是全镇的数字。"所谓"全镇"意思是全朱家角镇。数据被大幅订正。米行收购额一天超过两万石,规模之大引人注目。雷家麟当时还补充说:"我工作的合丰恒,一天最多时收购2000到3000石,一年有十余万石。这是米谷,全镇收购有100万石吧。""米行最发达的时期是1933年至1936年。"

1991年1月,时已63岁的叶祉涛,在半个世纪前,也就是十三岁时当学徒,从油饼榨油,后来进米行工作。他回忆说:"当时朱家角的市场非常繁荣,主要有米和菜籽(或'油菜籽')。各行各业都是由米行促进发展的。"①

还有一点,就像上引雷家麟两次谈话所显示的,他们认为在解放前的这段时期中,三十年代朱家角镇的繁荣达到顶点。笔者提问说,在1937年7月7日日中全面战争开始日本侵占当地之前、日本占领时期、解放后,到现在的镇史中,最繁荣的是什么时候?雷家麟说:"还是抗日战争前的那一时期最繁荣,具体地说,是1934到1935年这段时间。[一家米行]一天收购2000石也是那时。我想现在没有那时繁荣了。因为当时的朱家角镇有店铺千家,而现在各村都有商店,交通也方便了,哪儿都能去,从这一点上说现在和以前不一样。不过,最繁荣的是三十年代。"②

他们认为,朱家角镇以米行收购米谷为中心形成的繁荣,即使是通观本世纪,也是在1933至1936年,尤其是1934至1935年达到了巅峰。

(2) 从满铁调查看到的农村米行与从回忆看到的市镇米行

这种回忆的明显特点是,从朱家角镇是作为城市集落而繁荣的观点,对米的收购与买卖进行了肯定性的评价。

---

① 根据1991年1月7日的访谈。
② 根据1989年11月4日的访谈。

恰好在三十年代末,进入下一个十年的1940年,南满洲铁道株式会社上海事务所调查室(负责人伊藤武雄),对龙阳镇的四个村庄进行过调查。① 该镇有约800户、3800人,位于朱家角镇东南二十多公里的松江县城东门向东的道路沿线。② 调查对象是农村与农家经营状况。在当时的上海地区,松江县作为米产地,其名气超过朱家角镇所属的青浦县。因此,归根结底也是聚焦于农家经营,对这里的米市和米行加以分析。

根据上述调查可知,"出售水稻的农户为53户,相当于生产水稻农家58户(耕作农家61户约95%)的约91%。""以耕种规模来看出售比率……,耕种五亩以上的农家,占40%以上,最多的是5—5.9亩,占49.3%,其次为19—19.9亩,占46.3%,4.9亩以下仅仅26.4%。"除了规模大的部分富裕农家以外,大部分人家为了交租,没有能力确保自家的粮食,不得不卖掉相当部分的粮食。就是说,本村穷困性商品化比较显著。有关出售时期,"整个出售量的84%是在收获后的秋天至正月期间卖出去。""就是说大部分农民,为了付田租和还清购买肥料等费用,必须在收获后农作物价格不利时,几乎卖掉出售量的大部分换成现银。"所以,"即使在松江县东部这一典型的产米地带中心,约六成二分生产米谷的农家是购买米谷的农家。这一惊人的事实,是值得大书特书的重大发现。"③

有关米行本身,该调查的解释是:"众所周知,米行的业务是一种中介业,即从农家买入米谷,在自家或者委托碾米厂精白后,卖给城区(县城地区)和其他消费城市。"并且指出:"在镇上,从事米行的都是有数的商业资本家,他们不仅做米谷的中介买卖,而且有昂贵的精米机,对外加工,也给自家采购的米精白,还从上海市场采购豆饼、肥田粉,5、6月需要肥料时赊销出去,一元月息二分,秋天收获稻谷时把钱款收回来。"

---

① 调查内容详见南满洲铁道上海事务所调查室编《江蘇省松江県農村実態調査報告書(満鉄調査研究資料第三一編・上海満鉄資料第四八編)》(1904)。
② 华阳镇是现在的松江县华阳桥乡,华阳桥设有乡人民政府。
③ 前引《江蘇省松江県農村実態調査報告書》第10章・農産物取引事情。

这样，从农村和农村经营的观点看，米行只是一种商业资本。它建立在弱小农家因贫困而出售的基础上，通过价格和利息进行剥削获取利益。在我们这次对朱家角镇的走访调查中，没有听说米行兼做肥料商，把肥料赊销给农民，但是，这次调查确认了如下事实：在秋收至春节之间向米行出售米谷的农民"是自己耕种土地的农民"，其中付地租的阶层称作贫农，受人雇佣获得报酬的阶层称雇农。

1989年11月雷先生说过："来卖米的，主要是自己耕种土地的人。地主在收取地租后也不马上卖掉。"[①]1991年1月，笔者再次向雷先生提问："所谓自己耕种土地的农民，是指什么样的农民？"他回答说：

"卖米的什么人都有，从地主到农民，或者富农、中农、雇农。例如，中农以上的人是在自己的土地上种稻米出售，贫农则向地主交租，有剩余的就卖给米行，因为，即使是贫农，卖掉就能得现钱用，而雇农是从地主那里拿报酬，报酬往往是用米来付的。雇农也会来卖那种米。"[②]

雷先生使用了地主、富农、中农、贫农、雇农这种共产党定下的农村社会划分阶级的称呼。这里所说的贫农，与佃农几乎相重。对此，他又补充说："贫农交了租以后，必须用剩下的50%维持一年的生活。勉强维持，往往还不够。在这种情况下，他们就要卖米，先卖了救济生活，〔那钱〕一用完，就借钱了。"

所谓贫农有"剩余"，实际上是交租后剩下的部分，不是用来再生产，即扣去一年的生活和生产费用后所剩余的。雷先生的谈话，虽然不像满铁上海事务所调查室在松江县华阳镇所做的调查那样立足于对农民阶层的严密分析，却也说明了朱家角镇的米行还具有这样一方面，它充当着贫农、雇农出售稻米的"穷困性商品化"的媒介。

但是，本次访谈主要关心的是市镇与镇上米行的商业作用，与过去满铁在松江县华阳镇调查不同的是，还关注于地主与米行的关系。在访

---

① 根据1989年11月4日的访谈。
② 根据1991年1月7日的访谈。

谈中,就有关于住在镇上的地主与米行方面的深入详细的谈话。1991年1月,雷先生做了以下陈述。

> 地主中有住在农村的地主。他们有的人与农民之间非常近,他们不劳动靠地租生活。一般来说,这种地主的[土地]规模小。就像在农村大家所做的那样,[在收到作为地租的稻谷后]这种小地主就在自己家把稻谷原样储藏起来。因为稻谷容易储藏,脱了稻壳以后就难了。
>
> 住在镇上的地主不去农村。秋收结束后,农民一交租,他们就忙着屯米。屯米的粮仓,有自家的,也有借米行的。他们不等钱急用,所以等着米价变动,即使到第二年也会卖高价。他们与商工业者的关系非常密切,出售时都卖给米行。他们把米存在米行的仓库里,对米行也好,对他们也好都有利。米行根据需要可以使用他们的米,地主在第二年价格上涨时也能重新结算。还有,地主与米行订立了类似契约那样的东西,农民来交米(租)时,不是地主,而是米行接受下来,把它记在地主的名义下,也是到了第二年米价高的时候再结算。农村的小地主,与米行和工商业方面没有来往,但镇上的地主则关系密切。①

如上所述,三十年代在作为城市性集落的朱家角镇,与三十年代末松江县调查所看到的那种被称为贫农阶层的农家经营之穷困和雇农生活之困难亦相关联,米行的活动很活跃,以米行的活动为中心商业性繁荣得到了发展。在这种具有所谓市场与流通过程的特质中,确实存在着从结构上使得农家经营变得困难的否定性一面,另一方面,还能看到关系到地域社会自身存立与再生产的肯定性一面。如后文所述,三十年代发生的日中全面战争破坏了镇之繁荣,由此也给周边的农村也带来重大打击。这一事实便能说明后者的存在。接下来再次对本章第二节各项

---

① 根据1991年1月7日的访谈。

的走访调查加以分析,聚焦于作为城市性集落发展基础的市场和商业之繁荣所具有的积极一面,探寻近代朱家角镇的历史。

（3）近代上海的发展与朱家角镇米行的繁荣

那么,给二十世纪三十年代的朱家角镇带来划时代繁荣的米行,是从何时开始形成的呢？雷家麟认为是十九世纪后期的清末,并且这一看法与新《青浦县志》第14篇《粮油》项记载也是一致的。也就是说,有关三十年代这种米行的起源,完全没有想追溯至已经得到学界论证的十九世纪初的"米庄"、十八世纪中叶的牙行。下面将十九世纪后期的米行暂名为近代米行,具体看一下雷先生的见解。雷先生在1991年1月接受访谈时,将朱家角镇近代米行的创始时间追溯至清末同治年间(1862—1874年):①

> 在我们米行工作的店员,现在有个六十岁前后的人,他当学徒时,店主教他铜钱的包法,当时银钱和铜钱是同时使用的。每天晚上把一百个铜钱包成一包。用的纸是同治年间的账簿。他看到的最老的账簿写着同治二年(1863年)。因此,同治二年就已经是大米行了。实际情况是,1860年以前也已经有其他几家小米行了,其中的一个走了很长历史发展过来了。

就像叶祉涛前面所说的那样,朱家角镇与米并列的主要商品是菜种。雷先生在1989年调查时也说:"我们朱家角镇还有一个特点是菜籽（'油菜籽'）,这里也是菜籽的集散地。"他还说:"大概在一百年前,一个姓蔡的第一个开了家经营菜籽的商店（'油菜籽店'）。"②

据新《青浦县志》载,"姓蔡的"叫蔡承烈,字一隅,生于咸丰三年(1853年),民国二十一年(1932年)去世。他青年时代在苏州钱庄学徒,壮年后回乡,在朱家角镇东市端靠自己的资本开设了一家名叫"元号"的"油坊"——榨油菜籽油的工场。③ 该油坊与上述"油菜籽店"都属于同一

---

① 根据1991年1月8日的访谈。
② 根据1989年11月4日的访谈。
③ 新《青浦县志》第三十四篇《人物》。

经营。1989年调查时,雷先生说,蔡开的"油菜籽店""用采购的菜籽在自家榨油,一年中都有出售。"①换句话说,商店经营的榨油工场就是"油坊"。顺带说一下,所谓钱庄是十九世纪发展起来的向中小工商业者日常交易提供方便的金融机构。② 当然,如果按照雷先生所说将创业时间定在1862年,蔡承烈那时才仅仅9岁。从后面所述的情况看,创业时间大概是更后年的事情。"壮年"如文字所示是指30岁左右的话,应是光绪九年(1883年)的事,不管怎么说,十九世纪后期,即六十年代以后朱家角镇的商业出现了新的气象。

而新《青浦县志》则将朱家角镇近代米行的发端稍加推迟,定位在光绪(1875—1908年)初期,"清光绪初,邑人徐少山在朱家角镇开设小米铺,后发展为咸茂米行,该行把粳米精碾运销上海,深受市民欢迎。"(第十五篇、粮油)朱家角镇的其他行业,即称作"老铺"、"名店"的解放前的传统大商店都是这一时期创业的。抗日战争前迎来经营的最繁荣时期,在北大街综合经营绸缎、毛织品、棉布的永泰源绸布行是光绪二十一年(1895年)创业。解放前在朱家角镇药店中规模最大的童天和国药号,大大扩展经营是光绪十七年(1891年)。总店位于松江县城、酿造出售酱菜、豆腐乳、酱油、老酒等的义成泰酱园在该镇设分店也是光绪年间。③

光绪年间是以上海为中心,朱家角镇与邻近市镇苏州、昆山、嘉兴等江南三角洲的主要城市相连接的水上交通网迅速发展的时代。表3青浦县内各地出发和停靠的定期船舶表,是对《青浦县续志》稍加整理后转引的。④ 表上的航班开设于十九世纪后期,很多在民国初年仍在航行。光绪二十一年(1895年),青浦县最初的定期汽船由上海立兴公司开通,航线是珠街阁—上海。光绪二十五年青浦县商人也开通了珠街阁—上海的定期汽船。确实,后来情况有变,据前引续志卷五《船舶》正文载,立

---

① 根据1989年11月4日的访谈。
② 《中国近代金融史》(中国金融出版社,1985年)。
③ 新《青浦县志》第十四篇《商业》【老店、名店】。
④ 民国六年(1917年)修、二十三年(1934年)刊《青浦县续志》卷五《船舶·船舶表》。

兴公司经营的珠街阁—上海间定期班轮在光绪二十年代后半就停航了，青浦—苏州、珠街阁—苏州之间的汽船业务也是开通不久就关停了。但令人关注的不只是汽船的出现。第一，包括以上三例在内共58班定期汽船中，就有年代记载的40班而言，其中33例，即82.5％是在光绪年间（1875—1908年）开通的。第二，虽说是全青浦县定期汽船表，合计58班中的60.3％，即35班以珠街阁镇为起点乃至终点，其他23班中有两班也经过珠街阁镇。第三，还有以浆为动力的最小型的划船，有以这种划船组成的班船。有关这些传统船舶，未载明开通时间的有18班。表上所载的最早时间是同治年间（1862—1874年），估计这18班开通时间更早。这些班船有50％，即9班以珠街阁为起点乃至终点。

表3 青浦县十九世纪后期创业的定期班船一览

序号	起点	终点	经过地点	船舶种类	创始时间	经营主体、往返次数等
1	珠街阁	上海	青浦·白鹤江·黄渡	轮船	光绪21年(1895)	上海立兴公司
2	珠街阁	上海	青浦·白鹤江·黄渡	轮船	光绪25年(1899)	邑商（县城商人）。当初1只，后2只。
3	珠街阁	上海	青浦·白鹤江·黄渡	轮船	光绪30年(1904)	上海内河轮船招商局
4	珠街阁	上海	青浦·白鹤江·黄渡	轮船	光绪33年(1907)	邑商裕青公司
5	青浦	苏州	珠街阁·陈墓	轮船	光绪34年(1908)	裕青公司。不久停办。
6	珠街阁	松江	青浦·天马山	轮船	宣统元年(1909)	不久停办。
7	青浦	松江		航船	同治年间(➔1874)	白天1只，每日1往返。夜间1只，隔1日。
8	珠街阁	苏州		航船	光绪初年(1875➔)	隔4日，1往返。

续表

序号	起点	终点	经过地点	船舶种类	创始时间	经营主体、往返次数等
9	青浦	嘉兴	珠街阁	航船	同上	2只,隔4日1往返。
10	珠街阁	嘉兴		航船	同上	1只,隔4、5日1往返。
11	青浦	上海		航船	同上	1只,隔4日1往返。
12	珠街阁	上海		航船	同上	1只,隔4日1往返。
13	珠街阁	昆山	青浦·赵屯桥	航船	同上	2只。其中1只往昆山,隔1日。1只往青浦·赵屯桥,隔5日1往返。
14	珠街阁	芦墟	金泽·章练塘	航船	同上	2只,隔1日1往返。
15	珠街阁	周庄	商榻	航船	同上	1只,隔4日1往返。
16	青浦	珠街阁		航船	同治初年（1862➡）	每日早晚2班,4往返。
17	青浦	七宝		航船	光绪初年（1875➡）	1只,夜间隔1日1往返。
18	重固	珠街阁	郏店·七汇·青浦	航船	同上	1只,隔1日1往返。
19	重固	松江	郏店·赵巷·北簳山·凤台山	航船	同上	1只,隔1日1往返。
20	白鹤江	珠街阁	杜村·青浦	航船	同上	1只,隔1日1往返。
21	章堰	珠街阁	香花桥·青浦	航船	同上	1只,1月9回。
22	蟠龙	青浦		航船	同上	1只,1月9回。

续表

序号	起点	终点	经过地点	船舶种类	创始时间	经营主体、往返次数等
23	黄渡	上海		航船	同治年间(➡1874)	2只,隔1日1往返。珠街阁-上海间轮船开通后,1只停开。
24	蒋澳塘	珠街阁		航船	光绪年间(➡1908)	1只,每日1往返。
25	安庄	珠街阁		航船	同上	1只,每日1往返。
26	沈巷	珠街阁		航船	同上	1只,隔1日1往返。
27	陆家巷	南翔		航船	光绪末年(➡1908)	1只,每日1往返。
28	珠街阁	上海	青浦・泗泾・七宝・徐家汇	划船	光绪年间(➡1908)	2只,隔1日往返。
29	珠街阁	上海	青浦・白鹤江・黄渡	划船	同上	3只,各只隔6、7日1往返。
30	珠街阁	苏州		划船	同上	2只,各只每5日1往返。
31	珠街阁	嘉兴		划船	同上	2只,各只每4日1往返。
32	珠街阁	芦墟	章练塘・金泽	划船	同上	2只,隔1日往返。
33	珠街阁	同里		划船	同上	2只,隔1日往返。
34	珠街阁	周庄	西岑・商榻	划船	同上	2只,隔1日往返。
35	珠街阁	昆山		划船	同上	2只,隔1日往返。
36	珠街阁	松江		划船	同上	每日1往返。

续表

序号	起点	终点	经过地点	船舶种类	创始时间	经营主体、往返次数等
37	青浦	松江	天马山	划船	宣统年间（➡1911）	与上海-杭州间的火车相连。每日1往返。
38	白鹤江	松江	重固·郏店·北簳山·凤凰山	划船	同上	隔1日往返。
39	章堰	松江		划船	同上	1月6回。
40	白鹤江	上海	旧青浦·观音堂	划船	光绪年间（➡1908）	隔5日1往返。
41	重固	珠街阁	郏店·七汇·青浦	划船	无记载	每日1往返。
42	章堰	珠街阁	香花桥·青浦	划船	同上	隔1日1往返。
43	珠街阁	南翔	青浦·观音堂·纪王朝	划船	同上	隔1日1往返。
44	金泽	苏州	莘塔·同里	划船	同上	隔4日1往返。
45	金泽	枫泾		划船	同上	隔1日1往返。
46	金泽	珠街阁	小坪·西岑	划船	同上	隔1日1往返。
47	金泽	章练塘		划船	同上	每日1往返。
48	章练塘	珠街阁		划船	同上	每日1往返。
49	七宝	珠街阁	方家窑·青浦	划船	同上	隔1日1往返。
50	方家窑	松江		划船	同上	每日1往返。
51	方家窑	徐家汇		划船	同上	2只，每日1往返。
52	陈坊桥	珠街阁	青浦	划船	同上	每日1往返。
53	陈坊桥	松江	辰山·广富林	划船	同上	每日1往返。
54	赵屯桥	珠街阁	新桥·金家桥·青浦	划船	同上	每日1往返。
55	白鹤江	珠街阁		划船	同上	每日1往返。

续表

序号	起点	终点	经过地点	船舶种类	创始时间	经营主体、往返次数等
56	重固	泗泾		划船	同上	隔1日1往返。
57	重固	黄渡		班船	光绪年间（➡1908）	与小轮船相连。1日1往返。
58	章堰	黄渡	杜村·青浦	班船	同上	1只与火车相连。10日2次。1只与轮船相连，10日3次。

资料来源：民国六年（1917年）编撰、民国23年（1934年）刊《青浦县续志》卷五《山川下·船舶表》。

说明：写有珠街阁的指朱家角镇。

因此说光绪年间，包括开始使用汽船的光绪末年，是朱家角镇水上交通大大发展的时期。而这种发展，与该镇在水上运输方面的传统重要性并非没有关系。

光绪最后一年，朱家角镇又出现了新动向，前述蔡承烈就是引起这种动向的主体。甲午战争后的十五年间（1895—1910年），铁路建设迅速展开，特别是日俄战争后的二十世纪十年代后期，中国由民间资本参与的铁路建设运动十分火热，江苏省铁路公司就是此期成立的，据说"珠里蔡一隅承烈投资最巨"。他将经营油坊赚的钱积极投入到铁路建设上。光绪三十四年（1908年），作为该公司事业的一环，获准接通苏州—嘉兴的苏嘉铁路与上海—南京的沪宁铁路后，蔡承烈又计划了与朱家角镇利害攸关的事业。[①]

> 承烈以铁路营业重在轮输，珠街阁产销米、油额甚巨。谋自松江筑支路至镇，展拓至安亭，与沪宁接轨，因条陈其议。公司题之，派员测勘路线。卒以河港纷歧，工程过巨未果。

从上海向南至浙江嘉兴有铁路，从上海向西往南京也有铁路，朱家

[①] 关于蔡承烈参与铁路建设的情况，据前注民国《青浦县续志》卷二十四《杂记下·遗事》。

角镇位于这两条铁路中间。蔡承烈为了提高本镇的物资运输效率,计划建一条铁路使本镇与上述两条铁路相连。耐人寻味的是,制定此计划之际,一般认为是朱家角镇米、油生产、销售额非常大的时候。此时离辛亥革命还有三年,清王朝已经快寿终正寝,这两种商品的产销已经发展到计划用铁路来运输,并且与上海密切相关。

还有,就在清朝的最后一年,即宣统三年(1911年),江苏省丹徒人马幼眉在朱家角镇创办了青浦县的第一家电灯公司。① 辛亥革命后,即民国三年(1914年)四月,"珠安汽轮"设立,在朱家角镇与青浦县北的铁道要冲安亭之间开通了定期班轮。② 蔡承烈的举动并非孤立的,是朱家角镇这种经济基础近代化的一环。

这样,朱家角镇的近代米行从十九世纪六十年代至七十年代开始起步,但有关此后至二十世纪三十年代的具体发展历程,在此次调查中未能获知。不过,米行此后继续稳固地发展,1911年辛亥革命建立共和制改国号为民国时,该镇已经成为以米行为基础的农产品交易中心地。新《青浦镇》各项指出了这一点:"民国初年,朱、青两地有米行30多家,油坊5家,衣庄、绸缎、洋货、京货、山货、药材、木行等商号百余家。朱家角尤为繁荣。"(第十四篇《商业》【商业体制】"私营商业")"清末以来,随着资本主义商业的产生和发展,逐步建立了较为稳定的商品流通渠道和多种进货形式,促进了商市繁荣。农产品流通,以朱家角、城厢两地米行为主。稻米、菜籽由米行、油坊收购加工,少量当地销售,大部销至沪、苏、浙市场。米业公会成立后,与外埠米商建立直接的经济关系,进一步疏通渠道。民国初期,朱家角镇已经成为本县农产品的主要集散地,各米行不仅主营粮食,而且兼营部分农业生产资料。"(第十四篇《商业》【流通渠道】)

值得进一步关注的是,米行收购的米大部分销往上海等青浦县以外

---

① 新《青浦县》大事记·宣统三年(1911年)。
② 新《青浦县》大事记·民国三年(1914年)。

的市场。可以推断朱家角镇米行的发展,是与上海等外部市场的扩大相呼应的。

日本农商务省农务局于大正五年(民国五年、1916年)在中国各地对米做过调查,第二年刊行调查报告。① 据报告,1915年时上海的人口大概为六十五万人,上海因其交通之便,"作为物资集散地市场是中国第一港。""作为米之集散地也是中国第一。"该报告在此前提下,列举了10种米,说明了它们在上海的行情。② 在列举了"常州米上等机器白""松江米上等机器白""松江民船移入米""苏州同里米上等机器白"后,作为具有第五位价格水准者举出的是"珠角米上等机器白"。有关用作米交易的量具,在列举上海、苏州、成熟、吴江、同里等九种枡的同时,说到了"角里"使用的"枫云斛"。③ 朱家角镇的米在上海米市场已经获得了稳固的地位。

民国九年(1920年)东亚同文书院实施了第十九次中国调查。据此次调查载,④作为江苏省内的稻米产地,现在属于上海的,从清代太仓州内举出了"南翔",从松江府内举出了"松江、朱家角、上海附近"。有关该省集散地,虽然没有直接点朱家角之名,但"松江、无锡集散额大,但并未由此直接向省外运出,大部分运到了上海,成为中转市场。"这暗示朱家角也有同样情况。

近年,久保亨在分析中国近代棉业地区的不同结构时,以上海、江浙、华北都市部分、华北内陆部分、华中城市部分、华中内陆部分等为对象,对1922、1930、1936年中国资本经营的棉纺织工厂纱锭数量和日本资本在华经营的纺织厂纱锭数量进行了比较。⑤ 从第一次世界大战结束

---

① 農商務省編《支那ノ米二間スル調查》(農商務省,1917年)。实际执笔人是小平権一。
②《支那ノ米二間スル調查》第五章、第二節、第七項、米ノ相場。
③《支那ノ米二間スル調查》第五章、第二節、第七項、米ノ取引状況。
④ 民国九年(1918年)《東亜同文書院第一九回支那調查報告書》第二一卷、第一篇、上海ノ米。承蒙爱知大学好意,准予阅读。
⑤ 久保亨《近代中国綿業の地帯構造と經營類型—その發展の論理をめぐって—》(《土地制度史学》一一三、1986年)。后收录于《戦間期中国の綿業と企業經營》汲古書院,2005年。

至七七事变爆发,除了日本政治军事压力明显的华北城市部分,中资工厂与日资工厂是在竞争中发展。根据其研究数据,如果将1930年作为指数100,在纺织工业中心上海,日资工厂为51→100→116,中资工厂为65→100→117,两者相互竞争发展。这一事实也说明上海的劳动力在集中,粮食需求在增大。上海商业储备银行调查部编《上海之米及米业》载,①上海粮食委员会算出的民国19年(1930年)上海市米谷销售额达388万8880石。不过该调查数据仍未反映出实际状况,首先,上海市公安局民国19年的人口调查和工部局民国18年(1929年)的调查显示,当时上海总人口是,男性152万,女性107万,共计259万人。据此推算一年需565万余石。并且,上海粮食委员会统计的运抵上海的米谷数量达到716万12石,即使其中一部分又运了出去,上海市的粮食需求也会接近565万余石。

有关1937年七七事变爆发前的状况,依据羊冀成的《松江米市调查》(社会经济调查所编,1940年)②,前引满铁上海事务所调查室的《江苏省松江县农村实态调查报告书》记载如下:"事变前松江、青浦两县一年的运出数量"合计265万石,其中青浦城区(县城地区)30万石,朱家角40万石。而且,这265万石中,运往浙江省、上海市东南方的南汇、奉贤、川沙三县的共计86万石。扣除这一部分,"余下的179万石主要被运至上海。"有关这一数据,引用它的满铁上海事务所调查室自己也表示怀疑,认为松江、青浦两县运出的总数265万石中由松江县城区运出的65万石,应该修改为30—40万石。③另据新《青浦县志》载,四十年代、即民国三十五年(1946年)的统计是,青浦县"全年可产糙米100万石左右(每石75公斤),除本县消费80万石外,还外销20余万石。外销流向主要是

---

① 上海商业储蓄银行调查部编《上海之米及米业——商品调查丛刊第一编·米一》(上海储蓄银行总行,1931年)。
② 本书日本国内现无图书馆收藏。
③ 前注《江苏省松江県农村実態调查报告书》第二章、県城並に華陽諸事情、第一節、県城諸事情、(一)事变前後の松江米出廻状況。

上海市区。"①《松江米市调查》的统计是青浦县城地区和朱家角镇一共70万石,这与20万石之间有极大缺口。如果是20万石,在上海市场388万石,或者565万石中所占的比重,则是5%,或者3.5%,但是,以朱家角镇为主的青浦县米行背后存在着的上海市场的巨大需求,是必须加以确认的。

（4）全盛期的朱家角镇米行

二十世纪三十年代,至七七事变为止,朱家角镇的米行,在何种意义上属于该镇商业核心的存在呢？下面以雷家麟的回忆为主对此加以考察。

如前所述,民国初年朱家角镇已经有30余家米行。雷先生开始在米行工作的三十年代,正缘公、恒益丰、合丰恒、聚源全四家最大,此外"有很多中小米行"。②新《青浦县志》在介绍朱家角镇的部分说:"民国时米市极盛,青角薄稻米名满遐迩,其时漕港两岸的米厂、米行、米店就有百多家。每届新谷登场,河港几为米船所壅塞。"③就是说,不仅有米行,包括加工米的米厂、零售的米店在内,米业达到百余家。

如反复所言,在朱家角镇,水量丰沛的漕港河自东而西流经镇偏北处,与十六世纪中期建造时一样,放生桥现在仍以美丽的弧线横跨在这条漕港河上。④ 在放生桥西约百米处,漕港河与从南边过来的一条河交汇。从放生桥经漕港河向西,通过上述交汇点向南一直到架在城隍庙前的第二座桥附近,这里的沿河地段形成了朱家角镇的中心商店街,至今仍一如既往。⑤ 就在这一角,最靠近放生桥处有合丰恒,上述河道交汇处旁有恒益丰,过交汇处沿着漕港向西,往天主教堂方向稍走片刻是正缘

---

① 新《青浦县志》第十五篇《粮油》【粮油市场】。
② 根据1989年11月4日的访谈。
③ 新《青浦县志》第二篇《建置》【县属镇】朱家角镇。
④ 1989年11月5日号日本杂志《サンデー毎日》的封面登载了放生桥的倩影。
⑤ 此中心商业街,至今仍称"北大街"。根据前注《青浦地名小志》"北大街"记载:"[中华人民共和国]建国前,朱家角镇的米市和水产品[市场]主要集中在漕港两岸,北大街的米行、米市极多,商店都沿河建有河埠码头,以便农民停泊船只。"河埠码头与后文提到的"水桥"是同一物。有关现在北大街的问题,参见本文"代替结语"部分。

公。与这三家方向相反,聚源全则位于经放生桥往北流淌的漕港河北边,大淀湖之南①,当时隶属于昆山县井亭镇。②

包括这四大米行,米行店铺都是面河而建。面河部分则建有"水桥",这种驳船处。农民把船停泊于此后,扛着一袋袋装满米的麻袋去叫"行场"的堆货场地。每袋米相当于五斗。"行场"大概七八十平方米至一百平方米。在那里由店员称重,然后卖给米行。③

米行的店员,接过农民的麻袋后,在"行场"每15袋堆成一堆。所以,米行经营规模越大"行场"越大。

"行场"只是当天用来处理的地方。到了下午,根据质量来分类,有的送到米厂去,有的装到来米行采购米的"粮商"船上,有的进自家仓库。这样处理基本结束后,就为第二天[从农民那儿]的收购做好了准备。

营业的主要场地为"行场",仓库在"行场"的一角,那里不能存很多,因此在别处设有仓库,有时设得很近,有时隔开几户人家。仓库相当多。

"行场"旁边有账房。农民卖了米后直接去账房取钱。去时拿着店员出具的"传票",上面写着此人卖了几斗几石,钱款多少。账房里有存放银子的箱子。账房先生负责付款。账房分正账房和副账房,分别相当于现在的会计和出纳。大的米行在账房后面还有一个房间,叫后账房。这是做内部账目的地方。

最里面是办公室,用于接待来宾,或者充当店员休息室,不过地方比较小。有时候,"行场"本身是两层结构,二楼也有休息室。

米行有各种职务。④ 雷家麟的父亲在恒益丰担任"出师"一职,负责与外面来米行采购的商人打交道,谈价格。"出师"仅次于负责人,是相

---

① 有关这些旧米行地点的叙述,根据1991年1月8日对雷家麟先生的访谈调查。
② 雷先生说,所谓"井亭镇",原先是个独立的市镇,叫井亭港,位于贯穿朱家角镇东西的漕港河北岸。民国时称井亭乡,属于昆山县。朱家角、井亭镇两个市镇自明代中叶以来属于共存关系。(前注《青浦县地名志》)。
③ 有关米行内部各房屋的布局、名称、功能,根据1991年1月8日对雷家麟先生的访谈调查。
④ 有关雷家麟先生、其父、其兄各自的米行及其在该米行的地位、职务,根据1991年1月7日对雷家麟先生的访谈。

当于"经理"的重要职务。雷先生之兄也在恒益丰工作,担任"管栈"一职,负责根据质量把农民卖来的糙米分类,把原样卖出的米和用作精米的米分开。雷先生自己在恒益丰担任"外场"一职,负责从农民那里收购米,检查农民卖来的米的质量,根据结果决定买价。在恒益丰工作到1947年后,雷先生离开这里进了一家叫隼丰永的米厂。这是家加工米的商店,近期准备开始收购米的业务。雷先生在此担任经理,是被人叫做"老大先生"的负责人,另外还有店"老板"——主人。雷先生一并负责从农民那里收购米。雷先生通过在恒益丰数年积累的经验而"熟知农村","农民对自己也很了解",他虽然当了经理,但也担任"外场"的收购工作。①

朱家角镇米行的繁荣,如前所述,是由向上海市场为主的地区供应大量收购的米所带来的。在此,作为"青角糙米"而闻名的当地产米品质优异,给销售创造了有利条件。有关此,1991年1月雷先生的谈话大意如下:

> 青角是青浦、朱家角之意,是具有老来青、薄霜青、太湖青等七八种名称的粳米的总称。其特点是未被杂交,十分单纯,精米技术也很优秀,粘性强,颗粒晶莹透明,在上海市场相当有名,一般称作"青角薄稻"。如"薄霜"名字所示,收获期晚,栽培上花时间,到开始下霜时仍是青色,"老来青"的名称就是从这里来的。栽培时间长,就会产生糯米一样的粘性。②

值得注意的一点是,促成朱家角镇繁荣的一个重要契机在于,包括当地的米在内,广大地区的农民来朱家角镇卖米,因此收购方才能选择出优质米。雷先生1989年11月、1991年1月都强调了这一点。③ 就是

---

① 有关米行中工作人员的地位、职务、米行的业务内容,满铁对江苏省无锡的调查很详细。无锡远比朱家角镇大得多,并且交易规模也非常大。不过,其调查结果与朱家角镇的情况,即使是举出一名称,也不一定一致。南满洲铁道株式会社上海事务所编译《米——無錫米市場を中心とし——(上海満鉄調査資料第二五篇・支那商品叢書第一〇輯)》(1939年)。
② 根据1991年1月7日的访谈。
③ 1991年1月7日确认了1989年11月4日的访谈结果。细微差异在于:有关昆山县是否涉及到千燉镇? 在东边,除了七宝镇外,是否涉及到泗泾镇? 虽然如此,基本没有变化。

说,来卖米的农民居住地,遥遥超过了旧朱家角镇的范围。旧镇是在至1990年11月为止的现朱家角镇市街地周边展开的,达到了镇"方圆一百里"。具体而言,涉及东边的松江县泗泾镇、上海县七宝镇,南边的松江县城所在地松江镇、小昆山(现昆山乡人民政府所在地),西边的江苏省吴江县、浙江省嘉兴县,北边的昆山县千墩镇。

那么,为什么如此广范围的农民到朱家角镇的米行来卖米呢？1991年7月访谈时,雷先生说,朱家角镇有三个收购菜籽油原料进行加工、销售的油厂,名聚源全、聚源圆、聚源太,都是自称蔡姓的同族经营,而聚源全与前述四大米行中的同名者是同一经营实体。朱家角镇是米行的中心地,同时也是这些油厂用菜籽的集散地。对于相关理由,雷先生首先举出了交通,"当时的交通,陆上说不上方便,都是依靠水路。朱家角镇的水面开阔,就是说漕港河幅非常宽,所以很多大船可以并列停泊。如果水面狭窄的话就不行。"他又进一步补充了几个相关情况:

> 朱家角的米市场〔繁荣〕,与菜籽一样,除了水上交通方便外,最主要原因可以首举收购价格高。收购价格〔对卖方〕合理,是因为靠近上海,行情掌握得快,销路也马上就有。(省略)第二个是资金丰富。农民卖了米马上就能拿现钞回去。那么为什么有这么多现金呢,朱家角有四家钱庄,它们随时〔给米行〕提供现金。农民来卖米时,农民不需要担心拿不到现金。第三个是,来往船只载米而来的话,都会换回生产用品、生活用品回去。朱家角什么商品都有,并且价格比附近的小镇便宜,商品多,商品的种类也多。因此,朱家角作为米市、菜籽市场得到了发展。①

雷先生这样解释了朱家角镇米市和菜籽市场繁荣的原因。第二天访谈时,根据上次座谈会记录,就米行发展最繁荣时期1933—1936年之间的情况,作了进一步介绍,包括朱家角镇的整个商业,甚至是朱家角镇

---

① 雷先生在1989年11月4日访谈时,已经谈到了菜籽的采购和菜油的生产,1991年1月7日访谈时,则详述了朱家角镇菜籽和米的采购都是繁荣的原因。

本身在"方圆一百里"的地位,是从镇上从事商业者的角度进行的全面说明。以下不避重复一并记上:

　　朱家角的米市如此繁盛的第一个原因,是资金规模大,来自农民的购买量大,还有钱庄、银行[的供给]。

　　第二个原因是,诚实处理事情,使收购价格合适,重视诚信。收购价格比其他小城镇都高。有关重视诚信,举一个例子,当时银钱和纸币是同时使用的,市场上伪造的银币不少,也有假纸币。在我工作的米行,从我进店前的前辈开始,付银钱时一定盖上[店的]印章。纸币上则写上店名。这样农民来这米行卖米拿到钱款时,就不会碰到假币,能够放心。这样就保证了信用。

　　第三个原因是[朱家角镇]各行各业齐头并进。棉布、绸缎、毛织品、生活用品等店应有尽有。服务行业也是,茶馆、饭店、浴堂、书场等大概有四、五十家。

　　第四个原因是市场信息来得快,买卖及时。座谈会时,过去的店员对我说,1911年时公共汽车还没有开通,也没有电话,我们朱家角镇的米市行情,是让人跑出来的。我们米行自己建立了"民信局",那时候,如果经过邮局,信到上海往返要五、六天。于是,我们这里的信息,派一个人跑到松江县的泗泾,上海也派人跑到泗泾,在泗泾互相交换信息,把上海的信息带回来。一人[从泗泾]跑回去[上海],我们朱家角镇的信息也传到了上海。这样一天就能把信息弄到手,所以,市场信息传得快,能够及时掌握上海米谷市场供给和销售情况。

　　第五个原因是掌握了销路。选好优质米加工后运到上海,有的还被再次挑选输出。其他的则直接卖给前来收购的中小米批发商。品质更差的做酿酒的原料。米[从朱家角镇]通过各种销路卖出去,全部销光,再[在朱家角镇]收购米,资本周转就快起来了。

　　进入二十世纪以来,上海市场的存在对于朱家角镇的繁荣而言是决定性的。这一点在这次座谈会记录中,通过说明上海米市行情的重要性和销路的确立得到了充分显示。有关谈话中说到的各行各业齐头并进，例如，1989年调查时，有人说向销售以棉、绢、毛为原料的服装和布料的商店供货的是上海批发商。① 对于米行以外的行业来说，上海的存在也具有重要意义。但是，雷先生及其引用的座谈会参加者的强调之处，无疑都是朱家角镇米行、或者担负着朱家角镇商业经营的这一方的活动样式。那为什么以米行为主的朱家角镇商业的活动样式具有这种特点？对于笔者的再次提问，雷先生列举了近代米行可以追溯至十九世纪六十——七十年代的历史传统、企业为在与"各地小米行"激烈的竞争中生存并且发展而付出的努力。② 但这仍是有关经营一方主观性侧面的分析。这样，雷先生有关朱家角镇米行繁荣原因的见解强调的只是事情的一方面。但是，他在回答上述再次提问时，最后又说："做买卖的话，就必须采取这些措施获得农民的信任。"③指出了与上海市场的存在同时必须关注的客观条件——与农民关系的重要性。

有关米行值得注意的是，其在朱家角镇的活动并非仅仅停留在商业领域。据雷先生1991年1月说，以米行为主的朱家角镇"米业"对于镇这一地域社会本身做出了贡献。④ 其贡献有，1920年设立"重贞女校"，专招女生入学接受小学教育。"米业"还在三十年代创办"商民夜校"，设外文、国文、数学等课程，让"米业"的店员子女接受教育，同时也让其他商业行业的店员子女入学。与米行一起支撑朱家角镇商业的菜油生产、销售业经营者之一、元号油坊的经营者，即前述蔡承烈也在民国初年建一小学，取其字一隅冠名为一隅小学，至1949年解放，一共送出了34届毕业生。⑤ 一隅小学就是今天的石街中学，位于朱家角镇公交中心附近。

---

① 根据1989年11月4日的访谈。
② 根据1991年1月8日的访谈。
③ 根据1991年1月8日的访谈。
④ 根据1991年1月7、8日两天的访谈。
⑤ 关于一隅小学的创始年份，根据民国《青浦县续志》卷九、学校下。关于该小学培养出的毕业生届数，根据新《青浦县志》第三十四篇《人物》【人物传记】蔡承烈。该校规模非常大，在全青浦县小学中首屈一指。

遇到自然灾害时,米行以平时的价格卖米给流入本镇的灾民,或者无偿提供。1932年的一二八事变、1937年紧接着七七事变在上海发生的八一三事变,两次事变时,米行每天都向露天生活的避难民众施粥,进行救济活动。

就像开办油坊的蔡承烈那样,米行和以米行为中心的"米业"在地域社会实施的这种活动,是经营者个人所为,还是由行业作为共同事业所组织进行的,并不明确。据雷家麟先生说,作为米行乃至米谷销售业者的同业组织,同业行会到1949年解放为止都没有具有名称的正式组织。1991年1月访谈时,雷先生说:"这里(朱家角镇)有米行厅,相当于当时的同业行会,米业是朱家角镇最大的行业,所以叫米行厅。""米行厅不是一个组织,只是同行在那儿聚会,喝茶聊天中自然形成的,与组织有同样一面。并不是制度上(意义)的组织。"①但是,雷先生在当天访谈,谈到1937年以后的抗日战争时,如后所述,使用了米行的同业公会这个词,还说到了组织方面的活动②,令人感到米行厅事实上发挥了同业行会的作用。开油坊的蔡承烈拥有他人无法比肩的财富,独自负担了一隅小学每年的经费。③ 因为雷先生完全没有提到特定的人名,笔者推测上述米业的各种活动与蔡承烈不同,是"米业"共同实施的。

(5)朱家角镇的繁荣

二十世纪三十年代米行呈现出前所未有的繁荣。有关当时朱家角镇的商业状况,已经多次言及,但还是在此对其全貌加以概括。新《青浦县志》第十四篇、"商业"所载的一段文字可以提供线索。④ 顺便说一下,两代人前的民国七年(1918年)刊行的《江苏视察实业报告书》有如下一节:"城厢内外商店百余家,尚称富裕,最盛者以朱家角称首,练塘次之。

---

① 根据1991年1月7日的访谈。
② 根据1991年1月7日访谈中有关中日战争的部分。
③ 根据新《青浦县志》第三十四篇《人物》【人物传记】蔡承烈。
④ 新《青浦县志》第十四篇《商业》【商品销售】纺织品销售之项。

普通商业以绸缎、衣庄……为大。"①就是说,经营绸缎、棉织品这两大纤维制品的商店已经具有很大规模。

前面说到的位于北大街的永泰源绸布行,除了绸缎外,还综合经营棉布、毛纺织品等,民国二十五年(1936年)扩大资本进行改组,在1937年七七事变前经营迎来最兴旺之时,库存价格3万元,流动资金3万元,应收账款3万元,一年营业额12—13万元,其时价相当于糙米两万石以上。② 据说"该店有职工20余人,每个老职工各有熟识的常年主顾,逢年过节,婚嫁喜庆,都会源源而来。"

被视为商品供给业务主干的日用杂货、五金,还有作为主要嗜好品的酒、烟、糖在整个青浦县都有销售,其商店并非特别集中在朱家角镇。另外,至今仍是青浦县商业主要业务之一的肉类、淡水水产品、蔬菜、水果、家禽、鸡蛋等,包括露天商贩和行商在内销售渠道遍布全县。不过,解放前全县销售腌、鲜猪肉的150余家店中,有27家集中在朱家角镇,一年鲜猪肉的供给量达到125万公斤,在诸如此类方面,朱家角镇的营业非常活跃。③ 加工的食品虽然全县都有销售,但朱家角镇拥有全县著名的老铺,前述生产销售酱菜、豆腐乳、酱油、老酒等的义成泰酱园,在七七事变前夕扩大经营,有店员70余人,前店后工厂,在塌桥设立分店。④

在朱家角镇,与纤维产品同时令人注目的是肥料。⑤ 豆饼是作为金肥使用的。三十年代的青浦县,全县经营麸子、豆饼的店有70余家集中在县城、朱家角、练塘等大镇。朱家角有17家,其中的德丰慎号资本最雄厚,从江苏省戚墅堰、无锡、常州等地进货,一年销售豆饼12万张。化肥则由经营麸子、豆饼的商家同时出售。民国二十五年(1936年)朱家角镇的义茂善、龚润昌两家商店作为美国洋行的代理店销售"狮子马"这一

---

① 《江苏视察实业报告书》在日本未见,其编者、出版主体等不明。
② 新《青浦县志》第十四篇《商业》【老店、名店】。
③ 新《青浦县志》第十四篇《商业》【商品销售】百货销售、副食品供应。
④ 新《青浦县志》第十四篇《商业》【老店、名店】。1991年11月3日,调查团对朱家角镇主要地点的景观进行调查时,参观了上海义仁泰食品厂,原为义成泰酱园的小店铺。
⑤ 新《青浦县志》第十四篇《商业》【商品销售】肥料、农药供应。

商标的硫胺,是销售化肥的先驱。新《青浦县志》记载说这一年全青浦县的硫胺销售量是 42.5 万公斤。即使达到这一数量,豆饼仍旧占了大部分肥料市场。① 顺便说一下,像满铁上海事务所调查室指出的松江县华阳镇那样,由米行兼作肥料商的情况②,如前所述,就青浦县而言访谈调查和文献上都没有明确提到。仅就新《青浦县志》的记载而论,在朱家角镇好像肥料商和米行是分别独立经营的。

作为外国洋行的代理店,耐人寻味的是煤油。在广大农村煤油是照明用具煤油灯的燃料,大部分烟店零售煤油。该县五家销售店都是扎根于上海的英、美等国洋行的代理店。其中朱家角的信孚裕规模大,资本多,在练塘设有分店,同为朱家角的协记恒则代销美孚洋行、德士古洋行的煤油、柴油、车油等。③

再看药店。全县有 70 家,大镇多则六、七家,小镇也有一、两家。朱家角镇因资本雄厚、经营内容充实,有前述全县最大的童天和及张广德两家,加上其他的共四家。④

有关 1949 年解放前的饭店、点心店、书场、浴室、旅馆、理发店、照相馆、洗衣店、染坊等服务行业,新《青浦县志》说"不甚发达",但有关朱家角镇的这些行业还是留下了相当多的记载。⑤

据载,解放前全县有饭店、点心店 490 家,其中 7 家有名厨。7 家中朱家角镇有茂林馆、长兴馆、黄义顺 3 家。⑥

茶馆"既是城乡居民消遣休息、交换信息之地,又是江湖郎中卖药、民间艺人卖艺场所。"新《青浦县志》在对茶馆如此概括说明后,记载说七七事变前县城、朱家角、练塘、金泽、重固等大镇[分别]有茶馆 20 家,偏

---

① 新《青浦县志》第十四篇《商业》【商品销售】肥料、农药供应。
② 前注《江苏省松江县农村实态调查报告书》第十章《农产物取引事情》。
③ 新《青浦县志》第十四篇《商业》【商品销售】石油、煤炭供应。
④ 新《青浦县志》第十四篇《商业》【商品销售】药品供应。
⑤ 新《青浦县志》第十四篇《商业》【饮食服务】的各项。
⑥ 新《青浦县志》第十四篇《商业》【饮食服务】饭店、点心店。

僻的村镇也有两三家。① 1989年11月访谈调查时,雷家麟先生说朱家角镇"解放前有大小茶馆合计20多家,大茶馆有200—300座席,中小茶馆有数十个座席"。② 新《青浦县志》特地列举了朱家角镇的俱乐部茶馆、凤声阁茶楼、桥楼茶馆,对于其中位于漕港河畔的俱乐部茶馆这样介绍说:"面积有285平方米,较为宽敞,供应各式点心,营业鼎盛。"③俱乐部茶馆现在也以昔日的规模保留在北大街一角。④ 其特殊之处是在二楼。1989年11月访谈调查时,雷家麟先生说:"一楼当时是停靠船的地方。当时陆上交通不发达,都依靠水路。去上海时,边喝茶边等船。听到船的声音去乘时正好,很方便。"⑤

解放前的书场有和茶馆合起来经营的,青浦县城有金谷园等数家,朱家角有民乐、怡乐两家。公共浴室解放前县城、朱家角、练塘三镇合计4家,朱家角镇的俱乐部浴室在同名茶馆的一楼,规模最大,有80个座位。浴客以客商、渔民、船民最多,服务项目有擦背、捶背、捏脚、修脚等。⑥ 有关三十年代朱家角镇的旅馆、理发、照相、洗染状况,该志没有特别记载。

总之,各行各业活跃的商业活动与米行及其与米行性质相同的油厂的发展齐头并进,共同支撑了解放前朱家角镇以三十年代为中心的繁荣。不过,这种商业活动的对象是地域社会的何种阶层?尤其是自己从事耕作的广大农民阶层与这种商业上的繁荣相关吗?

如在合丰恒工作到1945年日本战败的雷家麟先生前面所回忆的那样,秋收至正月这段时间,农民用船将自己栽培、收获的稻米运到朱家角镇米行的"行场",在账房拿到钱款⑦,此时会在朱家角镇休闲购物。1989年11月访谈时,雷先生对茶馆的介绍中,有这样的发言:

---

① 新《青浦县志》第十四篇《商业》【饮食服务】茶馆。
② 根据1989年11月4日访谈中雷先生的谈话。
③ 新《青浦县志》第十四篇《商业》【饮食服务】茶馆。
④ 1989年11月4日以及1991年1月9日两次对其现状进行了确认。
⑤ 根据1989年11月4日访谈中雷先生的谈话。
⑥ 新《青浦志》第十四篇《商业》【饮食服务】茶馆、浴室。
⑦ 根据1991年1月8日的访谈,这一点已经提到过。

周围的农民来要去镇上、去集市的话,都来朱家角镇。他们不仅带来了商业繁荣,也去服务设施玩。茶馆、戏馆、书场、菜馆等,都是其他几个镇比不上的,具有相当规模。周围的农民来这里卖掉稻谷、糙米等,购买生活用品、生产用品回去,也看看戏,喝喝茶,下饭馆吃饭,去浴室。这也是当时繁荣的一个方面。①

俱乐部茶馆在朱家角属于高级的,大部分客商都去那里。其他还有几个,去的主要是当地的农民和附近的农民。[茶馆在农民]喝了茶后,渐渐变成市场,不是正式的市场,而是交换商业信息的场地。②

1991年1月,解放前为米行店员的叶祉涛、蜡烛店店员的施维龙两位也这样说:"解放前确实有很多茶馆,农民一般去小茶馆。大茶馆茶叶品质好,价钱贵,全是上流人,有些人与农民合不来,难说上话,因为话不投机。在小茶馆说话的都同是农民,比如说聊聊米价等等。(以下省略)"③"在茶馆中,也有并不那么大,但只有有身份的高雅人士去的地方。(以下省略)"

另据叶祉涛、施维龙两位说,当时茶叶价格折算成现在的物价,便宜的3角,贵的1块左右。④ 当问及解放前他们在镇上当店员时是否去茶馆,两位如此回答:"喝茶的人大体上是一定的,泥瓦匠、木匠、农民等。商店的老板需要商谈时也会去茶馆。商店的店员不去茶馆,既不想听茶馆的言谈,也有工作离不开店铺。"⑤

这样,在镇上施设的利用方面,因职业或阶层,还有镇、农村这种居住地的不同而相异。两位还说到茶馆以外的情况。据说,菜馆除了镇上的商店用来接待顾客外,客商也去。农民去但不那么多。戏馆与茶馆不同,因为女性能去,所以很热闹。浴室以商店的店员为主,镇民们去,农

---

① 根据1989年11月4日的访谈。
② 根据1989年11月4日的访谈。
③ 根据1991年1月7日的访谈。
④ 根据1991年1月7日的访谈。
⑤ 根据1991年1月7日的访谈。

民不太去洗,洗也是在自己家洗,所以不来。没有设女子浴室,女的也不去。这是茶馆、浴室因性别在使用上的差异。

就像通过茶馆以下各种服务设施所看到的那样,有关销售衣料等生活用品和化肥等生产用品的商店,其顾客也会因商店或者销售的商品不同而存在差异吧。就是说,居住地、职业、阶层等会因顾客自身状况而异。对于这一点几乎没做调查,但通过有关服务设施的访谈可以看到,关于解放前朱家角镇以三十年代为中心的商业繁荣,不能把支撑此繁荣者仅仅归结于居住于此镇的地主、商店老板,以及来访此镇的客商等富裕阶层,从镇四周方圆百里来米行卖米的农民们,包括从富农、中农、贫农到雇农在内的广大农民支撑了繁荣的底层。这一事实通过1937年开始的极其不幸的日中全面战争得到了证明。

(6) 日中全面战争与朱家角镇

1937年7月7日,以卢沟桥事变为起点,日中全面战争爆发。7月30日青浦县各界人士成立"青浦县各界人民抗敌后援会",县内各镇、乡也成立了相应的组织。[1] 战火的直接影响,始于9月12日上海市东北部与长江相接的宝山、吴淞等地居民来青浦避难。[2] 抗敌后援会与红十字青浦分会前后收容的人数达一万人。10月朱家角镇也受到影响。该月13日,日军飞机首次轰炸青浦县城,五六人受伤[3],14日朱家角镇被轰炸,20余人死伤,[4]30日朱家角镇再次遭到轰炸,和济栈房(仓库)等被炸,一人被炸死。[5]

11月9日,驻守在青浦县的国民党军队向苏州方向撤退,青浦县政府亦撤离。[6] 11日日军进入青浦县城,自此青浦县处于日军占领下。[7]

---

[1] 新《青浦县志》大事记·民国二十五年(1937年)七月三十日。
[2] 新《青浦县志》大事记·民国二十五年九月十二日。
[3] 新《青浦县志》大事记·民国二十五年十月十三日。
[4] 新《青浦县志》大事记·民国二十五年十月十四日。
[5] 新《青浦县志》大事记·民国二十五年十月三十日。
[6] 新《青浦县志》大事记·民国二十五年十一月九日。
[7] 新《青浦县志》大事记·民国二十五年十一月十一日。

12月在莲盛乡万圩塘①、次年1938年1月在金泽镇开始出现游击战,武装抵抗日军。②

至1945年8月15日日本无条件投降为止,持续进行的日中战争和日军的占领,破坏了朱家角镇米行三十年代中期达到顶峰的繁荣。根据1991年1月雷家麟先生从米行经营方面进行的介绍,这种破坏有三个方面。③

第一,日军的侵略,使得秩序混乱。这样,米行的老板去了上海就不会来了。主要是害怕被绑架做人质,或被勒索钱财,或被日军强要接待费,这才去上海的。

第二,因为米行被强制代替日军去农村收购军米。日军征收军米时,摊派给各乡、保、甲,米行代为实施,替军队从农民那里收米。米行经营军米什么也得不到。

第三,以往当地米行是把从农民那里收购的米打包从水路运到上海销售。战争开始后,途中都是封锁线,米根本无法运进去。米行因此没法经营。

雷家麟先生还说到了农民方面的情况。④ 据介绍,害怕日军的当然不仅仅是米行,卖米的农民也怕日军。朱家角镇四周有日军的岗哨所,农民担米来朱家角镇,岗哨看到了就让把米放下检查。这样,农民就不想把米运到朱家角镇来。因为有上述情况,朱家角镇周围的小镇就出现了小规模经营的米行,替代朱家角镇的米行从农民那里买米。据新《青浦县志》载,出现小规模经营的米行,与青浦县的下列情况有关。⑤ 即日军占领青浦县城后,县城内的很多居民搬到了城外,这样商业中心就分散开来,城外农村的小镇就先后出现了米行、米厂、米店。

---

① 新《青浦县志》大事记·民国二十五年十二月。
② 新《青浦县志》大事记·民国二十六年(1937年)一月五日。
③ 根据1991年1月7日的访谈。
④ 根据1991年1月7日的访谈。
⑤ 新《青浦县志》第十五篇《粮油》【粮油市场】。

朱家角镇的老米行,虽然讨厌帮助收购军米,但无法拒绝。军米分两种,对农民的影响不同。①

一是摊派,这种场合几乎什么都不付给农民。还有一种,如前所述是通过米行收购的方法,向农民付钱购买。这又分两种。一为三井洋行、三菱洋行等在上海的商社从米行购买。二为日军组织的"米统会"给米行下达指示。

上海的商社来买米时会压价,所以米行不愿意卖给商社。

米统会买米时,是派代理人来。代理人则考虑米行的报价后收买。米统会收购的数量,与米行同业行会协商,根据米行规模的大小,给各米行划定数量。

顺带说一下,雷家麟先生没有说各种情况是何时开始发生的,而新《青浦县志》概述、"大事记"则记载有:1942年冬,"日军开始在各乡镇强收军米,延续至抗战胜利。"②因此,几乎无对价的实质上的摊派,是自占领后约过了五年开始的。

如果根据雷先生的以上谈话来看,军米的收购,即使是对价支付,像上海的日本商社那样压价收购的话,无论是对农民,还是对米行,都会造成大损失。米统会渠道的收购虽说会考虑行情,但与农民—米行—上海市场这样展开的传统自由买卖完全不同。1942年开始的强征,即前面所说的以乡—保—甲为单位摊派的场合,当然损失甚大。还有,稻米产量是一定的,军米一征收,农民能够自由卖出的量就少了。③ 到此为止,米行的经营与构成其基础的农民售米环境,支撑了三十年代朱家角镇的繁

---

① 根据1991年1月7日的访谈。
② 新《青浦县志》大事记·民国三十一年(1942年)冬。
③ 有关中日战争对上海平原市镇的米行及其贸易所带来的影响,在前注(51)《江蘇県松江県農村実態調査報告書》第十章、華陽鎮における農産物取引事情(183—185页)中,介绍了松江县华阳镇的案例。其中有以下概述:"事变前,在华阳镇上市的米类,约80%通过米行运入上海市场,剩下的20%是面向当地消费的。然而,在事变后,为了抑制军米采购以及当地米价的膨胀,果断禁止运出县外,华阳镇的米行也被摊派收购军米,当地消费以外的米,大部分被集中到城区(松江县城——笔者注)的米业公会。镇上的米行……事变后,城区米业公会成为其主要买方,该公会通过日商交给军方,实情如此"。

荣,而七七事变的爆发与日军占领包括上海平原在内的江南,大大改变了这一切。

日军的占领,对该地区经济,与此相关的农民生产和商业活动影响之深,其情况之复杂在农民交租方面也反映出来,农民交给地主的地租在此时期由实物变成现钱。雷家麟先生说到过相关情况,以下介绍一下。

日军的占领时间很长,在此期间实物地租改为货币地租与占领深深相关。战争开始后社会不安定。日军来,抗日游击队也来,因此,住在朱家角镇的大地主离开镇去上海,不回来了,因为上海有租界比较安全。大地主一般使用被称为账房先生的代理人收地租,但他们无法将很多米带到上海去。收现钱当地租的话,马上就能拿去上海。这是促成改变的第一种情况。第二是农民方面的情况。农民带着实物地租米去交给镇上的地主时,不断受到日军岗哨的盘查。农民害怕,就用现钱交地租。现钱交地租对住到上海的地主来说很方便,也有足以让农民接受的前提。①

(7) 日本战败和米行、商业的新发展

1945年8月15日,日本向包括中国在内的联合国投降,9月8日,国民党掌握的中华民国青浦县政府进入县城开始办公②,1946年2月中旬,集中在县城的日本俘虏被送到上海。③ 国民党与共产党从日本投降前就激化的全国性对立,在日本投降后进一步扩大,1946年5月12日、15日,青浦县政府两次对共产党地下组织进行大规模搜捕。④ 虽然内含这种政治上的紧张,青浦县、朱家角镇都从日本统治下解放,恢复了和平。可是,三十年代朱家角镇米行以四大米行为中心,向包括青浦县城在内方圆百里展开的繁荣,则没有恢复。

---

① 根据1989年11月4日以及1991年1月7日的访谈。
② 新《青浦县志》大事记·民国三十四年(1945年)九月八日。
③ 新《青浦县志》大事记·民国三十五年(1946年)二月。
④ 新《青浦县志》大事记·民国三十五年五月。

据雷家麟先生回忆,1949年解放前这段时间,青浦县米行畸形发展,小规模米行,即具有小型销售店性质的米行出现了数百家。① 据新《青浦县志》载,"抗战胜利后,城区米业畸形发展,从原有的10余家行厂发展到80余家。至民国37年(1948年)全县粮油行商达300余家,分布在城厢、朱家角、练塘、金泽、白鹤江、赵屯、重固、观音堂、黄渡、章堰、陈坊桥、蟠龙、商榻等集镇。"②

朱家角镇以四大米行为中心进行的收购与运销体系,在日军占领时期受到破坏。这一体系没有恢复。但是,朱家角镇米行的活动仍相应持续着,从农民那里购米这一业务也得到了继承。如前所述,雷家麟先生原来在四大米行之一的合丰恒担任"外场",1947年辞任后进入兼营加工和收购的米厂隼丰永,担任经理。③ 1991年1月7日参加访谈的叶祉涛因工作至今的生产豆饼的商店关闭,也在1947年进了正丰兴米行。该米行主要由住在上海的马姓大地主出资创办。姓马的一直生活在上海,几乎不回朱家角镇,吃螃蟹的时节才回镇上品尝螃蟹。夏家的儿子夏正纪任总经理,有个姓常的任账房先生。姓常的自己也是地主,他的农民佃农们怕他就把米卖给这家米行。④ 叶先生这样回忆当时的情况:

> 我在米行担任叫做"出湖"的收购工作。为什么呢,因为必须去湖面收购。我乘船离开镇上的米行去农村,向农民购米,撕下传票给他们。他们带着传票来米行取钱。就是说,不是他们把米运到米行,是我们把米买回来。当时的习惯,即使不是米行的人,也可以向农民买米,农民也可以卖给那些人。有时候可以比卖给米行合算。在外收购时需要的还是信用。农民只要跟对方熟识,即使不是米行的人,也常卖给对方。所以,我们去收购米时,名字在米袋上写好,喊名字让他们来卖米。农民们希望跟城里人交朋友,听到喊名字很

---

① 根据1989年11月4日的采访。
② 新《青浦县志》第十五篇《粮油》【粮油市场】。
③ 根据1991年1月7日的采访。
④ 根据1991年1月7日的采访。

高兴。价格当然也是合理的,不能让农民吃亏。农民一来米行,卖米的就多了,常常需要等,所以也往往在船上收购。为什么要从镇上出去收购,因为镇上的米行互相竞争,一人乘船出去收购,其他人也得出去收购,不然都被外面的店买去。①

前面介绍过满铁上海事务所调查室七七事变爆发后不久,在松江县华阳镇附近的农村进行过调查。以上详细说明的镇上米行外出收购业务,在上述调查中是以"院子前面出售"一词出现的,是从农民的角度取的名称。在调查的案例中,有17％属于这种收购方式。② 因此,叶先生从事的镇外收购业务,在青浦县朱家角镇也不是1945年以后才出现的。不过,在显示农民恢复了自由买卖的同时,他的介绍让人感到朱家角镇的空气与三十年代不同。如前所见,以县城为中心出现了很多新米行,这是三十年代没有的。它们之间展开激烈的竞争,朱家角镇米行的优势进入相对状态。在此状况下,镇上过去的四大米行迅速失去优势。久保亨认为,以一百年为单位来宏观考察中国的整个商业、金融业的话,二十世纪四十年代到七十年代,"工业化在处于停滞状态中发展","是战时经济色彩显著的时期,因战争影响而引起物资匮乏。投机性商业活动也因此活跃过,但那只是活跃一时便结束了。"③以上概括性总结或许适用于1945年以后青浦县和朱家角镇围绕米行发生的变化。

叶祉涛1947年后工作的朱家角镇米行正丰兴1951年关闭。④ 其间中国共产党领导的新民主主义革命进入最后阶段,1949年10月1日中华人民共和国诞生了。

(8) 1949年中华人民共和国成立与朱家角镇

1949年4月下旬,发生了一件事,国民党政权下的江苏省政府向朱

---

① 根据1991年1月7日的采访。
② 前注《江苏県松江県農村実態調査報告書》第十章《農産物取引事情》。
③ 久保亨《中国経済100年のあゆみ—統計資料で見る中国近現代経済史—》(創研社版,1991年)V・商業・金融業の変遷。
④ 根据1991年1月7日的采访。

家角镇派遣武装部队,硬是拿走了粮商的400余石米。① 而到了5月中旬,朱家角、县城地区以及练塘三镇的米业捐献给共产党指挥下的人民解放军70万公斤米,支援解放上海。② 1945年以后朱家角镇在青浦县及其周边地区米市的优势,虽说出现了阴影,但仍然占有很大比重。同时,4月和5月米的流向形成对比,象征着政治的转变。5月17日,共产党领导下的青浦县人民政府建立。③

1949年5月,青浦县人民政府成立粮食局,逐步将粮食贸易统管起来。④ 过了四年,1953年末,朱家角镇所属的青浦县实行统购、统销粮食和食用油的政策。根据新《青浦县志》,其大致情况如下:

(1) 在农村向余粮户实行粮食计划收购。这就是统购。

(2) 对农村缺粮户和城镇居民口粮实行计划供应。这就是统销。

(3) 由国家严格控制粮食市场,严格管理私营粮食工商业。

(4) 在中央统一管理、统一指挥、统一调整下,与地方分工负责管理粮食。⑤

在社会主义粮食管理制度建立过程中,作为私营粮食商工业重要一环的米行,还有米厂、米店被视为不得不停止旧式形态经营的对象。朱家角镇的商业活动,二十世纪三十年代支撑了朱家角镇的繁荣,1937年至1945年日本战败这一军事占领时期出现了停滞,1945年以后则在畸形发展中,不断丧失昔日的那种繁荣,但到五十年代初仍保留着潜在力量。然而,1953年的粮食统购、统销的实施,根本改变了这种状况。叶祉涛工作的米行正丰兴的关闭便是此过程的表现之一。实施统购统销政策的结果,也反映了同样的过程:县仓库的备存量随着仓库容量的扩大而激增。新《青浦县志》记载说,1947年青浦县"田粮处"负责管理作为租

---

① 新《青浦县志》大事记・1949年4月下旬。
② 新《青浦县志》大事记・1949年5月中旬。
③ 新《青浦县志》大事记・1949年5月17日。
④ 新《青浦县志》第十五篇《粮油》【粮油市场】。
⑤ 新《青浦县志》第十五篇《粮油》【统购统销】

税征收的粮食,该处仓库的容量不满一百万公斤,但1953年全县的粮食仓库容量早已达到五千万公斤。①

解放后的社会主义粮食管理制度的形成,以及在此过程中过去的米行和粮食市场等是如何改变的,1989年11月4日、1991年1月7、8日的调查,未能就此过程进行充分访谈。因此,除了对此间政策的根本改变作一般记述外,无法做更多的考论。只是在此期间通过访谈获知的雷家麟、叶祉涛、施维龙三位社会活动的变化情况,也是反映朱家角镇商业历史片段的资料。

叶先生说,如果用公私概念的话,米行正丰兴当然是属于私营,1951年该米行关闭后,我进了青浦县政府商业局,负责采购米。1955年被调到朱家角镇政府,先后在水产站、烟糖[商店]、百货商店这些国营商业单位工作,后来进了商业站做副主任。商业站属于上面所说的商业局,是管理城镇商店的机关。朱家角镇的商业站受镇政府领导,对镇上医疗、食品、百货、燃料、烹调用品、蔬菜六类国营商店的进货、批发、零售加以管理。比如说,在国营菜场,检查蔬菜的进货情况,进行适当的定价也是工作之一。②

施先生以前是蜡烛店店员。1945年以后,镇上有两大商店经营香烛及杂货,批发兼零售,不仅本镇,也批发给其他地方。这两家一是同和福,一叫天泰蜡烛坊。朱家角镇得水路之便,船只来往频繁,个人跑班船的老板不少,因此各地都有了班船。向各地批发就是通过这种班船进行的。施先生工作的同和福在两大商店中,批发、零售都特别兴旺。但解放后该店关门,施先生失业。原因不仅仅是私营大商店,还被批判为"迷信"。失业后,施先生在自己家开了烟糖店。1956年实施公私合营政策,对私营商业进行改造,大小32家烟糖店合并成一家公私合营商店,下设32个门市部,施先生任经理。32家门市部渐渐被淘汰,1958年大跃进

---

① 新《青浦县志》第十五篇《粮油》【粮食储运】粮仓粮库。
② 根据1991年1月7日的采访。

时,减少至 5 到 6 个。1960 年朱家角镇设立上述商业站后,施先生也和叶先生一样在此工作。①

解放后,在米行兼作米厂的合丰恒任经理的雷家麟,1950 年参加了全县八地区结成的朱家角镇工商联合会(工商联)筹备会。工商联是在新青浦县政府关心下,1949 年朱家角镇,即当时的朱家角市首先试点成立的。不管规模大小,所有商店都要参加工商联筹备会。雷先生不是合丰恒的老板,是经理,因为老板不住在镇上,所以参加了工商联筹备会。②

解放前朱家角镇有过朱家角商会,纯粹是为工商界服务而联合成立的组织,但同时也辅助行政当局,负责从工商业经营者那里集资征税。解放后的这个工商联筹备会,是行政当局与工商业经营者之间的桥梁,负责居中联系。例如,收税提过通过工商联筹备会彻底实施,国家的工商业政策也通过它加以普及,而各个工商业经营者的任何要求也通过工商联筹备会向政府反映。工商联筹备会就是具有这种作用的民间组织,私营工商业经营者是主要成员。

至 1956 年公私合营实施为止,工商联筹备会致力于推进行政当局实施的私营工商业社会主义改造政策,同年所有企业完成公私合营后,青浦县工商联合会正式成立,联合会的总会设于县城,朱家角镇、县城地区、练塘镇都设其分会。据雷先生说,在此之前,一实行土地改革,资本家就感到最终会失去自己的商店。但是,当时的共产党采取赎买政策,对人给予工作,对企业的资产采取有偿赎买的方针,拿出了与对待地主完全不同的方针,商工业者都积极接受改造。包括经营者的代理人雷先生在内,

---

① 根据 1991 年 1 月 7 日的采访。
② 以下一直到本节结束,都是 1991 年 1 月 8 日下午雷家麟先生根据笔者的问题所做的详细回答。笔者访谈时所提问题要旨如下:
[1]"解放后,先生(雷先生)在工商联合会发挥的重要作用,新《青浦县志》也作了记载,想详细了解工商联合会的形成过程、它的作用、存在的问题。"
[2]"根据先生所说,工商联合会在 1950 年到 1956 年公私合营期间,起着特别重要的作用。这一时期也是前所未有的社会主义政权诞生的时期,很想知道先生自己是怎样参与其中的。"

朱家角镇的中小经营者在公私合营时，都在红纸上用大字写上申请书，请求公私合营。雷先生成为如此成立的青浦县工商联合会负责人之一。

青浦县工商联成立后，将活动重点放在对老板、小业主、小商贩这些昔日的各类经营者的思想改造上，使他们坚持走社会主义道路的信念。因为虽然公私合营了，但还是有人担心，觉得还是跟别人分开来自己做好。与筹备会阶段不同，尽管在各镇设了分会，但基本单位是县，总会放在了县政府所在地、现在的青浦镇。旨在保持商业的集体化和社会主义化的工商联，是为了方便与以县为中心的国家行政体系密切联系而设在县上的。朱家角镇的商业活动二十世纪三十年代是与当时县政府领导的行政分开进行的，在五十年代的商业集体化、社会主义化过程中，则开始接受与其地域性基础不直接对应的县级行政领导。

但是，"文化大革命"期间工商联本身停止了活动。1979年中国共产党第十一届三中全会后，县级以上的工商联恢复，除了公私合营以来的老企业会员外，开始组织从事工商业的新企业会员。所谓新企业包括国营企业、集体企业、乡镇企业、综合物资单位、为吸引外资而办的合办企业等。新的工商联与过去的工商联由个人会员组成不同，活动重点也在与国内外企业的互相介绍、联系上。雷先生认为现在的工商联处于转换时期。

三、代结语——九十年代的朱家角镇

现在朱家角镇在两大方面推进改革。

一是，朱家角镇人民政府与朱家角乡人民政府的合并。自朱家角镇1955年成为县属镇以来，两者大概分了35年。至此，前者管辖传统上的朱家角镇，即拥有市街地区的城市性集落这一部分，后者则管辖11个行政村构成的朱家角乡。如前所述，笔者在两年前的1989年调查时，与镇、乡两级政府的干部商妥，对镇、乡了解解放前历史的人们分别进行了访谈调查。那时的印象是，朱家角镇的经济与朱家角乡的经济还未有机地融合，原因在于镇、乡的行政处于分离状态。就是说，在朱家角乡，如

果引用新《青浦县志》所载1985年的数据,有14家乡营企业和41家村营企业,其劳动力丰富,达到4689人,乡的工业生产正依靠这一力量发展。以此工业部门为中心,该乡农业、副业、工业总产值共达6172万元。① 而在朱家角镇,根据新《青浦县志》所载同期数据,有74家零售商店,673个店员,一年的销售额为3172万元。② 还有26家制造工厂,生产额638万余元。商业、工业产值合计共3810万元。③ 但是,镇上的市街地区并未显示出生机。1991年1月4日下午,笔者与镇政府数名干部、县政府一名干部召开座谈会时,就这一点提出问题,如前所述,对方透露镇和乡就准备在一月合并。笔者感到这是极其自然的。

二是新城市规划的设计。1989年调查时镇政府对我们说过,朱家角镇在八十年代前期就制定有"朱家角镇总体规划"这一城市规划。现在的新城市规划名为"朱家角镇北大街浜河一侧保护振兴规划研究报告"。该规划直接聚焦于朱家角镇的老街北大街,但实际上其内容关系到全镇的复兴。(草案)④

朱家角镇是上海唯一保留下来的江南水乡古镇,市街地区(面积)1.25平方公里,现有人口1万3300人。古镇具有悠久历史,明中叶即已兴起,迄今已有400多年历史,相传有比喻为长虹的放生桥、保留有殿阁的城隍庙等12景。古镇有漕港、大港等河流交错纵横其间,并有大淀湖荡漾其北,三汾荡傍倚青平公路,水乡风光之秀丽,堪称上海一绝。然而由于历史变迁,过去以水运为主的农工贸事业转变为以陆路为主,因此朱家角老镇日渐衰败。过去有商店1000余家,现今仅有100家余。古旧房屋占5%,其建筑面积约占10万平方米,其中危房达5400平方米,北

---

① 新《青浦县志》第二篇《建置》【朱家角乡】。
② 新《青浦县志》第二篇《建置》【朱家角乡】。
③ 新《青浦县志》第二篇《建置》【朱家角乡】。另外,这里记载的1985年时的数值和1989年11月2日朱家角镇镇长周善明先生谈到的数值有差异,比如,后者说镇上有29家制造工厂。
④ "朱家角镇北大街浜河一侧保护振兴规划研究报告(草案)"(1991年8月31日)。一、朱家角镇北大街浜河一侧现状。二、保护振兴的指导思想。三、保护振兴的整体构思。四、北大街的保护振兴规划研究。五、后缀。附、朱家角镇在青浦县位置图。

大街在这中间尤其突出。北大街从［架在城隍庙旁大港河的］韵桥（新桥）开始至放生桥，长约 400 余米，滨河一侧有 7087 平方米的房屋，古旧危房占半。

1990 年 5 月 23 日，青浦县和上海市规划局与各方面专家、技术人员召开座谈会，委托上海市建筑学会都市计划学术委员会研究北大街滨河一侧保护、振兴计划。该委员会以"朱家角镇总体规划"为基础，在青浦县建设局、朱家角镇政府、朱家角乡政府的领导和技术干部的大力支持下，于同年 8 月 31 日完成上述"研究报告"。如以上引文明确显示的那样，该"研究报告"严酷地确认了以水上交通和商业为中心发展起来的旧朱家角镇的衰亡，希望将朱家角镇，正确地说是 1991 年 1 月以后成立的朱家角镇市街地区，作为历史文化古镇而重建。具体而言，对个别老朽建筑加以改建，保护好北大街原有的街景，以及放生桥、城隍庙等文物，同时开发旅游，争取新的经济发展。

有关朱家角镇的陆上交通，二十世纪三十年代上海至朱家角镇的沪朱公路建设计划因财政困难和抗日战争而中断，解放后原有道路得到修整。1965 年连接上海市区—青浦县青浦镇（旧县城地区）—江苏省吴江县平望镇的沪青平公路开通，该镇陆上交通获得真正发展。[①] 如第二节（3）所述，昔日朱家角镇确实构成青浦县一带名副其实的水上交通网中心。上述"研究报告"将朱家角镇衰亡的原因，主要归于交通手段从水上向陆上的变化，是有充分理由的。但 1937 年后日占时期、1949 年新中国成立后粮食管理制度的实施，至 1956 年公私合营为止的私营商业改造，此间以米行为中心的近代朱家角镇商业本身是一路衰退而来，这也符合本章所论述的。一直在朱家角镇从事社会主义商业工作的雷家麟、叶祉涛两位将其青年时代在米店当店员的三十年代，评价为朱家角镇最繁荣时期，在此意义上还是富有启发的。

显而易见，在镇、乡合并中，由乡的乡镇企业带动起来的工业发展所

---

① 新《青浦县志》第十二篇《交通邮电》【公路】。

培育成的经济力量,在复兴新生朱家角镇的市街地区上将发挥重大作用。而且,作为其复兴基础,商业需要新的发展也是无疑的。可以认为,上述旅游开发及街景与文物保护计划,是为此制定的必要条件。

但是,保证作为该镇市街地区复兴基础的商业获得新发展,实现此地域社会自立发展的真正条件是什么？以本章所述的有关该镇的历史感受而言,所需的条件,本质上就是环绕着该镇市街地区的流通机构本身,与以老朱家角乡为中心的市街周边地区的农业、副业、工业生产及消费需要连为一体,以此为基础获得再生。流通从国家—上海市—青浦县—朱家角镇这一延伸下来的行政线上相对自立,与再生也不是没有关系的吧。镇与乡的合并,其巨大意义就在于隐藏着以下可能性：促进这种流通的再生和向自立发展。

【补记】

1. 本章原载于拙著《江南三角洲城镇研究——从历史学和地理学进行的考察》(1992年)。如副标题所示,该著集中了包括笔者在内三位中国史研究者与三位地理学者的共同研究成果。以下为各章标题、执笔者姓名、研究领域。序章"江南三角洲城镇研究——由实地调查与历史学、地理学进行考察的尝试"(笔者)、第一章"中国江南三角洲的地形形成与城镇的立地状况"(梅津正伦、自然地理)。第二章"朱家角镇略史"(笔者)、第三章"有关清末江南的镇董——以松江府、太仓府为中心"(稻田清一、中国史)、第四章"中国的人民调解委员会——上海市青浦县朱家角镇之例"(高桥芳郎、中国史)、第五章"上海市周边地域集落系统的空间构造"(林上、经济地理)、第六章"苏州市与周边集市的现状"(石原润、人文地理)。附录"市镇研究文献目录 草稿"(笔者、稻田)。

对于《江南三角洲城镇研究——从历史学和地理学进行的考察》,发表时以下四位进行了评论。其中的③④在论述中特定本章进行了评论。对此还未能直接答复。

① 斯波義信:《実態調査による新しい中国歴史・地理研究"》,《エコノミスト》1993年1月12日号。

② 中俣均:《江南デルタにおける共同実態調査》,《地理》三八卷四号,1993年。

③ 石田浩:《社会経済学》五九卷二号,1993年。

④ 小島泰雄:《東洋史研究》五二卷二号,1993年。

2. 江南三角洲市镇研究的文献中,有关前述"市镇研究文献目录 草稿"发表以后出现的研究,拙稿《清代江南デルタの郷鎮志と地域社会》,《東洋史研究》五八卷二号,1999年,本书第九章有所记载。以下介绍一下公开刊行的与本章主题相关的主要论著。

① 费孝通:《小城镇研究十年反思》(1994年)以及《农村、小城镇、区域发展》(1995年)(两篇均收入费孝通《学术自述与反思——费孝通学术文集——》生活・读书・新知三联书店,1996年。又收入《费孝通文集》第十三卷,群言出版社,1999年)。

② 川勝守:《明清江南市鎮社会史研究》,汲古書院,1999年。

③ 濱島敦俊:《総管信仰—近世江南農村社会と民間信仰—》,研文出版,2001年。

④ 任放:《明清长江中游市镇经济研究》,武汉大学出版社,2003年。

④ 川勝守:《中国城郭都市社会史研究》,汲古書院,2004年。

3. 英伸三《上海放生橋故事》(株式会社アートダイジェスト、2001年)是1992年起八年间拍摄的朱家角镇放生桥(参照333、334页)摄影集,是围绕明代隆庆五年(1571年)所建该桥现代生活的精彩写照。1992年是笔者1991年补充调查的第二年。

(许金生 译)

第三章 清末江南的镇董
——以松江府、太仓州为中心

稻田清一

序言

1989年11月,继前年考察江苏省苏州市郊外的一些市镇后,我们又考察了位于上海市郊外的两个镇——上海市青浦县朱家角镇和该市的罗店镇。[①] 当时选定这两个镇并没有特别的理由。我们列出了若干历史悠久,现存清代编纂的镇志,且至今经济活动较为活跃的上海直辖市所属市镇,再结合中国方面的情况,从中作出选择。这样可谓是偶然选出的两个镇,从镇的行政区划形式上来看,形成了鲜明的对照。

20世纪80年代上半期政社分开以后,中国各地由乡政府取代了原有的人民公社。另一方面,在农村地区的城市性区域,也就是所谓的市镇,规模较大的地方被设置了镇的建制,并且作为县属镇,设有和乡镇府同级的镇政府。于是,一些地区出现了镇政府和乡政府并立的情形,镇政府仅管辖镇的街市区域,而乡政府虽然在镇内拥有政府建筑,但在行政上却管辖镇周边的农村地区。青浦县朱家角镇就是其中之一。朱家

---

① 关于1988年的活动,参见森正夫《1988年夏季江南三角洲小城镇纪行》,《名古屋大学文学部研究论集》107,1990年。

角镇面积仅为1.2平方千米,居住有5233户13304人,拥有29家企业(上海市营6,青浦县营10,镇营10,学校经营3)和129家商店。而围绕该镇的朱家角乡面积达46.19平方千米,人口为7052户24544人,有18个乡营企业和88个村营企业(此次考察的县、区、镇、乡的概况参见表一)。

表1 青浦县、朱家角镇、朱家角乡、宝山区、罗店镇概况

	面积(km²)	人口(户/万人)		工农业总生产额(亿元)
青浦县	678	—	40	24
朱家角镇	1.2	5223	1.3304	1.3①
朱家角乡	46.19	7052	2.4544	1.7381
宝山区	425	——	60	20.9②
罗店镇	22.97	8200	2.76	2.2
(镇区)	4	—	1.2	—

* 表中数字皆由当地相关部门出示,为大约数字。
① 仅为工业生产额。除镇营企业生产额外,亦包含镇内其他行政单位经营部分。
② 不含辖区内国营企业生产额。

照片1 罗店镇农村地区的"统一规划"模型

照片 2　朱家角镇的景色

与之相对,罗店镇的行政系统是街市区域及其周围 13 个行政村皆由镇政府统一管辖。罗店镇的农村地区,自 20 世纪 70 年代末以来实施"统一规划"、"统一计划",积极推进改造。我们也亲眼见到其部分成果,沟渠和道路呈棋盘格状分布,耕地也随之规划齐整。而且,原来 138 个自然村被合并成 38 个"农民居住点"(称为新村),各居民点整齐排列着新建的两层楼房住宅。此一农村改造的典范便是江苏省江阴县的华西村[1]。目前镇的街市区域也正在实行"规划"。

市镇存立于与周围农村的密切联系之上,两者间是所谓共存共荣的关系,这一点现已广为人知。在这样的关系中,镇和乡行政系统的割裂,成为阻碍两者进一步发展的主要原因。朱家角镇长周善明说过:"我们也想让镇进一步发展,比如建设住宅和工厂,然而土地不够。"如果镇的发展停滞不前,附近的农民也会感到诸多不便。因此,乡、镇行政系统一

---

[1] 1982 年秋,笔者在南京大学留学时,曾随该校组织的旅行参观过华西村。当时人民公社尚未废除,该地仍叫华西大队。笔者记得当地机关建筑、学校、住宅等都集中在一个区划内,耕地、果树种植区也被规划得整整齐齐。据大队负责人说,这些改造是在"文革"期间进行的,当时该地作为模范农村而闻名,毛泽东主席也曾前来参观,各地的来访者络绎不绝。

体化成为一个必须解决的问题。① 实际上,朱家角已决定于 1991 年 1 月 20 日进行乡镇合并,1991 年 1 月初森正夫二次调查该镇时得以确认此事。

当然朱家角镇和罗店镇的土地条件有所差异。青浦县素产大米,解放前,朱家角镇作为大米的集散地十分繁荣,县东部观音堂地区(现凤溪乡)出产的"观音薄稻"在上海非常有名。该县现在仍遍布江南地区典型的农村风光。另一方面,宝山区曾是著名的棉花种植地,解放前罗店镇的"花行"、"布庄"鳞次栉比。现在该地拥有以宝山钢铁厂为代表的 300 多家国营企业,已然成为大工业城市上海的一部分,道路等设施完备。只是这样简单地对比两个镇就得出一般性结论确实有些草率,但是仅就行政区划而言,可推断江南地区将从原来朱家角镇这样的乡、镇并立型向罗店镇这样的乡、镇合并型转变。

那么,这种将镇及其周围农村作为同一个行政区划的想法,在历史上是从何时开始的呢?这样提问或许有些奇怪。因为众所周知,作为商业城市的市镇自宋代出现以来,就一直是农村地区的流通中心和中心城市,成为联系邻近各村的媒介,同时也是与其他地区的连接点,在地域社会统合中发挥了重要作用。

但是,这些市镇在大多数情况下,在行政区划上与周围的农村并无任何区别,更奇特的是,一个镇被划分为若干行政区划所属的现象也屡见不鲜。现在,乡镇合并的地区自不必说,即便是在乡镇并立的地区,也没有空间上作为整体的一个镇,被划分成 2 个以上的镇或乡所属的情

---

① 中国的社会学者费孝通很早就已提出乡镇合并的问题。他以江苏省吴江县黎里镇为例,评价其成果说:"这样的体制改革加强了镇乡的经济结合,有利于城镇建设的统一规划,打破了庄园式的封闭体系,还能统筹安排农村劳力和统筹解决城镇居民的生活措施。"另一方面,他又指出以下的问题:"但由于原先的经济实力是公社比镇要强得多的情况,镇乡合并以后,就势必提取一部分原来由社队所办工业的利润用于集镇建设,对农村一头的好处不明显。"(费孝通:《小城镇,再探索》,日文译文收于费著《江南农村的工业化》[大里浩秋、并木赖寿译,研文出版,1988 年])【译者注:作者所引为日文译文,此处直接引用费的原文,参见《费孝通全集》第 10 卷,第 366—367 页。】

况。但是这种状况在清代以前十分常见,而且当时很难找到镇所特有的行政机关如镇政府等。我们拜访中国的政府机关时,相关负责人一定会首先简要介绍一下沿革。在镇政府,此一说明从镇名最早见诸文献的时候开始,朱家角镇始自明万历四十年(1612年),罗店镇始自元代至正年间。然而在他们的说明中,镇里的一些行政机关或是以镇为单位的行政区划均出现于民国以后。

笔者认为这些机关或是行政区划的开端可以回溯到民国以前。究其原因,笔者之前分析一个住在江苏省苏州府吴江县农村的地主所留下的日记时,发现太平天国时期吴江县各市镇都设有"局"这一机构,这个"局"与以市镇为中心的各地区的行政之间或许存在某些关联。①

因此,本章的研究力图阐明,原本在行政区划上与农村并无区别,而且经常分属多个行政区划的市镇,是在何时,又是如何,被重新编成延及民国时期乃至现代的以市镇为中心的行政区划的,并对造成这一转变的江南社会的结构性变化加以探讨。

一、关于镇董的称呼

清末民初编纂的江南地方志中经常出现"镇董"一词。所谓"镇董",大概意为"镇的干事",与之相似带有"董"字的词语还有"城董""乡董""董事""经董"等等。以上所说的各种"干事"究竟是指什么呢?

表二择取青浦县里以"镇董"为代表的带有"董"字的职务名,将之按年代顺序排列。从该表首先可以注意到,职务名前所加词语的性质可大致分为两类:一类是某种机构名称,如光绪二十四(1898年)年的仓董,光绪三十三(1907年)年的丰备仓经董等等;另一类是以金泽为代表的地名。关于前者,除丰备仓外,一般还冠以善后局、团练局、水利局,或者善堂、会馆、公所名等,这些都是指各相关机构的干事。而笔者在此想特别

---

① 拙稿《清末江南一乡居地主的生活空间——试论其范围与构造》,《史学杂志》99—2,1990 年。

探讨的是后面一类。

表2 清末青浦县的职务名

年	职务名	人名	事业内容	依据资料
同治元年(1862)	金泽董		为防卫该镇请求派遣兵船	光绪《青浦县志》卷三十《杂记下·补遗》
五年(1866)	乡董		清丈	民国《青浦县续志》卷十二《职官·名宦传》
八年(1869)	乡董		修筑圩岸	光绪《青浦县志》卷三十《杂记下·补遗》
光绪十六年(1890)	城董	吴昌麟	筹集珠街阁镇市河疏浚费	民国《青浦县续志》卷四《山川上·治水》
	同上	张心镜	同上	同上
	乡董	孙起荣	疏浚华潮浦	同上
二十一年(1895)	城董	吴昌麟	疏浚蒲汇塘及蟠龙塘、小涞、横沥3支河	同上
	同上	方德泉	同上	同上
	同上	孙濂	同上	同上
	同上	陈光禧	同上	同上
	七宝镇董	张允臧	同上	同上
	同上	杨光霖	同上	同上
二十一年(1895)	城董	孙濂	修整街道	民国《青浦县续志》卷二《疆域下·街巷》
	同上	吴昌麟	同上	同上
二十二年(1896)	小蒸董事	俞清镳	疏浚小蒸市河	民国《青浦县续志》卷四《山川上·治水》
	同上	陈南国	同上	同上
	同上	田昌鼎	同上	同上
二十三年(1897)	城董	孙濂	修筑桥梁	民国《青浦县续志》卷五《山川下·桥梁》

续表

年	职务名	人名	事业内容	依据资料
	同上	吴昌麟	同上	同上
二十三年(1897)	城董	陈光禧	修筑桥梁	同上
	同上	沈锡麒	同上	同上
二十三年(1897)	黄渡镇董	孙起荣	修整街道	民国《青浦县续志》卷二《疆域下·街巷》
二十四年(1898)	仓董	孙濂	平籴	民国《青浦县续志》卷七《田赋下·荒政》
	七宝、蟠龙乡董①	杨光霖	同上	同上
	同上	张允臧	同上	同上
二十五年(1899)	城董	孙濂	修整街道	民国《青浦县续志》卷二《疆域下·街巷》
	同上	吴昌麟	同上	同上
二十七年(1901)	黄渡镇董	孙起荣	修整街道	同上
二十八年(1902)	乡董		平籴	民国《青浦县续志》卷七《田赋下·荒政》
二十九年(1903)	镇董	徐宗德	疏浚蟠龙镇市河、镇北支河,修筑圩岸	民国《青浦县续志》卷四《山川上·治水》
三十年(1904)	章堰镇董	杨敬可	请求巡检回驻	民国《青浦县续志》卷三《建置·衙署》
三十一年(1905)	重固镇董	汪祥龙	修整街道	民国《青浦县续志》卷二《疆域下·街巷》
三十二年(1906)	城乡各董		买补平籴米	民国《青浦县续志》卷七《田赋下·荒政》
三十三年(1907)	丰备仓经董	沈联第	请求带征丰备仓积谷捐钱	同上
	同上	叶其松	同上	同上

续表

年	职务名	人名	事业内容	依据资料
三十四年(1908)	黄渡镇董	孙起荣	修整街道	民国《青浦县续志》卷二《疆域下·街巷》
宣统二年(1910)	旧青浦镇董	黄封	修整街道	同上
二年(1910)	城厢自治公所董事	蔡钟秀	疏浚蒲汇塘以及蟠龙塘、小涞、横沥、西横塘4支河	民国《青浦县续志》卷四《山川上·治水》
	七宝镇董	张之珍	同上	同上
	同上	季然昌	同上	同上

* 光绪二十八年平籴参照本章第6节
① 原文为"七宝、蟠龙乡董杨光霖、张允臧等"。光绪二十一年此二人被列为"七宝镇董",故此处应是省略了"蟠龙乡董"的姓名,仅列举"七宝乡董"的姓名。

笔者对表二所列职务名前冠以的地名——金泽、七宝、小蒸、蟠龙、黄渡、章堰、重固、旧青浦——进行了考察,发现全部为青浦县内的市镇名。由于它们基本上都是加在"镇董"这一职务名之前,所以这一结果理所应当,但也有例外。比如,称"董"(同治元年)、"董事"(光绪二十二年)、"乡董"(光绪二十四年)的时候,也和"镇董"一样被冠以市镇名。而且,张允臧、杨光霖二人在光绪21年被记为"镇董",光绪二十四年又作为"乡董"出现。综合以上事实可知,虽然"镇董"、"乡董"、"董事"等称呼未必统一,但县内各地确实存在着与某个特定市镇密切相关的干事这一职务。另外,因为一般一个县里只有一个"城"即县城,故"城董"的"城"也可视作地名。而且,县城驻有知县,有其作为行政城市的一个侧面,与此同时,也和其他普通市镇一样具有商业性集落的功能,现在一般将没有城墙的县政府所在地称为城关镇。顺便说一下,现在青浦县城的所在地,在明万历元年(1573年)县衙移至此地以前,是叫作唐行镇的集落,现在(1980年以后)叫作青浦镇(上海市青浦县县志编纂委员会编《青浦县志》[上海人民出版社,1990年]第二编建制,县城)。因此,可认为"城董"

是和"镇董"性质相同的职务在县城地区的称呼。

查阅同时期的地方志可以发现,在青浦县邻近的一些县中,也有职务名应起到与青浦县主要被称为"镇董"的职务同样的作用。该职务同青浦的情况一样,在各县也有形形色色的名称,但每个县都有自己最主流的称呼。比如松江府华亭县称"庄董",同府上海县称"局董",太仓州及同州镇洋县称"镇董",太仓州嘉定县及宝山县称"厂董"等等。这些职务名前的地名未必全都是市镇名,但是其与市镇名一致的比率,与县相比要高出不少。以华亭县为例,表三将其庄名和市镇名一一对照。这些庄名来源于市镇、著姓、塘港、寺庙等等(光绪《重修华亭县志》卷一《疆域·乡保区图》)。华亭县的一致率与前述其他各县相比明显偏低,但是也有近半数一致。

综上所述,清末江南地区存在着与特定市镇密切相关的干事这一职务,被叫作"镇董""乡董""城董""庄董""局董""厂董"等各种各样的名称。本章按青浦县的叫法,将之统称为镇董。这不仅仅是因为该职务多被冠以市镇名,还因为通过后面的阐述可以明确,镇董这一称呼更好地反映了其由来、存在形式和作用等。

从表二中还可注意到另一个特点,即同一人名反复出现。前面提到的光绪二十一年和二十四年的张允臧和杨光霖便是如此,除此之外,光绪十六年、二十一年、二十三年都可见吴昌麟,光绪二十一年、二十三年、二十四年都可见孙濂,光绪十六年、二十三年、二十七年、三十四年都可见孙起荣,光绪二十一年、二十三年都可见陈光禧等。另外,再看"事业内容"一栏,同一人物在不同年份,亦或是在同一年,也并非只开展某一类事业。因此,镇董这一职务,不是为某一时期某一事业而设的临时的职务,而是具有持续性,从事着与特定地区相关的各种工作。笔者在此先讨论前者,后面一点将在下文中涉及。表二中的人物能够确认其事迹者极少,其中孙起荣的传称其"董乡政三十余年"(民国《青浦县志》附编),黄封的传称其"董地方事甚久"(同上),由此可推断镇董是由特定的人物长期担当的职务,而非一时性的临时职务。

表 3　华亭县庄名、镇名对照表

庄名	镇名	庄名	镇名	庄名	镇名	庄名	镇名
后冈庄	后冈镇	亭林庄		梵修庄		嬢嬢庄	
寒字庄	寒字圩镇	竖护庄		沙冈庄	沙冈镇	地藏庄	
严家庄		大洋庄		颛桥庄	颛桥镇	华阳庄	
季家庄		漕泾庄	漕泾镇	陈家庄	陈家行镇	浦塘庄	
盐铁庄		运港庄		华庄	华庄镇	石匠庄	
叶谢庄	叶谢镇	下横庄		朱家庄	朱家行镇	坊厢庄	
南新庄		望潮庄		十字庄	十字庙镇		张泾堰镇
袁家庄		欢庵庄	欢庵镇	车墩庄	车墩镇		山阳镇
张泽庄	张泽镇	漴阙庄	漴阙镇	新桥庄	新桥镇		千步泾镇
蒋庄	蒋庄镇	沙碛庄		太平庄			
前冈庄		拓林庄	拓林镇	赵家庄			

* 根据光绪《重修华亭县志》卷 1 疆域,乡保区图及镇市制成。

另外再补充一点,从"七宝镇董"张允臧和杨光霖的事例亦可知,同一时期同一地区的镇董未必只有 1 人。

那么,镇董中都有些什么样的人物呢?这个问题将在下一节中进行探讨。

二、两种镇董像

如前所述,明确作为镇董而列出的人物中,得以知晓其事迹者非常有限。但是,之前孙起荣和黄封传记有"董乡政三十余年""董地方事甚久"等语,应是列传表示人物担任镇董一职的惯用表达。表二中出现名字的人物,除孙起荣、黄封外,"城董"陈光禧也有"董理地方公益事宜"的记载(民国《青浦县续志》卷十七《人物三·懿行传下·陈镳传》)。若留意这样的语句而重新阅读地方志,可以发现不少人的传记里都有类似的表述。表四列出了这些人物的居住地及科举资格(2 吴昌麟的传中虽无

"董地方事"等记载,但据表二可明确知道其为"城董",故列入表中)。

从该表可直接看出,其中所列人物——即被认为担任过镇董的人——大部分都居住在市镇,而且大多通过了第一阶段的科举考试,取得了生员资格。

科举层级中属于最下层的生员,在中国社会——尤其是明末清初以后的中国社会中,作为构成一个阶层的独特存在而引人注目。[①] 他们虽然不是官吏,但作为预备官吏享有若干特权,是官与民之间的联结点。他们既作为下层乡绅处于地方社会统治体制的基层,以官员权威为背景管理当地民众,甚至谋求私利私欲。又作为地域社会中知识道德的领导者,在民众之间发挥着舆论形成者和代言者的作用,有时也站在民众反乱的前头。[②] 担任镇董的人大多属于具有这样两面性的生员阶层,该事实对思考镇董这一职务的性质来说十分重要。

但是,表四所列镇董们的传记都存在一定的倾向。他们的传记大多记载于地方志的《德义传》或《懿行传》,结合其人格或行为中的一些德性来讲述。其中所赞扬的德性,除了对父母的"孝"(20 夏锦书、22 陈清芬、23 钱祁),对兄弟的"友爱"(14 黄封、22 陈清芬)等与家族内部相关的,还有乐善好施积极参与"善举"(慈善事业)(17 艾德堃、20 夏锦书、21 陈寅阶),"留意世务"高度关心地域社会问题等(18 秦荣光)。此外,也有他们作为镇董开展事业时的公正与公平无私的态度(12 孙起荣、15 杨祖恩、23 钱祁、24 金春煦)。镇董们通过践行以上德性,树立起威信,时常调解当地人们的纠纷(12 孙起荣、13 许启琳),从而赢得"乡望"(地域社会的名声)(12 孙起荣、25 朱昌杰、26 沈绍曾、28 张人镜),同时也得到知县的重视(2 吴昌麟、12 孙起荣、15 汤祖恩)。

[①] 如明末清初人顾炎武的《生员论》,已由山井涌译成日文(后藤基巳、山井涌编译《中国古典文学体系 57·明末清初政治评论集》(平凡社,1971 年)所收)。

[②] 冈斗基:《清代"监生层"的性质——以此阶层的个别性为中心》上、下,山根幸夫、稻田英子合译《明代史研究》第 4、5 号,1976、1977 年,及森正夫《宋代以后的士大夫与地域社会——疑问点的摸索》,谷川道雄编《中国士大夫阶级与地域社会的关系综合研究(昭和 57 年度科学研究费补助金综合研究(A)研究成果报告书)》,1983 年所收)。

这样的镇董形象,特别强调前述生员形象中后一个侧面,即处于官与民的连接点并代表着地方社会,让人觉得描述得有些过于完美。实际上,镇董层是承担地方志编纂的阶层,因此地方志所描绘的镇董形象,可以说是他们的自画像或理想形象,他们希望别人这样来看自己,或是希望自己成为这样。

清末苏州的大乡绅且有进士资格的冯桂芬(1809—1874年),作为当时统治阶层中的改革者,是一位非常开明的人物。他有一篇题为"复乡职议"(《校邠庐抗议》卷上)的提议。其中冯桂芬从维持地方治安的观点出发,将太平天国以来的团练和保甲等原有地方组织进行了比较,高度评价了团练的有效性。

表4 镇董的居住地以及科举资格

县	姓名	职务名	居住地	资格	惯用表达	依据资料
青浦县	1 陈光禧	城董		附贡生	董理地方公益事宜	民国《青浦县续志》卷十七《人物三·懿行传下》
同上	2 吴昌麟	城董		廪贡生		同上
同上	3 陈阑蕊		金泽镇		以董理本乡公务称者	同上
同上	4 叶宜业		小蒸镇		同上	同上
同上	5 潘潮清		龙潭	诸生	同上	同上
同上	6 许章成		白鹤江镇	诸生	同上	同上
同上	7 盛如瀚		黄渡镇		同上	同上
同上	8 程云锦		蟠龙镇	诸生	同上	同上
同上	9 张若机		七宝镇	诸生	同上	同上
同上	10 张元熙		七宝镇	诸生	同上	同上
同上	11 张允臧	镇董	七宝镇	诸生	同上	同上
同上	12 孙起荣	镇董	黄渡镇	国学生	董乡政三十余年	民国《青浦县续志》附编
同上	13 许启林		白鹤江镇	增贡生	董镇事	同上

续表

县	姓名	职务名	居住地	资格	惯用表达	依据资料
同上	14 黄封	镇董	黄家村		董地方事甚久	同上
同上	15 杨祖恩		崧宅市	孝廉方正	服务桑梓垂三十年	同上
上海县	16 郭大勋			附贡生	力任地方公事	同治《上海县志》卷二十一《人物四》
同上	17 艾德堃			游庠	襄办地方公事	同上
同上	18 秦荣光	局董	陈行乡	岁贡生	董地方公益者四十年	民国《上海县续志》卷十八《人物》
同上	19 吴鏮			增生	襄办地方公事	民国《上海县续志》卷十九《人物补遗》
嘉定县	20 夏锦书			诸生	经理里中诸事垂数十年	民国《嘉定县续志》卷十一《人物·德义》
同上	21 陈寅阶		纪王庙镇	诸生	经理地方公事	同上
同上	22 陈清芬		纪王庙镇		继其父为董事	同上
同上	23 钱祁		望仙桥镇	诸生贡	董理地方公事十余年	同上
同上	24 金春煦	厂董	石冈门金谈邨	诸生	任厂董三十年	同上
宝山县	25 朱昌杰		罗店镇	诸生	董理里中公务	民国十年《宝山县续志》卷十四《人物志·德义》
同上	26 沈绍曾		殷行镇	诸生	董理地方	同上

续表

县	姓名	职务名	居住地	资格	惯用表达	依据资料
同上	27 胡澄镜		刘行镇	诸生	资任地方事	同上
同上	28 张人镜		月浦镇	诸生	董理里中公务	同上

* 9 张若机与 10 张元熙,21 陈寅阶与 22 陈清芬为父子。

究其原因,冯认为是由于各组织领导者性质的差异,原有组织的领导者地保、甲长等都是"贱役"而非"官",与之相对,团练的领导者"绅士"是"非官而近于官者"。于是他提出以下维持治安的办法。每 100 家选出一个副董,每 1000 家选出一个正董,授予他们一定的裁判权,而副董和正董须由生员以下的人出任。将正副董限定在生员以下,一般认为是为了避免举人、进士等上层乡绅为此一繁琐的职务所累,而主张"惟官能治民"的冯桂芬所期待的正是"非官而近于官者"的生员阶层。

冯桂芬的此项提议以团练为原型,下文将提到,团练以镇董为中心而组织,可以说正副董的原型正是镇董。苏州的大乡绅冯桂芬对镇董所期待和强调的,只是生员处于统治体制基层这一侧面。冯桂芬描述的镇董像和镇董自己描述的镇董像之间存在很大差距,这里应予以注意。

三、镇董层的经济基础

关于镇董层的经济基础,从地方志里很难找到足以直接窥见其状况的资料。因此,在此介绍出生于浙江省桐乡县乌镇的文学家茅盾(本名沈德鸿,1896—1981 年)的家族背景。根据他的自传《我走过的道路》(上)(人民文学出版社,1981 年),沈家的祖先在茅盾曾祖父的祖父时,即茅盾 5 代以前,从乌镇近郊的农村迁至镇上,开始经营一个小烟店。而茅盾的曾祖父颇有经商才能,先后去上海、汉口做生意,生意成功后以捐纳得广东候补道官缺,之后任代理梧州税关监督,一边又在故乡古镇开了纸店和杂货店。他于 1897 年回到家乡,3 年后病故。代替长年在外的曾祖父而代表乌镇沈家的是他的两个儿子(茅盾祖父及其弟),他们都有生员资格。茅盾关于其祖父的为人介绍了下面的逸事。

> 祖父的行为,如其字(字砚耕,善书法——引者注)。他从不拜谒富府,不干涉地方上的事,不愿意过问地方上的事。本镇绅缙每逢公议某事,必致祖父参加,但他都婉言辞谢(前引书,第13页)。

这里所说的公议地方事的缙绅,就相当于本章所说的镇董。茅盾的祖父虽未曾参加他们的集会,但确为与他们同等、同性质的人物。其家族以商业为经济基础。前面曾提到,镇董们大多数居住在随商品经济发展而兴起的市镇中,结合这一点考虑,茅盾的家族也不例外。而且,如下文将讲到的,镇董们开办各项事业的财源大多依靠"商捐"(商人的捐款)。由此可知,镇董或被认为适合担当此职的人,都与商业有着紧密的关联。

茅盾的家族在郊外没有田地(前引书,第22—23页),但并不能认为旧中国中地域社会的有实力者都与土地占有毫无关系。就表四所列人物,很难举出直接证明这一点的材料,而以下有关疏浚俨傥浦的资料可作参考。俨傥浦是跨居嘉定县和青浦县的水道,自嘉靖年间起,嘉定县的纪王庙镇就屡屡向青浦县提议开浚一事。但是,双方很难达成共识,除道光十三年(1833年)疏浚过一次外,皆未能落实,青浦县境内的水道淤塞尤为严重。直到光绪十二年(1886年),两县终于实现合作,俨傥浦全线得以贯通。当时合作的理由称,俨傥浦的开通"不独于纪镇商业大有关系,且青邑之观音堂、重固等镇,交通亦便,而沿浦两岸农田灌溉,均可无忧。"(民国《嘉庆县续志》卷四《水利志·治迹》)和商业、交通的便利一起提及的,还有对农业灌溉的益处,这应该不只是权宜之语。从表二可知镇董们经常开展水道疏浚事业,这表明他们对周边农村地区的农业灌溉抱有深切的关心,暗示了他们也是在周边农村地区拥有土地的地主。

在此次调查访问的朱家角镇和罗店镇,谈到解放以前的地主时,当地人都强调,市镇内居住的地主里兼营工业和商业的"工商地主"比例很高。所以,在此先介绍一下罗店镇土地改革时的数据。表五中,笔者对

1950年制成的"罗店镇出租土地户调查统计表"进行了一些补充,该资料由50年代上半期时就职于罗店镇供销社的张家法提供。

"罗店镇出租土地户调查统计表"制成时,距本章所讨论的清末已经相隔数十年,其中还包含技师、会计师、律师等等清末不存在的职业,但是其基本趋势想必没有太大变化。而且,该统计表只是针对将土地出租给佃户的人进行了统计,并没有展示当时罗店镇①全部居民的土地占有状况。但根据此次统计的性质,以及统计中包含相当数量的零星土地占有者这一点,可认为该表大致囊括了大规模土地占有者的情况。

各职业每户平均占有土地面积,除共有土地外,纯地主以94.5亩高居榜首。但纯地主仅有8户,在出租土地的494户中只占到1.6%。而商店经营者户数为152户,占全体30%多,拥有土地面积达3109亩,为全体的35%,两项皆占最大比重。其每户均占面积20.5亩,并不算很大,按张家法的说法,镇里有两户出租面积超过300亩的最大的地主,他们都是商店经营者,所以各户间的差距还是很大的。顺便说一下,第3位是出租面积为212亩的纯地主。

此外,出租土地者所从事的职业也多种多样,充分显示出旧中国的特征,即不管本业为何,只要有条件就会进行土地投资。其中,正如此次调查中当地人强调的,所谓的"工商地主",尤其是商人地主,无论是在总量上,还是在一户的土地占有规模上(此处不是指平均,而是指镇里最大规模的土地占有者为商店经营者),所占比重都很大。在罗店镇,"工商地主"和纯地主合起来,占到出租土地者总户数的33.8%,所有地面积占45.8%。镇董们即来源于这一群体。

如上节所述,担任镇董的多为生员。已有研究指出,生员阶层的经济状况不一,未必都生活富裕。② 但是,从下述镇董在开办各项事业时所起到的作用来看,不可否认至少镇董级别的生员里不乏资力雄厚者。

---

① 1950年罗店镇人口为1548户6882人,以现在的人口来看(表一),当时罗店镇的范围应该仅限于市镇街市区域,不包含农村地区。
② 如前揭冈斗基《清代"监生层"的性质——以此阶层的个别性为中心》。

113

表5 罗店镇出租土地户各职业统计（1950年）

职业		a 户数（户）	所有地面积（亩）			一户所有地 b/a（亩）
			b 总数	c 小作	d 自作	
	纯地主	8(1.6)	756(8.5)	682	74	94.5
工商业者	工场经营者	7(1.4)	204(2.3)	186	18	29.1
	商业经营者	152(30.8)	3109(35.0)	2586	523	20.5
自由职业者	教师	12(2.4)	469(5.3)	436	33	39.1
	医生	14(2.9)	507(5.7)	458	49	36.2
	职员、技术人员	70(14.2)	868(9.8)	719	149	12.4
	会计	3(0.6)	15(0.2)	6	9	5
	律诗	3(0.6)	52(0.6)	43	9	17.3
	记者及其他	22(4.5)	190(2.1)	127	63	8.6
	纯地主	8(1.6)	756(8.5)	682	74	94.5
农民	贫农	39(7.9)	162(1.8)	88	74	4.2
	中农	18(3.6)	234(2.6)	116	118	13
	富农	18(3.6)	495(5.6)	357	138	27.5
职工	工厂劳动者	2(0.4)	17(0.2)	5	12	8.5
	手工业者	30(6.1)	225(2.5)	130	95	7.5
	苦力	8(1.6)	20(0.2)	14	6	2.5
	店员	39(7.9)	346(3.9)	208	138	8.9
其他	城市贫民	14(2.9)	72(0.8)	39	33	5.1
	学校	1(0.2)	300(3.4)	200	0	300
	庙宇、祠堂	5(1.0)	68(0.8)	56	12	13.6
	宗教职业者	6(1.2)	42(0.5)	17	25	7
	外来身份不明者	5(1.0)	299(3.4)	283	16	59.8
	族产	18(3.6)	432(4.8)	366	66	24
合计		494(100)	8882(100)	7222	1660	18.0

* 根据张家法提供的"罗店镇出租土地户调查统计表"（1950年制成）制成。
* 原表数字中明显讹误之处已作更正。
* a 户数一栏（ ）内为除以出租土地总户数 494 户的比例，b 所有地面积总数一栏（ ）内为除以出租土地 494 户的总所有地面积 8882 亩的比例。

照片3　张家法

四、镇董的工作

镇董开展的事业涉及诸多方面，从表二中亦可窥知一二。这里主要依据表四所列镇董们的传记，并参照表2等进行考察。

表四12孙起荣的传中，列举了四项他所开展的事业，分别是平籴、疏浚水道、修整街道、设置路灯。其中，如"濬河赈荒诸要政"（27胡澄镜）所说，救济事业和水利事业被认为是最重要的事业。这两类事业的相关记录的确不胜枚举。比如关于救济，除上述以外还有24金春煦、26沈绍曾的事例。而关于水利的事例更多。在疏浚水道方面，有镇董参与疏浚吴淞江等干河的记载（20夏锦书、22陈清芬），但镇董并非仅凭一己之力

就能完成这样规模的工程,他们或是在地方官的主导下做一些辅助工作,或是承担某一段的区域。镇董名副其实地作为主体而开展的,是疏浚与地区紧密联系的支河或流经街市区的市河。除此之外,还有修筑圩岸(15 杨祖恩),修筑海塘(26 沈绍曾)等等。另外,18 秦荣光代表地方向官府申请,对某条河渠疏浚费用的承担区域进行合理化调整,这也是镇董和水利相关一个事例。

当然,修筑街道、设置路灯也不是孙起荣偶尔为之的特殊事例。实施过前者的还有"城董"吴昌麟、孙濂,"重固镇董"汪祥龙等(表2)。另外,在与之性质相同的修筑桥梁方面,也有"城董"吴昌麟、孙濂,以及陈光禧、沈锡麒(以上见表2),"乡董"胡祖德、汤学钊(民国《上海县续志》卷四《水道上·桥梁》)等例。在设置路灯方面,嘉定县有较多事例(民国《嘉定县续志》卷六《自治志·自治事业》)。

除上述外,镇董们还开办了以下诸多事业:设立善会善堂(18 秦荣光、27 胡澄镜),参与慈善家设置的义渡的运营(民国《上海县续志》卷十八《人物·康梓钦传》);致力于教育事业,开设义塾和书院(18 秦荣光)以及后来的小学堂(14 黄封)等;在同治年间太平军攻入当地时,采取防卫措施,组织团练;在太平天国灭亡后,指导土地丈量,奖励开垦荒地(表2及21 陈寅阶)。此外,应当是在20世纪初,还试图振兴因"洋靛"侵入而衰落的当地制靛业(14 黄封)等等,镇董们确实开展了方方面面的活动。

但是,以上所举各项事业,除团练等部分外,在镇董这一职务出现以前也在持续开展。比如嘉庆十八年(1813)上海县举人陆旦华"性诚笃,好为善,濬河及散赈各善举,无不乐助"(同治《上海县志》卷二十一《人物四·陆钟秀传》)。救济和水利这两项镇董最主要的事业,在这里被当做"善举",与陆旦华的个人意志联系在一起。当然如前所述,担任镇董的人中也有部分是出于他们自身的意志,这一点从茅盾祖父的事例中可以知晓,若逐一去读表四所列镇董们的传记,可能只会对此人的主观意志留下印象。但是,若像本章一样,将他们的传记同水利、荒政等地方志的其他部分进行比较、讨论,则可知这些因各自的个人意志而偶尔为之的

"善举",在镇董这一职务下,逐渐成为制度化的"地方公事"或"公务"(表4)。这一点从以下事实中亦可明了。

开办上述各项事业时,提出建议是镇董的重要任务之一(23 钱祁"多所建白"),而在实施的过程中镇董也要"躬督之"(15 汤祖恩)。但是,与其说镇董的职责是现场监督,不如说是从更高的立场去指挥、领导事业自发起到结束的全部过程,其中最核心的工作是筹措和管理事业的费用。

正因如此,镇董们的传记里常常对其公正无私的态度加以赞赏。虽然某些事业可以得到地方官府的拨款,但大体非常有限,完全没有得到资助的也很多。于是,镇董们采用了依靠"捐"(捐款)的方法。"捐"的筹集办法有好几种,其中之一是镇董自己出资捐钱(民国《青浦县续志》卷二《疆域下·街巷附城乡路政》),但规模一旦变大,这种方式就十分勉强。因此,还要向当地民众募捐,根据各人拥有的土地面积,每亩按一定金额征收(如前引书卷四《山川上·治水》,宣统二年条)。这是一种处在传统编夫法(照田派役)的延长线上的方法,被称为编析法。① 但该方法仅用于水利事业。这一时期特有的且被广泛采用的方法是,依靠市镇内居住的富人,特别是商业相关者的捐款。例如青浦县捐款的是"典铺、殷户"(前引书卷三《建置·城池附城内濠河》),"本镇各铺户","各行户"(前引书卷四《山川上·治水》)等。此方式被推进到极限便是在上海县各镇出现的"商捐"(民国《上海县续志》卷五《水道下·治迹》)。"商捐"又被称为"商铺月捐"(同前引,光绪九年及二十二年条),由此可知这是每月向商店征收的"捐"(捐款)。上海以"商捐"为财源,经常性地开展水道疏浚。

此外,像"商捐"一样常规化的"捐"还有"茶捐"。所谓"茶捐",是指茶馆每卖出一杯茶就有义务缴纳的一定数额的"捐"(民国《青浦县续志》卷七《田赋下·茶捐附》)。在青浦县城区,"茶捐"最初为每杯茶 1 文,光绪三十一年、宣统二年又各加捐 1 文,充作修筑街道、组织团练、课桑局

---

① 大谷敏夫:《清代江南的水利惯例和乡董制》,《史林》63—1,1980 年。

培植(桑树)、设置路灯等经费(同前引)。而且,此处夹注云:"各乡镇茶捐亦大抵充地方公益经费。"由此可知,"茶捐"是本章叙及的镇董们开办事业的有力财源之一。另外,还有一些事例表明"茶捐"也可用作水利事业费(民国《青浦县续志》卷二《疆域下·街巷附城乡路政》,光绪三十一年条,及民国《镇洋县志》卷三《水利》,光绪十九年、二十三年、二十五年各条)。

无论"商捐"还是"茶捐",虽说是"捐"(捐款),但像前述一样常规化以后,就无异于实质性的附加税了。镇董开办各项事业大多依靠这样常规性的财源,这说明因各自的个人意志而偶尔为之的"善举"逐渐被制度化。而且,镇董们开办的各项事业,大部分为清末宣统年间的自治事业直接继承。

关于镇董开展各项事业的财源,此处还必须指出其另一大特点。根据"商捐"、"茶捐"可以明了,这些财源与商店和茶馆集中的,作为商业城市而存在的市镇有着密不可分的关系。只有以市镇的存在为前提,镇董们才得以开办上述各项事业,反过来说,开办上述各项事业也必须要有镇董这一职务。正因如此,本章将这一被叫作"镇董"、"乡董"、"局董"、"厂董"等各种称呼的职务统称为镇董。

关于本章所称的镇董,学界已有研究,如小岛淑男研究苏州府的"区董",大谷敏夫和本章一样,以松江府、太仓州为中心,研究"乡董制"和水利事业的关系。[①] 本章起草之时,从以上两位的研究中获得很大启发。小岛的论文指出,清末的地域社会中存在着为推进治安维持和水利事业而设的职务。大谷的论文指出,在清末确立的"乡董制"之下,水利事业费逐渐捐纳化。但以上两篇论文仍有未能充分探讨的问题,即"区董"或"乡董"是与什么样的空间结合而存在的,换言之,"区董"或"乡董"是在怎样的空间范围内开展某项事业的。从这个观点出发,可得到的结论之

---

① 小岛淑男:《清末乡村统治——以苏州府的区、图董为中心》,《史潮》88,1964 年,及前揭大谷敏夫《清代江南的水利惯例和乡董制》。

一是,他们的活动与市镇这一空间密切相关。正因如此,本章将他们统称为镇董,这一点前面已有所叙及,故不再赘言。

但是,还有一点也值得探讨。镇董们确实经常开办以市镇内部的街市区为对象的事业,如疏浚市河、修筑街道和桥梁等,但他们的活动范围不仅仅局限于此,而是扩展到市镇周围的农村地区。如表二中有疏浚市镇郊外河渠的事例。光绪十六年,(黄渡)镇董孙起荣负责疏浚的华潮浦位于黄渡镇南郊(民国《青浦县续志》卷首"黄渡区域图")。光绪二十一年一栏,蒲汇塘横贯七宝镇东西,小涞、横沥分别位于七宝镇的西北郊和北郊,蟠龙塘在蟠龙镇的南郊(同前引"七宝区域图"及"蟠龙区域图")。① 另外,圩岸的修筑也是在市镇郊外进行。正是因为上述事实,小岛和大谷都没有使用让人联想到"点"的"镇董"一词,而是用了"区董"、"乡董"这样让人联想到"面"的称呼。但是这个"面"指的应当是与县城、市镇等城市地区的"点"相对的,区域范围模糊的农村地区。本章所说的镇董是否有固定的管辖区域,与原有的行政区划又有怎样的关系,②以上诸点将在下文探讨。

五、镇董管辖区域及其起源

光绪《重修华亭县志》根据明正德年间(1506—1521年)编纂的《松江府志》,对原来县以下的乡村行政区划记载如下:原为乡—保—里—村,今(即正德年间)则为乡—保—区—图(光绪《重修华亭县志》卷一《疆

---

① 此项疏浚过程复杂,最初是青浦县知县奉府命疏浚蒲汇塘,请求"城董"会同七宝镇董合作完成。而蟠龙塘、小涞、横沥三支河的疏浚,或为答应此一请求的七宝镇董提出,要求与蒲汇塘疏浚同时开展。以上4河皆位于七宝镇近郊,疏浚工程的实际责任者应是七宝镇董。
② 小岛淑男根据民国《相城小志》指出,"区董"是按照清代的传统乡村区划"都"来设定的(前揭小岛淑男《清末乡村统治——以苏州府的区、图董为中心》)。但是,小岛所依据的资料,是清末实施地方自治时,由5个"都"合并而成的"湘城镇"这一区划的镇志,而作为市镇的"相城市"(明清时期隶属苏州府长洲县)在明代就已经存在。另外,如本章第1节提到的,同属苏州府的吴江县在19世纪中叶太平天国时期设立了冠以市镇名的"局"。从以上各点来看,苏州府原有行政区划和以市镇为中心包含其周围农村地区的行政区划之间的关系,仍有探讨的必要。
此外,苏州府也使用镇董等称呼,如陶煦《贞丰里庚申见闻录》中多处可见"镇董"一词。

域·乡保区图》,附乡保里村)。接着该县志考证了乡村行政区划名的起源,根据数人的墓志铭,指出乡、里、村在唐代已经存在;根据宋绍熙年间(1190—1194年)的《云间志》,推断保始自宋熙宁年间(1068—1077年)行保甲之时;根据《明史食货志》,指出区是随着明洪武年间(1368—1398年)设置负责征收一定区域税粮的粮长而被划定的。

此外关于图,该志根据顾炎武《日知录》指出其始于元代,并引用了《嘉定县志》"图即里也。以每里册籍首列一图,故名曰图"的记载(同前引)。此处的里并非唐代的里,而是明代里甲制的里。无论如何,在明代具有实质性意义的乡村行政区划是粮长管辖的"区"和里甲制下的"图"。但是这些区划在明末里甲制度崩溃以后,经过曲折发展,到清初的顺庄编里时,已经失去实质性的意义,仅仅只是作为地方区划的名称而被保留下来。①

而在清末19世纪的华亭县,出现了由几个图合并而成的"庄"这一区划名。税粮的摊派和救济事业等使用的区划名是"某庄某图",而非"某保某区某图"(光绪《重修华亭县志》卷1疆域,乡保区图)。这个"庄"正是本章统称的"镇董",即华亭县的"庄董"所管辖的区域。

可见19世纪江南地区存在着镇董管辖的一定区域,有别于明末以来的乡—保—区—图。以下的材料也可佐证这一点。清末宣统年间(1909—1911年)太仓州实行地方自治时划定了1城24乡的自治区域,依据的便是"旧时镇董所辖区域"(民国《太仓州镇洋县志》附录·自治)。另外,嘉定县划分地方自治区域之初,虽也曾考虑将原有的"厂"这一区域进行分割、合并,但最终仍按以前的区域定为1城33乡。究其原因,县志指出"厂"有"厂界"(厂域)和"厂董","畛域之见"(界限的观念)颇深,各方意见未能统一(民国《嘉定县续志》卷一《疆域志·自治分区》)。上述这些在宣统年间最先成为自治区域的区域,正是镇董管辖的区域。那么,镇董管辖区域与明代以来乡—保—区—图的乡村行政区划之间,有怎样的关系呢?

---

① 栗林宣夫:《里甲制研究》,文理书院,1971年,第345页。

光绪二十八年（1902年），青浦县前一年刚遭受了水灾，又适逢青黄不接，为度过难关，该县开展了平籴。在县内乡村地区划分了11个区域，由各个区域的镇董（原文为乡董）负责实施（民国《青浦县续志》卷七《田赋下·荒政》），而各镇董负责的范围以图的名称表示。

此即青浦县的镇董所管辖的区域，相当于之前介绍的《太仓州镇洋县志》所说的"旧时镇董所辖区域"和《嘉定县续志》所说的"厂界"。基于这一记录，表六展示了镇董管辖区域与原来乡—保—区—图的乡村行政区划之间的异同。该表左侧部分为原有的行政区划（乡的范围过大，没有意义，故省略），中间列出了该图内分布的市镇，右侧部分是镇董管辖的范围，已经在每个镇董负责的图上标上了○的记号。从该表可以看出，这些图并未覆盖全县范围。但是，表中只要有一个11个区域的镇董所负责的图，该图隶属的保、区中的其余所有的图都不会进行省略，全部被列了出来。因此，右侧部分一个○记号都没有的图，应该属于这11个区域以外的镇董管辖。

比较表的左侧和右侧，首先可以注意到，图自身基本没有变化。只有1个例外，原隶属四十五保三区的一并图被划分为上、下两部分，一并上图归F"重固乡董"的管辖，一并下图归G"旧青浦乡董"管辖。① 从原有的行政区划到镇董管辖区划的转变，是以图为单位重组其隶属区划的过程。与图不同，原来保、区的范围却几乎没有被保留的倾向。纵向来

---

① 关于四十五保三区的两个图的归属状况，县志记载比较混乱。民国《青浦县续志》卷七《田赋下·荒政》，光绪二十八年条与本文一致，但同志卷一《疆域上》，自治区域一项却正好相反，一并下图隶属包含F"重固乡董"管辖区域的固堰香郏汇区，一并上图隶属包含G"旧青浦乡董"管辖区域的白鹤青村区。此外，六并图在自治区域一项中被分成两个图，六并上图隶属固堰香郏汇区，六并下图隶属白鹤青村区。

还有两个图在镇董管辖区域和清末的自治区域中的归属状况不同。原有行政区划的三十四保二区四十五图和同三区一图，在光绪二十八年条中归A"蟠龙乡董"管辖，但在自治区域一项中却并非隶属被认为直接继承"蟠龙乡董"管辖区域的蟠龙区，而是隶属由J"方家窑乡董"管辖区域和其他两到三个镇董管辖区域所组成的北凤天方铁区。

自治区域划定于宣统二年（1910年），此时距离光绪二十八年（1902年）已有8年时间，在这期间会存在一些图变更归属的情况，但若以本文后面提到的镇董管辖区域的划分原则为准，续志卷一自治区域的记载比卷七光绪二十八年条更为准确。

看该表右侧各栏,越过虚线标记○记号的,表示超出了原来区的范围来划定镇董管辖的区域,越过实线则是超出了保的范围。刚好保留原有区划范围的,保只有 B"七宝乡董"管辖的区域,区只有 J"方家窑乡董"管辖的区域。

那么,这样超出原来保和区的范围而重组各图隶属区划,是按照什么原则进行的呢?关注表的中间部分,可见若干市镇的名字反复出现,这是因为这些市镇同时分布在若干个图内。这些市镇中,有居于原有行政区划区、保范围以内的,也有蟠龙镇、北竿山镇、旧青浦镇、赵屯镇等跨区或跨保分布的。

表 6 青浦县旧行政区域、镇董管辖区域对照表

保	区	图	市镇名	A	B	C	D	E	F	G	H	I	J	K
三十一	一	正三				○								
		又三				○								
		四				○								
		五				○								
		六				○								
	二	一	陆家巷镇			○								
		二	×杨林市			○								
		四	黄渡镇			○								
		五	同上			○								
		六				○								
三十三	一	一					○							
		二	蟠龙镇	○										
		三					○							
		五					○							
	二	一					○							
		二	观音堂镇				○							
		七	同上				○							

续表

保	区	图	市镇名	A	B	C	D	E	F	G	H	I	J	K
三十四	一	东六八	蟠龙镇	○										
		西六八	同上	○										
	二	二		○										
		四五		○										
	三	一		○										
		六		○										
		九		○										
	四	三	徐泾镇	○										
		七	△老宅市	○										
		十		○										
三十五	一	五			○									
		二十六七			○										
		二十八九			○										
		三十一	△杜家行市		○										
		三十二	同上		○										
		三十四			○										
	二	一			○										
		二			○										
		三四			○										
三十八	[一]	六七	七宝镇	○										
		三十	同上	○										
		十三													
		二十八	佘山镇								○			
		二十九	辰山镇								○			
		三十	广富林镇								○			
		三十一										○			
		三十二										○			

续表

保	区	图	市镇名	A	B	C	D	E	F	G	H	I	J	K
三十八	[一]	三十三									○			
		三十四												
		三十五												
	二	三十六									○			
		二十四	北竿山镇											○
		二十五	凤凰山镇											
	三	二十六七												
		十九											○	
		二十二											○	
		二十三											○	
	四	二十八	△打铁桥市								○			
		四十	天圣庄市											
		四十一												○
	五	四十二	北竿山镇											○
		三十七	陈坊桥镇							○				
		三十八									○			
		三十九												
四十一														
四十二														
四十三														
四十四	一	一四	北竿山镇②											○
		十	郯店镇											
	二	十一												
		十四												
四十五	一	三并							○					
		七							○					
		八								○				

续表

保	区	图	市镇名	A	B	C	D	E	F	G	H	I	J	K
四十五	一	十三								○				
	二	四	旧青浦镇							○				
		南五七							○					
		北五								○				
		十一								○				
		十五							○					
	三	一并	旧青浦镇							○	○			
		六并	同上							○				
	四	二	×艾祁市							○				
		三				○								
		六				○								
		八	重固镇						○					
		南九							○					
		北九								○				
四十六	一	七并												
		十并										○		
	二	三												
		八	香花桥市											
	三	一四	崧宅市											
		二												
	四	二	白鹤江镇											
		五	章堰镇									○		
		六												
		九	七汇市											
		十一	章堰镇									○		
四十七														

续表

保	区	图	市镇名	A	B	C	D	E	F	G	H	I	J	K
四十九	一	二						○						
		西五						○						
		西六							○					
		东六												
		十	赵屯镇					○						
		十三						○						
	二	一四												
		五												
		七						○						
		十二						○						
		十五	赵屯镇					○						
	三	八	×百聚桥市											
		四九	金家桥镇③											
		十四												
	四	三												
		十一												
		十七												
五十														

* 根据光绪《青浦县志》卷一《疆域上·乡保》;同卷二《疆域下·镇市》;民国《青浦县续志》卷二《疆域下·镇市》;同卷七《田赋下·荒政》,光绪二十八年条制成。

* 表右栏 A 至 K"乡董"(镇董)名如下:A"蟠龙乡董",B"七宝乡董",C"黄渡乡董",D"观音堂乡董",E"赵屯桥乡董",F"重固乡董",G"旧青浦乡董",H"陈坊桥乡董",I"章堰乡董",J"方家窑乡董",K"北竿山乡董"。

* 市镇名前有×记号的只见载于光绪志,有△记号的只见载于民国志。没有记号的两志皆有记载。

① 该图内也分布有和睦桥市。
② 该图内也分布有△赵巷市。
③ 该图内也分布有新桥市。

但是如果看右侧的镇董管辖区域则会发现,保、区范围以内的市镇自不必说,跨区或跨保的市镇也基本被统合为同一镇董的管辖区划。据此可知存在一个市镇划归一个区划的原则。关于没有市镇分布的图,由于没有线索,所以无从了解其配置情况。但是,根据有市镇分布的图被统合为一个区划的原则,可推论以市镇为中心其附近的图有被划归为一个镇董管辖区划的倾向。

据说当时的受灾地主要在县东部,表六列出的地方全部集中于县的东部地区。但是,这一时期镇董管辖区域确实存在于青浦县全境。表七对宣统年间实施地方自治时青浦县划分的自治区域,和各自治区域的所属市镇进行了整理。从自治区的名称来看,有的是直接以市镇名作为自治区名,如金泽区、黄渡区、观音堂区、蟠龙区、七宝区等。其中后三者可以和表六进行比较,若对比其所辖各图(各自治区所辖图的名称见民国《青浦县续志》卷一《疆域上·自治区域》),则除蟠龙区的两个图外,其余全部一致。由此可知,直接以市镇名作为自治区名的区域,基本上都直接继承了以前的镇董管辖区域。另一方面,也有的是由几个市镇名组合而成的自治区名,如珠葑区、白鹤青村区、固堰香郏汇区等。这类名称表明,以其中所用文字涉及的市镇为中心,镇董管辖区域此前已经存在,它们合并成一个自治区。表六 E"赵屯桥乡董"以下至 K"北竿山乡董"的各"乡董"所辖的图,除两个图外,都包含在同名市镇所隶属的自治区管辖范围之中。总之,宣统年间青浦县地方自治区域的划定,是以此前镇董管辖区域的存在为前提而进行的,这点无可置疑。而且,前面曾提到,划定地方自治区域时,有太仓州镇洋县和嘉定县这样直接沿袭镇董管辖区域的地区。宝山县也是依此方式划定(民国十年《宝山区续志》卷一《舆地志·沿革》)。另一方面,也有地区按照与青浦县相同的方式进行划定,比如上海县(民国《上海县续志》卷一《疆域·乡保》)。

表7 青浦县自治区名、市镇名对照表

自治区名	市 镇 名
城厢区	城市
珠葑区	珠街阁镇、葑澳市、沈巷镇、安庄市

续表

自治区名	市　镇　名
章练塘区	章练塘镇
大小蒸区	小蒸镇
西坪区	西岑市、小坪市
金泽区	金泽镇
商洋区	商榻镇
赵金孔柏区	赵屯桥镇、金家桥市、新桥市
白鹤青村区	白鹤江镇、旧青浦镇、杜村市
固堰香郏汇区	重固镇、章堰镇、郏店镇、香花桥市、七汇市
黄渡区	黄渡镇、陆家巷镇
观音堂区	观音堂镇
蟠龙区	蟠龙镇、徐泾镇、诸翟镇、老宅市
七宝区	七宝镇、吴家行市、杜家行市
北凤天方铁区	北竿山镇、凤凰山镇、天圣庄市、方家窑镇、打铁桥市、崧宅市、和睦桥市、赵巷市
陈广辰区	陈坊桥镇、广富林镇、辰山镇、佘山镇

* 根据民国《青浦县续志》卷2疆域下,镇市制成。

但是,像上述这样在全县范围内划定镇董管辖区域是从何时开始的呢?就管见所及,"镇董"一词最早出现在道光十五年(1835年)太仓州浮桥镇市河疏浚的记载中(民国《太仓州志》卷五《水利上》)。小岛淑男在前述分析"区董"的论文中指出,由于为对抗太平天国而组织的团练颇具成效,团练组织者的辅助官治功能得到重视,结果太平天国以后,即同治年间(1862—1874年)起,"区董"制开始被制度化。① 上海县则称"吾邑全境区画起于咸丰末之团练"(民国《上海县续志》卷一《疆域·乡保》),

---

① 前揭小岛淑男《清末乡村统治——以苏州府的区、图董为中心》。

当时该县在县城设总局,在乡村地区设局20处,团练撤销以后,"地方办事"(地方行政)仍按"局董"的名义开展(同前引)。而大谷敏夫也指出"乡董制"形成于嘉庆年间。① 可见根据县的不同,镇董管辖区域的划定可以回溯到同治年间以前。

嘉庆二十年(1815年),嘉定县赈灾时,"城乡各镇仍并设一厂,以本厂捐款济本厂饥民"(民国《嘉定县续志》卷一《疆域志·分厂沿革》)。此即之后"分厂办事"的由来。县城设"城董","厂"设"厂董",最初只是从事救济事业,后成为县的佐治职,凡"一厂地方行政"皆由知县委任(同前引)。所谓"厂",原本是指饥荒时施粥的场所("粥厂"),康熙十年(1671年)嘉定县设"粥厂",是为有"厂"之始(同前引)。但是,这些"粥厂"是临时性的,设置的密度也很稀疏。此后,随着市镇的发展,有实力的市镇依靠镇的捐款设置"厂"来开展救济活动(如乾隆六十年[1795年]嘉定县南翔镇。嘉庆《南翔镇志》卷十二《杂志·记事》)。以嘉庆二十年赈灾为契机,"厂"的设置扩展到全县范围,之后逐渐常设化,成为事实上的地方行政区划,"厂董"则开始全面执掌地方行政。

清初,由嘉定县分置的宝山县也经历了与之相似的过程。分县以前设立的"粥厂"乃"厂"之发端。乾嘉以后,随着多次赈灾活动的开展,"厂"的设置密度逐渐变高,最终以县内14个市镇为中心,作为"十四市乡"被确定下来。清末地方自治区划的14个区域即由来于此(民国十年《宝山县续志》卷一《舆地志·沿革》)。又有记载云:"自乾隆六十年(1795年——引者注)办赈以来,按镇设厂,分领乡图。"(民国《江湾里志》"旧序"[道光八年盛大镛撰])由此可知,在宝山县,作为地方行政区划的"厂"(县志称"十四市乡")开始确定的时间,比嘉定县早20年左右。

综上所述,镇董管辖区域的起源,无论是时间还是契机,各县均不相同。但是,该区域的划定并非只因地方官应对一时政治需要的要求,这

---

① 前揭大谷敏夫《清代江南的水利惯例和乡董制》。

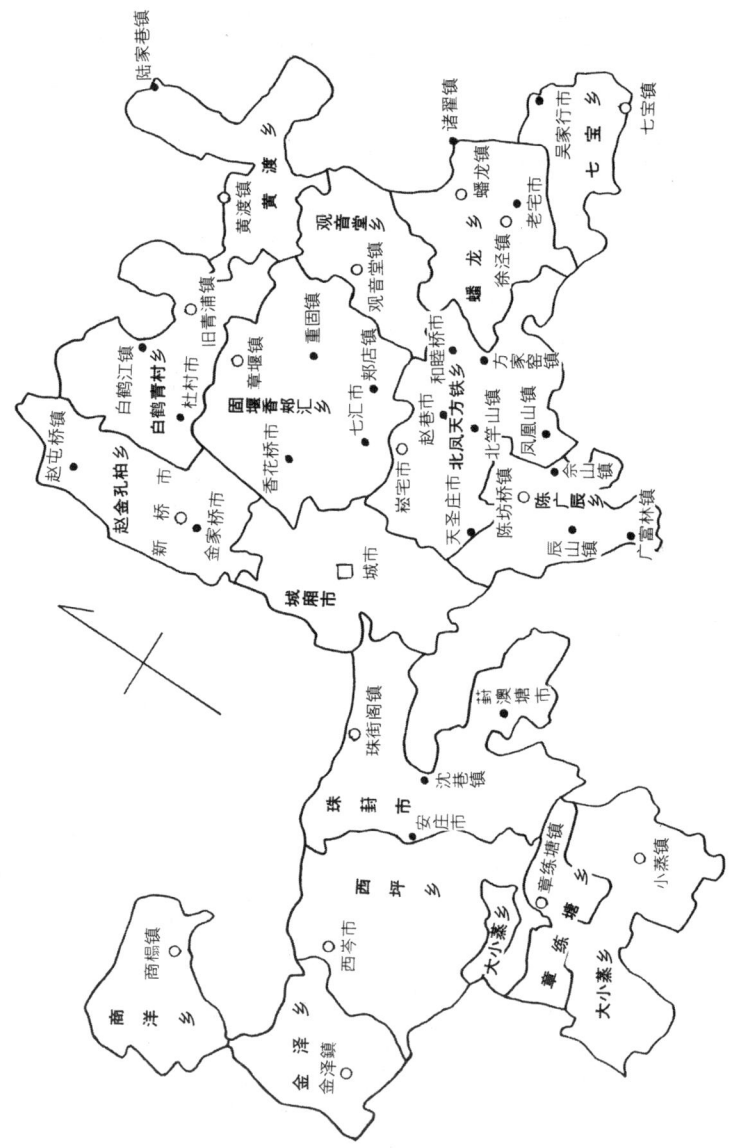

地图 1　青浦县市乡区划图（1928 年）

* 根据《青浦县全图（中华民国十七年四月）》（上海市青浦县县志编纂委员会编《青浦县志》，上海人民出版社，1990 年，卷首）绘制。
* ・记号的市镇根据民国《青浦县续志》卷首所载各区域图标示大致位置。

第三章　清末江南的镇董

地图 2　宝山县十四市乡

＊根据民国 10 年《宝山县续志》卷首，全县区域图绘制。

不过是个契机。更主要的原因应归结于明末清初以来的社会经济发展，这表现为随着这一时期市镇的发展，尤其是市镇数量的增加，市镇分布高度密集（参照图 1）。这一现象意味着，原来在府县城或是特定的大市镇中积累的财富向农村地区扩散，并在该地区形成的众多市镇中逐渐积累。代表新形成的市镇所积累的财富的是市镇内居住的商人和地主，而他们的力量凝聚成的社会形象和政治形象便是镇董。

131

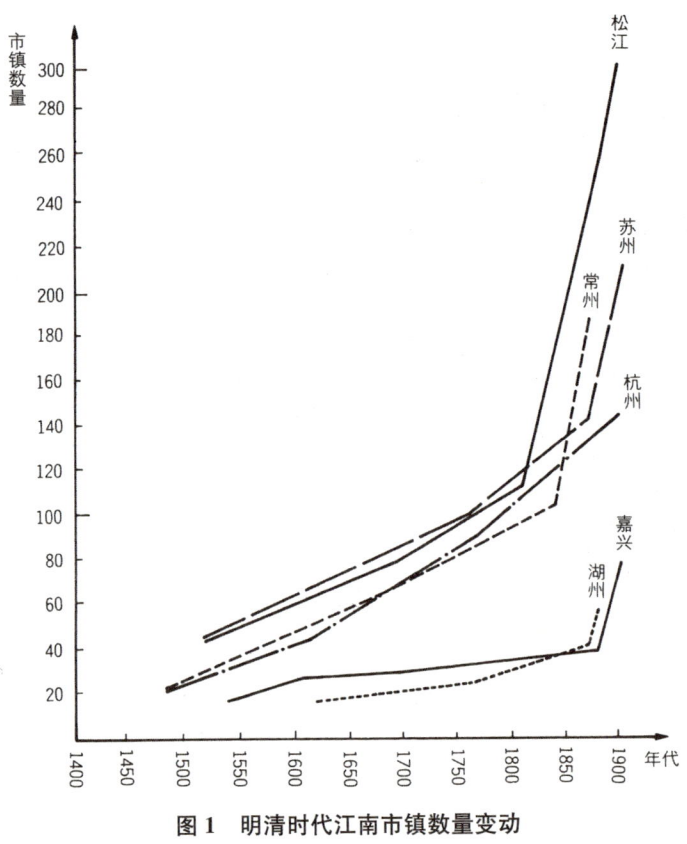

图 1　明清时代江南市镇数量变动

* 刘石吉《明清时代江南市镇之数量分析》，转引自刘石吉《明清时代江南市镇研究》，中国社会科学出版社，1987年，156页。

六、代结语

　　本章以"镇董"一词为线索，探讨了市镇及其周围的农村是从何时，又是如何成为一个整体的行政区划的问题。其结果表明，虽然各县有所差异，但从嘉庆年间1800年前后起，镇董制在江南地区开始确定下来。所谓镇董制，是指由市镇内居住的生员阶层中有能力且有意愿者担任镇董的体制，他们在接受官府资助的同时，利用"商捐"、"茶捐"等与市镇密切相关的财源，以市镇的街市区及其周围的农村地区为对象，开展水利、救济等各种事业。而且该体制并非只囿于一两个例外的市镇,而是覆盖全县范围。

本章所描述的地域社会中镇董的存在形式,与明代的粮长极为相似。① 他们都有一定的管辖区域,开展的事业类型也大致相同,而且在推进事业过程中所发挥的作用也很相似。比如在水利事业中,镇董的作用类似于千长(民国《太仓州志》卷六《水利下》),过去千长由粮长充任。② 表示人物乡董身份的"董乡政"等惯用表达,也被用于担任粮长的人物。③

但是,这两者间也有很多不同之处。粮长是一种徭役,而镇董是一个职务。粮长多为没有科举资格的处士,而镇董多有生员资格。粮长出自居住在农村的乡居地主阶层,而镇董是居住在市镇的工商业者或地主。这些都反映出粮长和镇董各自所在时期的时代面貌的差异。

众所周知,明末 16 世纪以后,一方面,取得科举资格者由于享有免除徭役的特权,迅速兼并土地,而另一方面,因为商业化的发展,脱离农业经营而逐渐城居(城市居住)化＝不在地主化的乡绅地主开始勃兴。在这样的情况下,粮长层丧失了在地方上的影响力。但是,在清末 19 世纪＝近代登场的镇董层,并非诞生于乡绅地主的直接延长线上。镇董层之上,存在着与"中小地主"、"下层乡绅"等相对的,被称为"大地主"、"上层乡绅"等的阶层。他们拥有进士、举人等更高的科举地位,居住在苏州、上海等代表同时代中国的大城市中,是真正意义上的"城居地主"。与之相对,镇董们出身的阶层可被称为"镇居地主"。这种"城居地主"和"镇居地主"的观念的差别,也体现在本章第 3 节介绍的冯桂芬描绘的镇董像和镇董们自己描绘的镇董像之间的差异上。

尽管如此,对两者的认识仍有共同点,即镇董＝"镇居地主"层在地域社会拥有一定的权威和威信。他们有科举资格,经营商业,而且虽然

---

① 以下关于粮长的记述,没有特别说明的话,皆根据小山正明《明代的粮长——以前半期江南三角洲地带为中心》,《东洋史学研究》27—4,1969 年。
② 滨岛敦俊:《明代江南农村社会研究》,东京大学出版会,1982 年,第 179 页。
③ 如小山正明引用上海县阙氏"世掌乡政"的记载,认为这"表示世代为粮长",前揭小山正明《明代的粮长——以前半期江南三角洲地带为中心》,第 36 页。

某种意义上逐渐城居化,却并未失去一定的在地性。这样的"镇居地主"正是20世纪土地革命时农民直接打倒的对象——"土豪劣绅"的雏形。①

［附记］本文为平成2年度文部省科学研究费补助金(奖励研究［特别研究员］)资助的研究成果的一部分。

（胡婧 译）

---

① 如毛泽东在其著名的《湖南农民运动考察报告》(1927年)一文中说道：旧式的都团(即区乡)政权机关,尤其是都之一级,即接近县之一级,几乎完全是土豪劣绅占领。"都"管辖的人口有一万至五六万之多,有独立的武装如团防局,有独立的财政征收权如亩捐等。有独立的司法权如随意对农民施行逮捕、监禁、审问、处罚。这样的机关里的劣绅,简直是乡里王。农民对政府如总统、督军、县长等还比较不留心,这班乡里王才真正是他们的"长上",他们鼻子里哼一声,农民晓得这是要十分注意的。这回农村造反的结果,地主阶级的威风普遍地打下来,土豪劣绅把持的乡政机关,自然跟了倒塌。都总团总躲起不敢出面,一切地方上的事都推到农民协会去办(《毛泽东选集》第1卷,外文出版社,第43—44页)。

第四章　中国的人民调解委员会
——以上海市青浦县朱家角镇为例

高桥芳郎

前言

  去中国旅游过的人，不管去的是城市还是农村，大概都曾目睹过这样的景象：人群密集的繁华之地人们时常发生口角（有时还大打出手），这时街上的人都会纷纷前来围观。其实，争端并非只有在街面和市场上发生。家庭内部，或是邻里之间的口角也屡见不鲜。若是不问争端的大小和数量的多少，这样的争端在任何国家和地域或许都可以见到。但是，日本人从来都以在人前争吵为耻，担心由于过度以自我为中心而招致伙伴对其的不良评价。所以，日本人或许会认为在中国吵架现象司空见惯。

  人们觉得大多数的争端都是由一些鸡毛蒜皮的琐事引发的。笔者亲眼目睹过这样的一例争吵：在上海，公交车即将发车，一个中年男子飞奔了上来。他刚刚抓住车上扶手，公交车就发车了，于是男子由于惯性撞在了身边一位年轻女性身上。女性以责备的口吻说："侬当心点哦"，话音未落，男子回了句："又不是阿拉的错，是车子启动太急咯"。两个人吵得没完没了，丝毫没有在意那些来自周围乘客们的好奇或不满的目光。

争端多是因琐事而起,在日本也是如此。但是,如果上面的事情发生在日本人身上又会如何呢?男子恐怕会战战兢兢地说一声"对不起"来道歉,女性即使心中再不忿,也会因为忌惮他人的目光而只回答一句"没关系",从而小事化了。

相同的起因在不同国家是否引发争吵,与长期历史形成的民族性格和行为模式有关,是一个饶有兴味的问题,然而这并非本文所讨论的问题。笔者作为来自日本的旅行者,看到的是许多在中国发生的争吵,而争吵从口角不久会变成进退两难的对立,甚至升级为斗殴和伤害。所以本文是从这样一种感性印象出发的。就像下文中我们将要看到的,实际上争吵现象的确很多。

为了预防日常争吵发展为无法预料的对立,而当事双方又难以找到解决问题的办法,中国设立了"调解委员会"这种居民或工作单位的自治组织。"调解"即为日语中"調停"之意。本文的主要目的,是概述调解委员会是何种组织、进行何种活动的,同时提供一些数据供读者参考,尽管这些数据存在着一定的局限。

笔者作为名古屋大学调查团的一员,于1989年11月随团赴上海市青浦县朱家角镇和朱家角乡及上海市宝山区罗店镇。关于调解的调查集中在朱家角镇。所以,文中的有关访谈的笔录,如无特殊说明,均是在1988年11月在上海市青浦县朱家角镇镇政府及朱家角镇的三个居民委员会进行的。调查时,当地各界人士给予了积极的配合,借此衷心表达谢意。

由于时间仓促,笔者准备不足和能力有限,在中国有关调解的具体调查结果是极其不充分的。虽然这么说有开脱的嫌疑,但是笔者来到当地(即上海市平原地带的两个镇)的主要目的并非是调查调解。当时笔者比较关注的事情包括从解放前到现在的土地所有和农家经营、租佃关系和阶级构成、商业与金融、行政与司法等,都成为笔者所要调查的对象。那些也不是以公开发表为前提的工作。笔者专攻中国的古代史,特别是宋史,而对于中国近现代史和现在的司法行政等相关领域,可以说是门外汉。当公布调查结果的计划被提上日程,笔者在若干题目中选择时,偶然间才想到要将自己主要通过访谈偶然得来的有关调解的数据撰写出来,以供读者参考。这一点,还请诸位多多谅解。

一、调解委员会的沿革和职责、性质

(1) 调解委员会的沿革

在中国,自古以来,进行公权诉讼审理的同时,民间也存在着调停活动。担任这一工作的主要是一族的长老、行会的首领和当地久负名望且持中秉正的人。元代的社制和明代的里老人制下,民事及轻微刑事案件的审理和调解是委托民间处理的,久而久之这大概就成了一种约定俗成的传统并延续了下来。通常认为,那些无法通过法律维权的人们,大多都是通过民间调解获得民事权益的保障或轻微刑事案件的受害赔偿的。[①] 更为重要的是,有学者指出,公权进行的民事纠纷审理本身也并非判决,而是调停。[②] 可以说,在中国,通过调解来解决民事和轻微刑事纠纷的传统早已有之。1949年中华人民共和国成立以前,解决纠纷的主要方式究竟是民间调解还是公权审判,因为统计资料不够完备,这里还不能一概而论。公权审理通常需要大量的金钱和时间,有的甚至让当事人倾家荡产,所以时常可见一些家训中对诉讼的警诫。尽管如此,从现存的审理判决书来看,事实上那时人们仍然会为了琐事而对簿公堂。[③] 大概是因为当事人会根据自身的情况来选择对自己更为有利的是诉讼或是调解来做出不同的选择。

[①] 以上叙述,目前可参见仁井田陞《中国法制史(增订版)》,岩波书店,1963年,第118页、194页、379页。

[②] 参见滋贺秀三《清代中国の法と裁判》第三章《判决の确定力概念の不存在―特に民事裁判の実態―》,创文社,1984年,原载《清代の司法における判决の性格―判决の确定という观念の不存在―》,《法学协会杂志》91—8,92—1,1974、1975年)。

[③] 中村茂夫:《伝统中国法=雏型说に対する一试论》,《法政理论》12—1,1979年。

从抗日战争①战事最激烈时日本人进行的华北农村惯行调查的记录中,可以看到这样一些特征,当地人遇到纠纷时,有的是请当地名望人士调解,有的是经调解不服上诉县级,有的是不经调解直接在县级诉讼。②

早在抗日战争期间,中国共产党就在革命根据地开始进行调解工作。其调解组织作为行政机关的一部分,是居民和民间团体代表都参与其中的一种形式。新中国成立后,在1953年4月召开的第二届全国司法工作会议上,决定在全国范围内建立调解委员会来作为民间调解组织。截止1953年末,华东地区成立了各类调解组织共计46,000个。1954年3月22日,中央人民政府颁布了《人民调解委员会暂行组织通则》(以下简称《通则》),规定城市以公安派出所辖区或街道(人口约一千至一万)为单位、农村以乡(人口约数万)为单位成立人民调解委员会。被称为群众自治组织的调解委员会由此起步。1955年末,全国的调解委员会的数量达到17万以上,调解委员达100万余人,覆盖了70%以上的乡村和街道。

在1957年反右运动中,调解委员会被改组为调处委员会,编入行政机关,并拥有了处罚权。人民公社化运动兴起的同时,爱国公约运动也进行得如火如荼,此时调处委员会又兼行了运动的执行与监督职能。60年代后期文化大革命期间,调解工作被批判为阶级调和的产物,被迫停止。文革结束后的1978年5月,第八届全国司法工作会议提出恢复调解委员会。三年后,1980年第五届人民代表大会重新颁布了《通则》。到1988年,全国范围内共建立了100多万个调解委员会,调解人员达到了630万人以上〈表1〉。当时中国人口约12亿,所以每不到200人中就有一个调解员。1981年至1988年期间,调解委员会解决了各类纠纷共计4,923万余件(从〈表1〉中调解处理件数合计来看,调解成功率约85%),其中还解决了约60余万件严重到杀人、械斗(携武器的群体斗殴)、自杀的纠纷案件。

---

① 译者注:原文为"日中战争"。
② 参见中国慣行调查刊行会编《中国農村慣行调查》全6卷,岩波书店,1952—1958年中关于"調停"项目。

表 1　人民调解委员会的规模及调解件数的变化

年	调解委员会数量	调解人员数量	调解处理案件件数（A）	民事诉讼一审受理件数（B）	YAY倍数 YBY
1980	810,000	5,750,000	6,120,000	567,000	10.8
1981			7,805,406	607,328	12.8
1982	860,049	5,339,498	8,165,762	778,141	10.5
1983	927,134	5,557,721	6,978,179	756,436	9.2
1984	939,561	4,576,335	6,748,583	838,307	8.1
1985	977,499	4,738,738	6,332,912	840,000	7.5
1986	957,589	6,087,349	7,307,049	978,990	7.5
1987	980,325	6,205,813	6,966,053	1,213,219	5.7
1988	1,002,635	6,370,396	7,255,199	1,455,130	5.0

出处：章末注(5)中所列季卫东论文、白绿玄论文。

1989 年 5 月 5 日，国务院常务会议通过《人民调解委员会组织条例》（以下简称《条例》），代替了施行 35 年之久的《通则》，同年 6 月 17 日《条例》正式颁行。以上按照时间顺序进行的说明，简述了调解委员会制度化的发展步伐。①

（2）调解委员会的任务和性质

1954 年《通则》和 1989 年《条例》使调解委员会获得法律依据，在全

---

① 以上叙述参考了如下文献：吴磊编：《人民调解工作基本知识》，上海人民出版社，1984 年；吴磊编：《中国司法制度》，中国人民大学出版社，1988 年；徐秀义、杜西川编：《居民委员会工作指南》，新华出版社，1990 年；大塚胜美：《中国家族法論》（御茶水書房，1985 年）第 7 章《中国の調停制度—その紛争解決の機構と展開過程—》，原載《Jurist》306，1964 年；田中信行：《現代中国の人民調停制度》，《東京都立大学法学会雑誌》23—2,1982 年；田中信行：《中国における人民調解の役割》，《比較法研究》46,1984 年；田中信行：《人民調停と法治主義の相克》，《岩波講座・現代中国》第一卷收录,岩波書店，1989 年；田中信行：《中国における人民調停制度の改革（上）・（下）》,《中國研究月報》1990 年 8 月号、9 月号；白绿玄：《中国の調解（調停）制度》,《Jurist》885,1987 年；季卫东：《調停制度の法発展メカニズム（1）・（2）・（3）》,《民商法杂志》102—6、103—1,2,1990 年；杨磊：《中華人民共和国における人民調停制度》,《修道法学》。

国范围内作为自治组织发展不断壮大。下面我们将从《通则》和《条例》中来了解一下调解委员会的任务和性质。①

《通则》第4条规定:"调解委员会的建立,城市一般以派出所辖区或街道为单位,农村以乡为单位。"②但实际上,在城市,是以更为基层的居民委员会为单位建立的。在农村,随着人民公社化运动的发展,人民公社比过去的乡包含范围更大,调解委员会的设置就更加复杂。于是,在1980年《通则》重新颁布之际,司法部对第4条"根据现在的情况"加以如下说明:③

现在的人民公社辖区一般都比原来的乡要大,一般可以生产大队为单位建立。地区辽阔,人口稀少的边远地区,也可以生产队为单位建立。

另外,说明中的第2项提到:"城市有些大的工矿企业职工家属集中居住的地区,可以按工矿企业的职工家属委员会为单位,单独建立调解委员会,以利工作的进行。"④以此为契机,1981年以后,企业和单位内也设立调解委员会的政策得以落实。由此,1982年至1985年间各类调解委员会的设置情况如〈表2〉⑤所示。

---

① 《通则》条文的日文翻译参考了前注中所列大塚氏论文、白绿玄论文,中国研究所编《中国基本法令集》,日本评论社,1988年。《条例》的日文翻译则参考了前注中所列杨磊论文。下文的叙述参考了前注中的论文和李春霖编《人民调解手册》北京出版社,1989年。
② 译者注:中文原文出自梁玥主编《行政组织法典汇编1949—1965》(济南:山东人民出版社,2016年)第121页,《人民调解委员会暂行组织通则》第四条。
③ 译者注:中文原文出自陈空北《安徽省司法行政志1905—1985》第319页,附录—历史文献辑存《司法部关于<人民调解委员会暂行组织通则>第四条说明 1980年1月16日(80)司法普字第14号》。
④ 译者注:中文原文出自陈空北《安徽省司法行政志1905—1985》第319页,附录—历史文献辑存《司法部关于<人民调解委员会暂行组织通则>第四条说明 1980年1月16日(80)司法普字第14号》。
⑤ 虽然每一类调解委员会各自的数量不详,但是据司法部基层工作指导司发行的1989年第3期《人民调解》中刊登的统计表"说明"显示,1988年全国新设立调解委员会22,310个,其中村民委员会中新增12,343个,居民委员会中新增2,919个,工矿企业中新增2,842个,其他单位中新增4,206个。同时,村民调解委员会数量达到了全国村民委员会总数的88.7%,居民调解委员会数量达到了全国居民委员会总数的92.5%。

表2 各类调解委员会的设置情况

年	调解委员会数	调解委员人数	村民调解委员会		居民调解委员会		工矿企业调解委员会		其他调解委员会	
			委员会数	委员人数	委员会数	委员人数	委员会数	委员人数	委员会数	委员人数
1982	860,049	5,339,498	691,029	4,255,564	56,793	341,391	112,227	732,553		
1983	927,134	5,557,721	729,017	4,218,611	62,898	401,472	135,219	937,638		
1984	939,561	4,576,335	711,557	3,130,839	68,753	436,080	158,325	1,003,623		
1985	977,499	4,738,738	716,739	3,159,168	72,865	446,814	171,338	1,034,182	16,917	98,574

出处：转载自章末注(5)中所列白绿玄论文。

1989年6月颁布的《条例》①规定"人民调解委员会是村民委员会和居民委员会下设的调解民间纠纷的群众性组织"(第2条)，明确了设立范围为村民、居民委员会。② 另外，《条例》明确："企业、事业单位根据需要设立的人民调解委员会，参照本条例执行。"(第15条)虽然未做强制性规定，却意味着为过去无明确法律根据的企事业单位的调解组织提供了明确的法律依据。

调解委员会作为群众性的自治组织，与基层人民政府和人民法院并无隶属关系。所谓的"基层"，在中国指的是乡镇一级政府及城市的区政府。《通则》第2条及《条例》第2条中，规定调解委员会"在基层人民政府和基层人民法院指导下进行工作"，两者是"指导"与"被指导"的关系。这里的"指导"，意为"指明方针"或"指导方向"。这一点在《条

---

① 译者注：中文原文出自全国人大常委会法制工作委员会审定《中华人民共和国常用法律法规全书2012年修订版》(北京：中国民主法制出版社，2012年)第2239页，《人民调解委员会组织条例》第二条。
② 此前，1954年制定的《城市居民委员会组织条例》第2条第4项列出其任务之一为"调解居民间的纠纷"，1982年施行的《宪法》第111条规定居民委员会、村民委员会设人民调解委员会，1987年《村民委员会组织法(试行)》第14条也明确规定。另外，1990年1月实施了新的《城市居民委员会组织法》，1954年《条例》失效。关于居民委员会和村民委员会，参考国谷知史：《中国都市居民委员会》，《中国研究月报》1979年3月号，杉田宪治：《中華人民共和国村民委員会》，《修道法学》12—2，1990年。

例》的第2条进一步规定"基层人民政府及其派出机关指导人民调解委员会的日常工作由司法助理员负责",明确了司法助理员担负指导责任。①

《条例》第3条规定了调解委员会的组织,规定设三至九名委员,委员除由村民委员会成员或者居民委员会成员兼任外,还包括由群众选举产生的委员,委员每三年改选一次,可以连选连任。这跟《通则》第4条、第5条中"设三至十一名委员每年选举一次"的规定有若干不同。笔者认为这是与村民、居民委员会委员每三年选举产生相配套而进行的修订。

《条例》第5条规定调解委员会的任务为"调解民间纠纷,并通过调解工作宣传法律、法规、规章和政策,教育公民遵纪守法,尊重社会公德。"而在《条例》第5条中"民间纠纷"一词的部分,在《通则》第3条中规定的则是"一般民事纠纷与轻微刑事案件",

由此可见《条例》规定中调解对象的范围变小了。虽然"民间纠纷"一词让人不免感觉含义模糊,《条例》之所以将"轻微刑事案件"排除在外,是由于1987年1月1日施行的《中华人民共和国治安管理处罚条例》第5条规定"对于因民间纠纷引起的打架斗殴或者损毁他人财物等违反治安管理行为,情节轻微的,公安机关可以调解处理","轻微刑事案件"变为由公安机关调解。

《条例》第6条明确"在双方当事人自愿平等的基础上进行调解",另一方面第7条也规定"人民调解委员会根据当事人的申请及时调解纠纷;当事人没有申请的,也可以主动调解",认定了委员会自主性调解的权限。虽然在《通则》中未见到这点,但笔者认为在《通则》施行开始后,

---

① 关于司法助理,1981年11月司法部制定公布了《司法助理员工作暂行规定》,其中第3条已经规定了其职责为"管理人民调解委员会工作"和"指导检查民间调解工作"。

也补充认定了这种主动调解的工作。①

　　调解和诉讼的关系是怎样的呢？《条例》第6条第3项规定："尊重当事人的诉讼权利，不得因未经调解或者调解不成而阻止当事人向人民法院起诉"。第9条明确："人民调解委员会主持下达成的调解协议，当事人应当履行。经过调解，当事人未达成协议或者达成协议后又反悔的，任何一方可以请求基层人民政府处理，也可以向人民法院起诉。"调解不得限制诉讼的权利，也并非诉讼的必要前提。这一原则自《通则》起即贯彻始终。②

---

① 不仅仅是调解纠纷，从预防纠纷矛盾激化这一任务来说，主动调解也是必然的要求。这样的实际事例也很多。例如，司法部基层工作司发行的《人民调解》1989年第3期的"经验交流"栏目中记载了这一事例，上海市华阳路街道长一弄调解委员会独创性地委托了22名群众为"调解信息员"，通过他们的联络主动解决了纠纷。另外，从注(6)中《人民调解手册》第2章"人民调解案例分析"、注(5)中《人民调解工作基本知识》的事例介绍、长鸣编《人民调解故事集》(法律出版社，1984年)中都可以看到类似事例。这些资料也有利于进一步了解纠纷和调解的具体情况。

另外，单正平、王贞韶编《怎样打官司》(知识出版社，1983年)一书中，记载了向人民调解委员会递交的调解申请书的格式。虽然据推测这种书面的调解申请极其鲜见(《人民调解手册》第83页"实践中，书面的形式采用较少")，但是举出了围绕土地使用的纠纷案例，故将其作为纠纷的典型案例展示。

```
  申  请  书
  申请人  姓名  年龄       被申请人  姓名  年龄
  籍贯  职业  住址          籍贯  职业  住址
  申请人与被申请人两家祖先建造的房屋毗连一起，房屋前面都有空旷场地，各使用一半
  为××平方米，长期以来感情和睦，有时彼此互相使用对方场地，临时堆置物件，双方各
  无异言，从无争执。岂知自去年×月起，被申请人竟在申请人使用的场地上建筑围墙，把
  申请人使用的场地占用达××平方米，这是侵害申请人对土地的使用权。按该场地申请
  人历年交付地产税，使用权应属于我，历史上也长期归我家使用。被申请人蛮不讲理，强
  行建筑围墙，经多次劝阻无效，为此特申请你会调查了解，秉公调处，避免涉讼，以保持邻
  居间的和睦团结。
        此致
  ××人民调解委员会
                                          申请人某某某(签名或盖章)
                                                    ×年×月×日
```

② 这一点与1982年施行的《民事诉讼法(试行)》第14条、1991年修订的《民事诉讼法》第16条中的规定相同。

达成调解时要进行登记,必要时还需出具协议书①,这在《通则》第8条、《条例》第8条都有相同的规定。尽管这类协议书或口头协议在《条例》第9条规定了"人民调解委员会主持下达成的调解协议,当事人应当履行",但协议本身并不具有法律约束力。

调解委员会的调解工作,无需任何手续费和谢礼,且不得收取钱财(《条例》第11、12条)。另外,委员的补贴和委员会的活动经费,在条例第14条规定:"对人民调解委员会委员,根据情况可以给予适当补贴。人民调解委员会的工作经费和调解委员的补贴经费,由村民委员会或者居民委员会解决。"有关经费的规定在《通则》中是没有的。②

表3　人民调解委员会的调解案件数量及明细

年	调解处理案件数量	明细									
		婚姻	继承	赡养	家庭	宅基地	生产经营	邻里	赔偿	债务	其他
1982	8,165,762										
1983	6,978,179	1,159,864	184,143	339,838		1,091,131	1,080,343		660,571	179,331	1,802,273
1984	6,748,583	1,143,742	204,391	378,764		1,063,962	1,129,176		654,195	260,339	1,914,014
1985	6,332,912	1,072,116	206,943	347,377	463,167	1,035,618	900,093	508,476	570,595	254,669	973,858

---

① 协议书无统一格式,一般由四个部分构成:
  1. 基本情况:当事人姓名、性别、年龄、成分(由本人经历和职业出身决定的阶级区分)、户籍所在地、民族、职业、住址、调解时间和地点
  2. 事实经过:纠纷的事实、过程及人证物证等。
  3. 调解结果,经双方当事人同意达成的协议内容。
  4. 结尾:双方当事人签字或盖章、调解员签字或盖章及调解委员会盖章。
  一式三份,双方当事人各一份,调解委员会保存一份。有关该格式,参考注(5)所列《人民调解工作基本知识》第82页,《中国司法制度》第321页,和《人民调解》1989年第1期第35页。
② 关于屡次发布不得收取调解费用的通令,参考注(5)所列田中氏1990年论文。在注(5)所列《居民委员会工作指南》第130—131页中可以看到因地域不同而要求谢礼收取费用的情况。《条例》第14条虽然看似可以理解为调解委员会的工作经费和调解委员的补贴经费是从村民、居民委员会支出的,实际上并非如此。注(6)中的《人民调解手册》第80页之后,以"如何解决调解人员的劳动报酬"为题列举了如下方式(1)由国家财政拨款中解决(2)由村民、居民委员会集资解决(3)由基层法律服务所、乡镇司法办公室集资(4)厂矿企业予以赞助。

续表

年	调解处理案件数量	明细									
		婚姻	继承	赡养	家庭	宅基地	生产经营	邻里	赔偿	债务	其他
1986	7,307,049	1,223,836	262,408	404,356	1,044,849	1,107,453	725,889	875,676	535,584	333,102	793,996
1987	6,966,053	1,188,353	241,648	380,038	1,074,726	1,024,286	667,409	889,302	482,920	325,388	691,773
1988	7,255,199	1,240,006	269,300	416,871	1,100,463	974,217	733,972	925,105	511,273	390,390	693,962

出处:章末注(5)中所列白绿玄论文,《中国法律年鉴》1987—89年版

具有上述性质和任务的调解委员会,在实际中解决的纠纷的种类和数量统计如上所示〈表3〉。① 表中所列均为《通则》施行期间的数据。

1983年到1985年,围绕生产经营的纠纷占当年总数的15%左右,这体现了伴随着20世纪70年代末人民公社的解体和引入家庭联产承包责任制,这类纠纷的数量在增加。整体来看,围绕婚姻的纠纷最多,其次为宅基地和家庭内部不和。如〈表1〉所示,80年代起,调解委员会数量和调解人员数量逐渐增加,调解处理案件数量可以说大约稳定在700万件左右。中国人口估算为12亿,简单以人口平均计算,约170人中就有1人接受过调解。

20世纪80年代起,与调解委员会职责相关的一些法律相继完善,并且成为了委员会工作的方针。这些法律主要有1980年9月颁布的新《婚姻法》(1981年9月施行),1985年4月颁布的《继承法》(1985年10月施行),1986年4月颁布的《民法通则》(1987年1月施行),1986年9月颁布的新《治安管理处罚条例》(1987年1月施行),1987年11月颁布

---

① 前注中所列的《人民调解》1989年第3期的"说明"中还指出,调解纠纷总数7,255,199件中,调解成功的有6,550,593件,占90.3%,关于赡养和家庭、建筑宅基地、生产经营等纠纷的调解成功率超过90%。另外全国共设立乡镇法律服务所28,241家,其纠纷调解数量达到全国调解委员会纠纷调解数量的六分之一。乡镇法律服务所由司法助理员担任主任,3名以上工作人员构成,主要负责法律知识宣传和普及、法律咨询及调解生产经营方面的纠纷。可参考前注田中氏1990年论文(下)。

的《村民委员会组织法(试行)》(1988年6月施行)。其他的相关法规,可以参阅李春霖编《人民调解手册》(北京出版社,1989年)的第3章"人民调解常用法规选编",日本的中国研究所编写的《中国基本法令集》的日文翻译也可作为参考。

二、青浦县、朱家角乡的调解情况

(1) 青浦县

我们调查的地点朱家角乡、朱家角镇地处上海市西端,隶属于青浦县。1989年,青浦县人口约45万人,行政区划下辖4个直属镇和20个乡。有关该县近年来的司法状况,在上海市青浦县县志编纂委员会编写的《青浦县志》(上海人民出版社,1990年4月)第22篇(实为第23篇——译者注)公安司法的"审判"的序言中概述如下:

> 1978年后,逐步完善社会主义法制,恢复人民法院的审判职能,成立县审判委员会。1979年7月《中华人民共和国刑法》和《刑事诉讼法》颁发后,进一步健全人民法院的审判程序和制度,执行"有法可依、有法必依,执法必严,违法必究"的方针。10月,中央关于复查纠正冤、假、错案的指示下达后,成立复查组,对"文化大革命"期间及其以前的冤、假、错案进行了全面复查和平反纠错工作。
>
> 1981年9月,县七届人大常委会建立后,至1985年底,陆续任命了22名审判员,县审判委员会任命了17名助理审判员。为了适应经济体制改革的需要,1982年6月增设经济审判庭,并先后在朱家角、白鹤、赵港、练塘、重固、西岑和盈中7个地区设立人民法庭,分别受理各该地区的民事案件、简易的经济纠纷案件和轻微的刑事案件。为维护法律尊严,保护当事人的合法权益,于1986年2月和12月又先后设立执行庭、行政庭。到1986年底,法院设有办公室、刑事、民事、经济、行政等庭室,全院共66人。

此外根据"刑事审判"一项中的统计,1983年审结刑事案件215起,涉案126人,其中重大案件85件,1人判处死刑缓期执行,2人判处无期徒刑,8人判处10年以上有期徒刑。1983年至1984年间受理经济犯罪案件102件,罪犯177人,其中4人判处10年以上有期徒刑,20人判处5—10年有期徒刑。

其次,根据"刑事申诉复查"一项中的统计,自1978年下半年设立复查组后,当年复查了政治案件59件。翌年79年复查政治案件54件,其中纠正、改判、减刑案件50件,占92%。1980年下半年起,对"文化大革命"中各类刑事案件启动再审查。在1983年里复查的各类刑事案件802件中,"文革"中的案件有429件,涉及464人。其中,"反革命事件"96件(116人)中平反80件恢复名誉91人,占83.3%;普通刑事案件333件(352人)中平反62件恢复名誉66人,占18.6%;同时重新调查373件旧案,改判、纠正69件,占18.4%。

再者,"民事审判"一项中有如下记录:

> 民国年间,民事诉讼繁杂。解放后,废止旧法诉讼程序,实行新的民事诉讼程序,并执行"调解为主,就地解决"的方针,对婚姻、继承、土地、房屋、债务、赔偿及抚养赡养案纠纷进行调解或判决。
>
> 1950年《中华人民共和国婚姻法》颁发后,民事审判主要解决旧社会遗留下来的封建婚姻关系,集中调处虐待妇女、包办婚姻等案件。据1952年1至7月统计,办理离婚有357对,解除婚约有128对。1953年司法改革时,逐步建立便利群众的诉讼程序和审判制度,实行巡回审理,就地办案。在调解婚约关系同时,还受理了工商业纠纷,劳资纠纷等案件。
>
> 人民公社建立后,涉及私有财产、婚姻、抚养、债务等纠纷又回复上升。1959年审理的184起民事案件中,抚养、债务纠纷占98%。此后,注重保护革命军人的婚姻关系,除对破坏军婚者予以

严厉处理外,着重调解现役军人的婚约和婚姻关系。"文化大革命"期间,民事审判机构被砍掉,调解组织被取消。1974年恢复人民法院建制后,虽受理过少数婚姻等民事案件,但多数民事纠纷无人过问,得不到公正的调处。

1982年8月,《中华人民共和国民事诉讼法(试行)》公布后,在审理民事案件中严格执行民事诉讼程序,将调解为主改为"着重进行调解"的原则。至1985年底,审结1274件民事案件中,着重调解解决704件,撤诉和移送有关法院369件,判决201件。对不服判决、裁决或调解的,由执行庭(组)执行。

有关该县调解工作的整体情况,在同书同篇"司法行政"之"调解工作"一项中记录如下:

> 民国19年(1930年)1月,南京政府颁发《民事调解法》和《区乡镇街坊邻居调解委员会权限规程》后,民间纠纷除大案到县诉讼外,一般由地方士绅、地保(保正)等调处,也有邻里亲朋会同当事人调处。县司法部门,根本没有办理任何民事调解及撤回的刑事调解事项。
>
> 1949年5月,司法科建立后,首先开展了诉讼调解工作,办结了一批民事调解案件。1954年国务院颁发《人民调解委员会暂行组织通则》后,各乡镇相继建立调解委员会,村建立调解小组,大量民事纠纷和轻微刑事案件由调委会或小组以调解的方法解决。重建司法科后(1981年5月——<u>高桥</u>注),各级恢复调解组织,充实调整调解人员,工厂企业等单位制定1名副职干部(副厂长等——<u>高桥</u>注)监管。据1982年底统计,全县共建调解委员会547个,委员1589人。其中农村321个,委员1037人;街道31个,委员101人;工厂企业195个,委员451人。

同时,书中还附上了 1982 年至 1985 年有关调解的统计表,见〈表 4〉。

表 4　青浦县调解处理案件数及明细

年	调解处理案件数	其中:调解纠纷数是民事诉讼一审受理案件数倍数	明细											其中调解后免杀人数	中解纠纷避免自凶杀死人数	民纠引非正起常死亡人数
			婚姻恋爱	继承	赡养	宅基地	房屋、房产	家庭	邻里	债务	生产经营	打架	其他			
1982	3,514		326			415	261	836	624		312		740	34	31	
1983	2,443	6.4	374	26	116	235	239	610	418	8	134	110	173	59	58	
1984	2,654	8.35	473	27	177	206	199	687	373	16	68	273	155	105	61	
1985	1,893	6.24	390	16	157	123	131	442	235	24	32	259	84	52	26	

处理案件类别的百分比与前文所示全国性的统计相比,并无明显特征。家庭内部不和类最多,其次为婚姻恋爱、再次为邻里纠纷。〈表 3〉中"宅基地"一项在此表中可对应"宅基地"和"房屋、房产"两类,将两者合计所得到的数值则更为接近全国的平均值。可见该地区的特殊性并不能由此体现出来。毋宁说,在司法行政方面,青浦县属于典型的近似全国平均情况的环境。从上述青浦县审判和司法行政的步伐来看,可知 1949 年新中国成立以来的政治性变动也不可避免地直接波及了当地。从 80 年代初的 1981 年开始,才有了现在这样稳定的局面。

(2) 朱家角乡

1988 年,朱家角乡共有家庭 7,129 户,其中农民家庭 7,036 户,渔民家庭 93 户,人口约 25,000 人。由于我们在朱家角乡并未特别对调解的情况进行详细调查,而《朱家角乡志》一书即将付梓,在此就仅限于对此书第 2 章第 2 节"司法"中的内容作一介绍。①

---

① 译者注:由朱家角乡志编写组编纂的《朱家角乡志》于 1987 年 1 月内部印行,印行后"司法"一节的内容编写在书中第 121—122 页,第三编"政治"第六章"民政司法"中的第二节。

1. 机构

解放初,司法调解工作由市政府民运科监管。尔后由区政府和公社办公室监管。1980年由民政干部顾勇兼任司法工作。20个大队均设有3至5人组成的人民调解委员会。各生产队及17个社办企事业,亦配备有一名调解干部,全公社共有调解干部105人。1983年起,本公社设专职司法干部,由夏锦先担任。1984年5月起,乡政府设司法助理一职,仍由夏锦先担任此职。

2. 民事调解

本公社每月组织调解干部进行一次业务培训,要求调解干部调解处理纠纷,做到有登记,有调查材料,有处理结果的记载。强调民事调解以"调防结合,以调为主"的原则,运用黑板报、广播等阵地,进行保护妇女、儿童合法权益,遵纪守法等法制教育,把大量民事纠纷解决于基层。1982年,由本公社派出所,协助调解处理民事纠纷百余起;1983年,共调处大小民事纠纷190多件;1984年,共受理各类纠纷169件,调解成功率93%,防止8起自杀和凶杀的发生。由民事纠纷引起的非正常死亡由去年的4起4人,下降为1起2人;1985年,民事纠纷共调处114件,调解成功率百分之九十九。

三、朱家角镇的调解情况

1988年,朱家角镇有家庭5,223户,人口13,304人,均为汉族。设有12个居民委员会,平均计算下来,一个居民委员会大致有500户家庭,1000多人。各居民委员会由5名委员组成,通过间接选举选出,即每三年一届,每25户中进行无记名投票选出2名人民代表,再由人民代表选举产生。在5名委员中,设主任1人,副主任2人,委员2人,分别承担治安保卫、民政调解、卫生三类工作,调解委员会主任必须由居民委员会委员兼任。治安保卫工作虽然有分工但无专人负责,一旦有情况须全员上阵。居民委员会中3名委员由每月青浦县民政局给予补贴58元。其他两名没有补贴。所有委员均为退休职工,平均年龄 63 岁。居民委员会下设若干居民小组。以西井街居民委员会为例,设有 7 个居民小组,各小组有 2 至 3 名小组长。小组长负责发放油票、粮票、糖票(每家食用油、粮食、糖等的计划分配票证)、公寓的安全管理及照顾双职工家庭的老人儿童。居民小组长无任期限制,如无法工作或死亡,则由居民委员会推荐新的合适人选接替。

朱家角镇政府设有街道办事处,对居民委员会进行直接领导。在上海市内的各区的上下级关系为"区政府—街道办事处—居民委员会",在朱家角镇,街道办事处为镇政府组成的一部分。街道办事处设有党组织,而各居民委员会不设党组织。

在朱家角镇,居民委员会的主任或副主任兼任调解委员会主任,调解委员会均由 3 人组成。其他 2 人从居民小组长中推荐,全部为退休职工。除了居民委员会,学校和工厂也设有调解委员会,委员数约为 3 至 5 名。居民委员会下属的调解委员会与单位的调解委员会之间无横向关系,全部在镇政府司法及民政部门的指导下运行。镇政府的司法部门为司法办公室,有司法助理。司法办公室为青浦县司法部的派出机关。社区的调解委员会和单位的调解委员会虽无横向关系,但由于具体的调解问题,有时各调解委员会之间需要协商共同解决问题。也就是说,居民可以根据问题的性质,向所属的居民委员会或单位的调解委员会中的任何一个提出调解申请。

调解委员没有补贴,目前工作中最大的困难就是缺少活动经费。虽然各居民委员会每月有 300 元的活动经费,但都是电话、书籍报刊和文具之类的费用,工作经费比较紧张。

(1) 镇司法、调解的整体情况

关于朱家角镇的司法行政及调解的概况,1991 年 1 月森正夫先生和担任翻译的复旦大学研究生沈中琦一起,与朱家角镇司法助理黄建军先生进行了访谈,我们可以从访谈的问答记录中了解一些。

问：我们想向黄先生您请教一些有关司法的问题。

答：乡镇的主要司法工作就是指导居民委员会和单位的调解委员会的调解活动。其次，由于我国过去是计划经济，而现在是发展计划指导下的市场经济。为了顺应市场经济的发展，需要健全法律制度。再次，由于过去人们的法制观念非常淡薄，法制宣传也是我们工作的重要内容。

问：三项工作中哪一项最重要呢？

答：调解工作比较重要。因为人民调解工作一方面是审判的基础，另一方面也是司法战线的第一防线。具体的目标就是防止民间纠纷和非正常死亡的发生，预防民事纠纷转化为刑事案件。调解实质上是中国传统的做法，过去很多的民间纠纷经过调解都得以解决。去年(1990年)全镇共成功调解100余件纠纷，而移交朱家角镇法庭民事法庭的仅有20余件。这就体现了调解的重要性。当然，也有调解失败，当事人自己委托法院处理的，但这只是极少的情况。

问：调解中遇到最多的是什么样的问题呢？

答：街道中家庭内部的婚姻和离婚问题，邻里间的公用场地，比如公用厨房和建筑物前空地的使用问题。另外还有一些遗产继承的问题。

问：司法方面有没有尤为突出的问题呢？

答：我们国家的法律尚不够健全。人们法制观念不强，依法办事的意识还比较模糊。过去大多数问题都是通过行政手段解决，但是现在必须改变为用这种(法律)手段。这种观念的转变仍需一个过程。

问：过去若不通过法律解决，人们是通过什么方法解决纠纷的呢？

答：以前也有调解。大部分的民间纠纷通过单位进行解决。单位解决不了就到镇政府解决。

问：这就好像在我研究的明清时代，审判是由担任行政官员的知府等进行的,最高位的是皇帝。是否与那种传统有关呢?

答:嗯,基本上是一脉相承的。

问:引起离婚案件的主要原因是什么呢?

答:关于离婚,当前最主要的原因是第三者的介入。

问:什么类型的案例较多呢?

答:年轻人离婚较多。有一些是偷偷有了第三者。此外,也有因为双方经济基础不牢固,婚后产生经济问题的。

问:离婚是通过居委会解决的多,还是到镇司法部门才解决的更多?

答:居委会主要是解决纠纷的。申请离婚、判决离婚必须去司法机关。但是在法院最终判决前必须进行一次调解。如果失败,再由法院进行判定。

黄建军的说明,和1989年11月与朱家角镇北大街、西井街、东井街3个居民委员会共同访谈调研的结果基本一致。另外,黄建军也意识到了调解是中国传统的纠纷处理方法,如后文中所见,基层的调解委员的发言中也能反映出这样的看法。各调解委员会处理的案件数,1989年1月到10月西井街6件,东井街3件,北大街3件。1988年稍多,1989年较少。案件都为婆媳吵架、老人与儿子不和等小问题,1989年全部都调解成功。

(2) 离婚问题

西井街1988年调解案件13件,其中一件是向法院递交离婚申请的问题。当时,女方未经过居民委员会的调解直接向法院申请离婚。调解委员会得知后尝试了数次调解,还去过夫妻两人的单位。调解人员了解到了女方希望达到的目的,后来由于男方写了自我检查进行反省,女方就撤诉了,据说现在夫妻两人生活和睦。

我们根据这件事来思考一下朱家角镇司法部门和居民委员会、调解委员会的关系。如前文所述青浦县人民法院下面设有朱家角人民法庭。某居民委员会委员这样说:

朱家角镇的法院要了解具体情况必须到居民委员会。例如某人要离婚,法院的同志就会到我们居民委员会了解情况。我们居委会当面说明离婚的理由,他们掌握情况后,基于事实判断是否必须离婚。如可以调解,我们将进行调解。即便非要离婚不可,我们也会想尽办法使夫妻和好,实在不行才移交法院请求判决。总而言之,如果诉讼至法院,法院要到居民委员会掌握情况,居民委员会会告知事实。

据《通则》和《条例》规定,居民不经调解委员会直接到法院起诉也是可以的。另外,1981年1月1日施行的《中华人民共和国婚姻法》第25条规定:"男女一方要求离婚的,可由有关部门进行调解或直接向人民法院提出离婚诉讼。人民法院审理离婚案件,应当进行调解;如感情确已破裂,调解无效,应准予离婚。"①即可解释为,离婚采取的是调解优先原则,而如果已经提起诉讼则调解在法院进行。但是,类似上述围绕离婚的民事案件,无论是法院一方,还是居民委员会一方都希望通过调解方式进行解决,并且社区的调解委员会得知申请离婚这一事实后会主动出面进行调解。根据上述情形,民事诉讼实际上是以调解委员会的调解为前提的。笔者对此印象深刻。②

(3) 公安的参与

"轻微刑事案件"在《通则》中规定为需要调解的一类纠纷。这类轻微刑事案件发生时,公安是否会参与调解呢?

问:公安人员会参与调解一些问题吗?

---

① 中文原文引自:全国人大常委会法制工作委员会办公室编译《中华人民共和国法律汇编 民法·商法卷 中英对照》(北京:法律出版社,1998年)第96页,《中华人民共和国婚姻法》第四章"离婚"中第二十五条。

② 实际上由于不同地区也发生过这样的事情。前注中所列的《人民调解工作基本知识》第57页:"有的调解人员把调解作为诉讼的必经程序,不经过调解,不能向法院起诉。有的对当事人不愿去调解委员会调解,或不接受调解委员会的调解,就说人家看不起人,有的强制当时人必须执行调解协议"。前注中的《居民委员会工作指南》第128页:"有些地方,调解组织和法院之间形成了一种'地方政策',如不经过调解,调解委员会就不给开介绍信,没有介绍信法院就不受理"。朱家角镇的事例虽与之不同,但是这种善意的主动工作中时常包含着事实上的调解优先甚至强制调解的可能性。

答:如果发生斗殴到了无法控制的局面时,我们会马上打电话请派出所的同志来。公安会帮助我们解决问题。像斗殴致死的情况毫无疑问必须请求公安的参与。因为这已经是刑事问题了。

问:轻微的刑事问题,比如打架斗殴类的问题怎么样呢?

答:这类问题我们就能够解决。通过让当事人自我反省批评,我们可以马上解决。

中央政府司法部基层工作司发行的《人民调解》1989年第1期中,作为"案例分析"介绍了济南市的某件案件:<u>妻子趁丈夫不在家时出轨旧友,正当此时丈夫偶然回到家,就发生了持刀伤人的情况。幸而调解员赶到,最后事情圆满解决了。然而由于丈夫挥舞菜刀要砍向不轨男性,街道派出所依据《治安管理处罚条例》将丈夫逮捕了。但是,公安考虑到由于其行为事出有因,且丈夫也进行了深刻的反省,故而决定对其免于处罚。</u>公安参与的调解工作大概就是以这样的形式进行的,如上述问答,公安和调解委员应该是通常是一起进行调解的。

(4) 不同意调解的情况

问:所以这种调解是双方都同意调解才开始调解的吧。如此一来,如果我和他有纠纷,我向你们提出调解申请,但是他不希望调解,你们会说服他吗?

答:一般情况下,如果一方寻求调解,另一方不过来的话,我们会先分别对双方进行工作。说服后,会再次双方一起交换意见。我们在调解时,会首先让当事人不要再争执,大家心平气和地解决矛盾。

答:就是说如果我向你提出调解请求,来到这儿(调解委员会),你们就会做对方的工作,使其配合调解。要是他一直不同意调解,比如过了一星期都不同意怎么办?

问:那时就会做第三次工作。我们街道有一位老人,已经80岁高龄。他和邻居之间起了争执,每天都在骂人。于是我们非常耐心给他做工作。他虽然岁数大了但还比较信任我们,我们就代他本人解决问题,然而他并没有来(调解地点)。我和小朱一起去他家多次了解做工作。一次不来,我们去两次、三次,最后他终于来了。他来时,我们也请来了居民小组长,一起做通了工作。最终,他的态度变得很好,问题得到有效解决。他和邻居握手言和。这项工作需要耐心。因为在他们怒气冲天时调解是没有效果的,必须等到他们冷静下来,心平气和地去解决。

这位老人的例子,可以说符合《通则》第8条中规定的原则,即"调解委员会调解案件时,应利用生产空隙时间进行工作,应倾听当事人的意见,深入调查研究,弄清案情,以和蔼耐心的态度,说理的方式,进行调解"。同时也符合《条例》第8条中规定的原则,即"人民调解委员会调解纠纷,应当在查明事实、分清是非的基础上,充分说理,耐心疏导,消除隔阂,帮助当事人达成协议"。另外,需要补充的是,面对"每件案件的调解一般会进行几次"这一问题,回答的是"基本上一次就可以解决"。

(5) 调解协议书和登记簿

问:纠纷解决后大家会写调解协议书吗?

答:小问题就不需要。(当事人)不是一家人,要赔偿损失的情况下必须要写协议书,盖上(调解委员会)的印章。

问:协议书是几页,两页吗?

答:一页就够了。一式三份,双方各一份(余下一份归调解委员会)。

问:今天可不可以让我们看一下呢?

答:协议书由上级保存。街道(的居民委员会)只负责登记。

问:有没有解决后又再次出现问题的?

答:没有。

问:某位日本学者认为,在解放前的旧中国,调解有三个原则,法律、道理、情(也就是感情),但最重要的是道理和感情。你们调解依然也是以感情和道理为重吗?

答:依然是动之以情,晓之以理。现在虽然也是这三个原则,但是不通过感情就根本谈不上解决问题。

问:得出调解结论后,有些时候再对照法律一看,可能与法律规定也不尽相同吧?

答：如果在我们这里和解，会签署双方都同意的协议书。该协议书双方都认可，即认定为拥有法律效力。不过我们街道还没有出现过这样的事，比如因为某个严重的事由拒绝签署协议书，再比如有人思想还不通，会认为"调解协议书不符合法律""调解委员会没有按照法律处理此事"。这样的协议书如果一旦签署，我们都会依据协议书行事。大部分的都是口头上和解，我们会记入登记簿。但还是有写协议书的，尽管为数极少。

纠纷的解决，以动之以情晓之以理的方式进行，这在《通则》和《条例》都有所规定。有意思的是，这样的方式与旧中国的调解和审判的方式是共通的。我们要充分注意到，也许由于纠纷都是些琐碎的问题，调解并不是以争论法律本身和司法解释这种形式进行的。在交谈中提到的登记簿，我们也得以一见，但是由于涉及隐私不允许我们抄录纠纷的内容。约 B5 纸大小，一个案件一页，据我们所见，纠纷的记录简略，类似于备忘录。① 大概是因为纠纷本身就是小问题吧。向上级的报告中有"月报表"，即通过"月报表"来报告处理调解的情况。

(6) 调解员的信赖度

问：某位日本学者曾说，中国之所以有这样的调解委员会，一是因为中国原本就有这样的调解传统，二是因为法院的法官人员不足，法律方面的专家更少。这样的看法是对的吗？

答(a)：我是这样认为的。

问：那样的话，将来法院的职能进一步强化后，你们发挥的作用就会越来越小了吧？

答(b)：刚才你说的(指提问)可不是那么回事哟。并不是因为我们缺少法律方面的专家。中国现在提倡的调解工作主要有两个性质。一是应当将问题解决在萌芽状态时，以预防为主。第二，应当将问题在基层解决，不让其扩大，以防止出现大问题。所以我们有这种组织的目的在于疏解上级的压力。一有问题就去法院，那是

---

① 朱家角镇西井村的登记簿的形式收录在后面以供参考。

不行的。依靠人民群众自己解决,发挥群众的作用,这就是自治的作用。发挥居民委员会的自治作用,自己管理自己,自己教育自己,这就是群众路线。

问:您们在调解纠纷时是根据什么样的原则劝导的呢?

答:我们不劝导。我们所谓的调解居民,就如刚才这位所说,居民自己教育自己。出现了问题,我们就去当事人家,询问为什么争吵,弄清双方的情况,能当场解决的当场解决,不能解决的约定合适的时间到居民委员会来解决。小组长等也一同来帮助他们解决问题。这就是我们的做法,一次不行就两次。

这样的做法是在"居民信赖调解委员会"这一基础上所确立起来的。他们在委托我们时需要信赖我们。现在中国的调解委员会在群众中的威信很高。"我信赖你所以才告诉你。我想你们大概也了解,我有一些矛盾。我是因为相信你才说的。我相信你们能帮助我解决问题。"只有建立在这样的想法的基础上,调解才能顺利进行。中国人一般不会将自己个人的矛盾翻到明面上来,也不会直接控告到法院。所以调解员有责任感,同时就有了荣誉感。我们中国人称之为荣誉感。因为对方信赖我,所以我要帮助对方解决问题。很多问题都是私密的问题。涉及隐私的问题,比如男女之间矛盾的问题,我们也不会外传。仅仅局限在个别范围,比如调解对象和我之间相互沟通,由此弄清矛盾所在。所以一般情况下不会告诉其他人,只告诉有关的人,然后把问题搞清楚。中国的调解组织在群众当中威信很高。大家都信赖我们。客观上也是因为我们中国人有(调解的)传统。从解放到现在,甚至1949年解放前都是这样的。甲长,也就是昨天我们谈到的保甲制度,也有这样的调解作用。

我们能够确信,普通居民对调解员比较信赖。调解成功率之高本身就可以说明问题。住在上海市市区的翻译小沈也说,人们比较信赖调解员。(但与此同时,据说在上海市市区也有会这种情况:会苦于没有人想做居民委员会和调解委员会委员。)居民对调解员的信赖来自调解员的人格方面,他们诚实、热心、公平。加之调解员在日常工作中与居民近距离接触,熟知相互间的情况,这些也增加了居民对调解员的信赖。不仅是调解员,镇政府的职员和居民委员会的人走到镇上,人们也会互相亲切地打招呼,有时还会交谈,这样的场景经常能够遇到。在朱家角镇之后拜访的罗店镇也是这样。比如,四方村是一个拥有约480户家庭、1,500人口的行政村。那里的居民委员会的一个委员居然说,自己知道全村居民的姓名,在路上遇到小孩都能知道是谁家的孩子。坦率地说,笔者的印象是这样的:居民们对调解委员会的信赖,并不是通过该组织职责上的权威性和可信度来支撑,而是通过对该组织中的人的信赖来支撑的。

(7) 城市和农村

如上所述,关于朱家角乡的调解情况我们没有进行具体的访谈调查。但是城市和农村之间问题存在的情况应该是有所不同的。关于这一点,我们来介绍一下来自城市这边的看法。

问:您认为城市和农村哪里纠纷更多?

答:农村更多吧。

问:为什么呢?

答:有养老的问题。老年人在农村的相对多一些。为什么说农村的纠纷更多,有以下几个原因。一般的矛盾主要就是家庭纠纷和邻里问题。第一,邻里问题在农村较多。邻里指的是毗邻而居的家庭之间的关系。在农村存在自己盖房子的问题。假如说这片土地上我盖了房子,别人也在那里盖了房子。建成后发现阳光照不进来,遮住了太阳。这样一来就产生了矛盾。还有就是如果地方太小东西就放不开的问题。比如稻草这类东西就放不开了。由此出现的是与土地问题相关的矛盾。这在农村比较多见,城市里不存在这样的问题。因为建筑物都是公共财产,或者说大多是公家的。大家都是租用国家的土地。那么租用的房子的话就很少有这样的矛盾。这是第一个不同。第二,农民的家庭纠纷较多。这和你们日本不同,我们这里的农民都是依靠自己的劳动所得生活的。今年的收入稍多些,生活也就稍宽裕些。收入稍低些,生活也会拮据些。所以农民年老无法劳动后就要依靠子女。如果上了年纪干不动活了,就必须由子女来照料。由此,在一些子女众多的家庭中就会出现矛盾。这也是农村比城市纠纷更多的原因。城市里不存在这样的矛盾,大部分的老年人都是退休人员,我们这里大部分都是退休的工人,有退休金。所以即使子女不给钱也能过得下去。所以这样的矛盾就少。第三,城市居民的受教育水平较高,他们的思维比较开阔。在农村受教育程度稍低,思维层次也比较低,度量也小。所以这些矛盾就相对更容易产生了。也就是说,在城市里很容易就能处理的问题,到了农村就会变得有些难以处理。

农村和城市究竟哪里纠纷更多?不能一概而论。我们比较一下前面说过的朱家角乡和朱家角镇的调解案件数量,虽然年份不同,人均的调解件数反倒是农村更少。这个暂且不论,上面有关于纠纷性质差异的意见还是得到了普遍认同。关于城市和农村的差异,我们还询问了家庭财产分割的问题。据悉,朱家角镇已经有很多家庭依据男女平等的原则分割家庭财产,纠纷较少。在镇上大多数是女儿和父母共同居住(有人解释为,这是由于与儿媳不同,女儿和母亲在感情上相处更加融洽),所以甚至听说还有女儿比儿子继承更多家产的情况。据说在农村,老年人多数是跟儿子生活在一起,因为女儿是嫁出去的,所以大多是像旧社会那样,儿子们继承家产。另外,我们在罗店镇拜访四方村朱宅生产队的黄洪生先生家时,询问了家里经济上如何负担的情况。这个家庭共8口,老黄夫妇、两个儿子和儿媳,还有两个孙子。两个儿子和儿媳都有工作。家庭开支上,每个月两个儿子分别出50元,老黄出200元,一共凑出300元。儿子儿媳出完生活费余下的工资可以自由支配。据老黄说,关于家庭财产分割这件事,要是儿子们觉得跟父母一起住没有益处了的话再分家,但是作为父母而言尽量不想分家的。笔者认为,即使在农村,传统的"同居共财"(将各人的所得归集一处,由共同的会计进行必要的支出)这一形态正在逐渐瓦解。也许因为这里是靠近上海这个大城市的近郊吧。

四、结语

以上记录了调解委员会的概要和在朱家角镇访谈的主要内容。如开篇所述,本章并不打算就现在的调解委员会提出某个新的分析性的观点。本文的目的在于提供原始的数据,尽管是有限的。最后,写一点感想就结束吧。

第一,关于访谈的部分,并没有超出过去传授的和研究的范围。毋宁说是将过去传授的、研究的事项,以朱家角镇这一地区的事例进行了考证。在笔者的印象中,朱家角镇的调解组织依照《通则》和《条例》所规定和期待的那样,妥善地处理着日常发生的微小纠纷。将问题在基层解决,减轻法院压力,从这一点来说,朱家角镇的调解组织可以说是充分地发挥了其职能。

第二,不仅如此,这样的事实也是值得关注的。我们在朱家角镇进行调查活动是1989年11月。上文中已提过,当年9月制定了《条例》来代替《通则》,并于6月17日颁布。笔者了解此事,并且在笔者进入朱家角镇之前,上海市区的法制宣传板上也进行着新《条例》的宣传。关于这一点,在朱家角镇的居民委员会有如下问答。

问:听说今年5月出台了《人民调解委员会组织条例》。这个条例和以前的通则有什么样的区别呢?新条例的特征是什么呢?

答(a):我还没看这个条例。

答(b):这个与之前不同的是,以前是以调解为主,但是现在的条例是以预防为主,调解与预防结合,也就是说以预防为主。就是要防止矛盾的发生和激化。

答(b)所说的的确是《条例》中所强调的一点[1],但是在《通则》施行期间这一论点也在反复提倡[2],所以并不是《条例》的显著特征。在访问罗

---

[1] 例如参考《法制日报》1989年8月6日《人民调解委员会组织条例概述》。
[2] 例如参考注(6)中所列《人民调解工作基本知识》第32页,《人民调解》1989年第3期《不负重托,努力进取——司法部基层司负责人答本刊问》。

店镇四方村的村民委员会时,我们也问了相同的问题,得到的回答是"没有那样的区别"。恐怕是《条例》的传达和贯彻还不够充分,这可以作为今后的课题。或者,也有可能司法机关内部的有关人员的认识是,《通则》和《条例》之间没有大的变动。

另外,如果严格遵照《通则》来讲,调解委员会的委员必须每年选举,而到了《条例》则变为了每三年进行一次改选。但是朱家角镇在以前也是采取的三年一改选的方式。据说四方村也是如此,另外四方村"由于机构改革"将调解委员减少为了1人。(附带说明,据悉四方村的调解案件88年有6、7件,全部调解成功。)

通过这一说明希望读者能够了解,上面的访谈调查结果虽然是1989年11月的,但是基本上是以《通则》为前提进行的调查活动。

第三,调解委员会是群众的自治组织,这一点被一直强调。然而也必须要注意的是,那并不是基于群众的自发性意志而组织起来的。的确,在中国,通过调解解决纠纷这一传统十分悠久。一些日常的琐细纠纷若是将其放任置之,就容易转变为大的问题(如伤害和杀人、自杀等),会给维持社会治安造成困难,人民也难以过上有秩序的社会生活。法院收到大量的诉讼,这种压力,不论对司法机关,还是对人民群众,肯定都是不利的。正由于获得了群众一方相应的支持,所以人民调解委员会才能够像网一般遍布全国,工作活跃。加之调解是以劝说教育为本,对双方达成的合意也并不具备法律的强制性。这一点,就与司法机关的审判和行政机关的调解在性质上有很大不同。所以才称之为群众性的自治组织。但是,尽管如此,调解委员会是应《通则》和《条例》中组织系统化的要求而设立的,并不是群众自发组织的调解机构由政府系统地进行整合组织后而来的。所以,准确来讲,调解委员会可以说是由政府组织起来,由群众自治运行的组织。再者,虽说是"自治运行",但是政府制定的《通则》或《条例》详细地规范着调解委员会的工作,受到上级政府机关的监督和指导。非要说的话,其实这个组织还是政府强制设立的。

这与先前在朱家角镇访谈时笔者得到的印象是一致的。对调解委员会的信赖并非是对这个组织的信赖,而是由于对调解员个人的信赖而形成的。然而我们日本人之所以会将纠纷委以法院来裁断,不是因为信赖法官本人,而是因为信赖法院这一机关、信赖判决的权威。如果是那样的话,假设笔者上述的印象是正确的,中国的调解是将问题委以可信的人来解决,从这点可以说是延续了"人治"的传统。① 而且,在中国但凡

---

① 高见泽磨:《罪観念と制裁―中国におけるもめごとと裁きから―》(收入《シリーズ世界史への問》第 5 卷,岩波书店,1990 年)一书中说,中国的纠纷是通过"说理―心服"这种构造来解决的,但是无论是晚清以前还是现代,因为缺少对仲裁人的信赖的条件,仲裁人和被仲裁人之间没有信赖关系。这一点让笔者感觉很奇怪。谁会请不信任的人来解决问题呢。诚然,在中国,无论是调解还是审判,大概人们对于其机关组织和工作程序的信赖是淡薄的。然而,正是因为信赖在其中工作的人,人们才前来请求帮助解决问题,此时,"说服―心理"的构造就是不是就产生了呢。即使是晚清以前,人们明知高风险和高成本,也要到州县进行诉讼,大概是因为相信知州和知县的话肯定会理解和支持自己的主张。"在当时的中国,认为官员必备的素质"是"能够立足百姓之上、应对多种状况并进行最恰当的治理,这样一种真正的道德能力和出色而健全的人格"(岸本美绪:《明清时代の郷紳》,收入《シリーズ世界史への問》第 7 卷,岩波书店,1990 年,第 47 页),应当认为正是这种对官员的个人素质的信赖,支撑着人们去寻求裁决的动机。而且,问题不在于人们是否直接认识主事的官僚。官僚的地位和身份就是人们信赖的源泉。虽然这与现在居民对调解员的信赖有些不同,但是从性质上有一点是相同的,那就是信赖人而非信赖机关组织。

〈登记簿的形式〉

	纠纷类别			编号	
	受理日期			结案日期	
纠纷当事人	姓名	性别	年龄	家庭住址	工作单位
纠纷简要情况					
调解结案					
回访情况					

承办人_____

比起"法制"来人们还是更加希望"人治",今后调解委员会将继续存在发挥其职能吧。但是,当中国人认识到自己是拥有法定权利和义务的主体,纠纷由过去争论"何为人情何为道理"向争论"何为法律"的方向发展时,调解委员会也许就不得不从一个宣传法律道理、群众自我教育的机构进行蜕变了。今后,调解委员会将以什么样的形态出现,我们只有去关注历史的前进了。

(丁韵 译)

第五章　上海市周边地区聚落系统的空间结构

林上

前言

  聚落地理学将都市和农村的聚落看作是一种系统，一直研究的是聚落的分布模式和聚落在空间上的相互关系。根据立地条件，聚落会呈现出固有的空间形态。首先，气候、地形、自然资源等自然环境作为前提条件，加上社会、经济、文化等人文条件，决定了聚落分布的形态。以农业为主要生产活动的时代和地区，由于耕地是生产资料，所以聚落的形成是以辽阔的农田和林地为根基。其结果，是形成了分布密度较低的农村地区，而具体的分布形态大多是由地形、交通等条件所决定。

  若地形平坦则易于耕作，生产活动较少受到局限。相反，当地形条件有地区差异时，这种差异也会很容易造成耕作方式的不同，聚落的分布也会产生不均。至于交通条件也是如此，如果交通网存在地区差异，聚落也会受到影响，呈现出不规则的分布模式。另外，交通网大多为公路网和铁路网，但也有的地区是利用河流、运河和海上等水路网。聚落的分布甚至还会因不同的交通手段而出现差异。

  如上所述，聚落系统的空间特点与其背后的自然、人文条件的关系密不可分。本研究为揭示出上海市周边地区的聚落系统的空间结构,首先掌握聚落分布的特点,然后弄清支撑社会经济活动的交通、通信网在空间上的特点。该地区地形差异小,以星罗棋布的水路为主要的交通方式,在空间上制约聚落分布的因素较少。所以通常认为这里存在相当规则的聚落分布模式,但实际上如何呢? 中国最大的城市上海位于这个地区的中心,这些周边地区近年来郊区化的动向明显。伴随着工厂、仓库、商店、住宅等纷纷在郊外选址,传统的聚落分布模式逐渐瓦解也成为了事实。由此,就有必要从时间变化的角度来观察聚落系统。

分析聚落系统过程中还要关注的是聚落的层次性和相互关联性。当交通方式发展,人流、物流逐渐活跃,聚落相互之间的交流就会增强,相互依存的关系也会更为显著。随之而来就会逐渐出现聚落规模上的差距,这就与形成层次分明的聚落系统所密切相关。在广域中拥有社会、经济、行政职能的聚落,势力圈大,这些街市区就聚居着从事这些职能的人。反之只具有面向本地功能的聚落,势力圈小,街市区的面积也小。总之,聚落的大小是由其背后展开的耕地和该地的就业人口规模决定的。但是,如果农村地区也如近来一般逐渐开展工业活动,这种相关关系就会逐渐减弱,城市化的影响在这一点上也体现了出来。

关于聚落系统的地理学研究,过去多是在中心地研究的范围内进行。中心地研究,是揭示集合商业、服务业等中心职能的聚落的空间分布和层次结构的研究。于是,不知不觉中,就把商业、服务业是聚落的主要产业当作了前提。通过其背后拥有腹地(主要是农村地区)必须向其提供财富和服务,可以说这是一种从地理学角度分析中心地立地型都市的研究。本研究也基本在这种研究的范畴内,只是研究的对象不仅是都市,更扩展到了农村,侧重以聚落整体为研究对象,作为腹地的农村聚落也包括在内,尝试掌握聚落整体的空间结构并构建出模型。所以,研究对象就不是中心地系统,而是聚落系统。

一、上海地区概况

(1) 地形条件特点

研究对象上海地区(上海市)位于长江(日本称扬子江)三角洲的东端。大部分(83.9%)与大陆接壤,由于崇明岛是沙洲,所以和大陆是分离的(图1)。长江是中国最大的河流,每年向东海汇入水量达1,060立方千米,同时携带高达4.4—4.6亿吨的泥沙入海,这些泥沙长年累月沉积形成了现在的长江三角洲地区。上海的街市中心(市区)所在的位置,相当于约1200年前的海岸线附近。由于之后泥沙也在一直周而复始地沉积,三角洲向东南方向延展,一直到今天。市区中心曾发现唐代遗址,而南汇区曾发现宋代遗址,那里被认为是约800年前海岸线所处的位置。

上海地区全部属于长江三角洲,所以海拔高度只有2—5米。上海地区东部包括崇明岛的海拔高度较高,为4—5米。相反西部较低,为2—4米。但是该地区海拔最高点在西部的金山附近,那里有着海拔103米左右的残丘。上海地区(含崇明岛)的地形有着如下的特点:由东向西逐渐变低。这就成为了农业等人文活动产生地域差异的背景。根据这样的地形特点一般区分出以下4个区域。

首先是西部的淀柳低地地形区,包含青浦县西部、松江县、金山县北部,海拔高度为2.2—3米。由于地处海拔最低洼处,降水时容易积水成涝,从古代一直采取防涝对策。为了防止农田浸水,不仅构筑堤防,还设置了排水设施。其次是中部的浦江平原地形区,其范围为:东至钦公塘,西至青浦县东部,南至杭州湾,北至长江南岸。这里的海拔高度为3.2—4.5米,可以说基本上都是平坦的地形,但是向北流入长江的黄浦江两岸地区地势低洼一些。

第三个区域是从钦公塘向东延伸的东部滨海平原地形区。这一带海拔高度为4.8—5米,虽然是上海平原中地势最高的区域,但该区域容

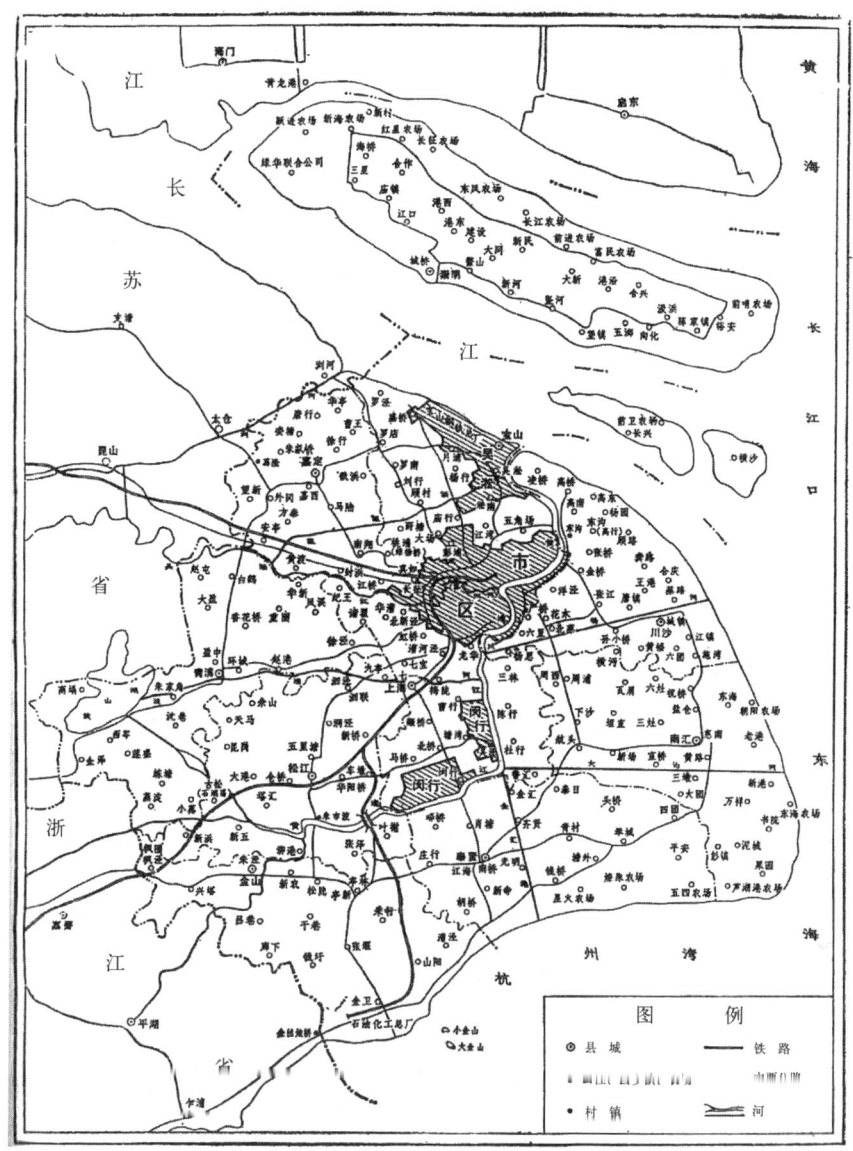

图1　上海市市区及周边地区

出处:胡焕庸编《中国人口 上海分册》(1986)中附图,部分进行了修正

易受到海潮的侵袭。所以,人们一直采取防潮措施,如想方设法设置排水通路,再如从本世纪初开始修筑直至 50 年代完工的人民塘。第四个

区域则是北部的长江沙洲地带,除了崇明岛,长兴岛、横沙岛也是沙洲地形。崇明岛的海拔高度为3.3—4.2米,长兴岛、横沙岛约为3米左右。即使在这里,水位上升时保护耕地和居住用地也是首要的工作。

所以,对于整个地域都属于长江三角洲的上海地区而言,如何防止水患保护自身,并且充分利用水资源是一个大问题。这里的农业利用三角洲地形独特而又肥沃的土壤和丰富的水量,自古以来就十分发达。亚热带性气候也十分适合植物的生长发育。为了保护耕地和居住用地,人们开凿的水路,也直接利用为了水上交通路线。由于要用船运输人员和物品,自然而然的,生产和居住的场所也会分布在水路沿线。三角洲状平坦的地形,是决定这里社会、经济活动开展方式的重要因素。

(2) 生产、人口概况

上海地区的面积仅占整个国土面积的0.06%,但是人口却占总人口的1.1%,人口密度是全国平均的18倍以上。这说明了上海地区人口密度高,这种高密度现象在生产领域尤为显著。据1982年调查统计,该地区工业生产总值占全国的九分之一,港口货物吞吐量占全国三分之一。详细看一下工业领域,纺织工业和电子工业的产值达全国的五分之一,化学工业占七分之一。此外,金属、机械、造船、钟表、医药等生产领域也十分活跃。

逐年观察从50年代到80年代的分行业产值构成,会发现农业的比重基本不变,而第三产业的比重在顺利上升(表1)。在工业内部,轻工业比重上升,重工业比重下降。另一方面,从劳动力方面看,第一产业劳动力构成连续下降,而第二产业不断上升(表2)。第三产业70年代降到最低之后呈现了上升趋势。总之,从事农业生产的人不断减少的同时,工业、商业、服务业等领域的就业人数正在增多。

表1 上海地区生产活动变化情况 （单位:%）

	1976年	1978年	1980年	1985年
国民生产总值	100.0	100.0	100.0	100.0
第一产业	4.2	4.0	3.2	4.2
第二产业	76.3	77.4	75.7	69.8
第三产业	19.5	18.6	21.1	26.0
工农业生产总值	100.0	100.0	100.0	100.0
农业	3.9	3.8	3.9	6.8
轻工业	45.1	47.5	50.6	51.8
重工业	51.0	48.7	45.5	41.4

出处:根据中共上海市委宣传部、上海市统计局共同编写(1986)《上海胜利的十年(1976—1986)》第130页的数据生成。

表2 上海地区各行业劳动力构成变化情况 （单位:%）

	1952年	1957年	1978年	1984年
第一产业	42.6	36.8	35.3	20.7
第二产业	29.5	34.7	43.0	54.3
第三产业	27.9	28.5	21.7	25.0
合计	100.0	100.0	100.0	100.0

出处:根据上海社会现状和趋势编写组《上海市社会现状和趋势》(1986)第35页的数据生成。

上海地区由城市化最为显著的中心市区(12个区)和其四面包围分布的郊县(10个县)构成。所以,虽然工商业等经济活动的中心在市区,但是郊县也伴随着经济发展逐渐承担起这些活动的一部分。不论是人口总数还是劳动力人口数量,市区都占整个地区的53.3%,而郊县占46.7%(表3)。本文研究的主要对象是上海市周边地区(郊县),虽然基本上都是大城市近郊的农业区,但是近年来以乡镇企业为首,农村工业化不断发展,城市化的浪潮也随之涌来。顺带一提,市区有近六成的劳动力是从事着制造业,而与之相比,郊县从事农业和畜牧业的人数占到了五成以上。

表3　上海地区各区县人口和面积（1982年7月）

	人口	人口比率（％）	面积（km²）	面积比率（％）	人口密度（人/km²）
市区	6,320,829	53.3	230.2	3.8	27,458
近郊4县	2,208,859	18.6	1,785.5	29.1	1,237
上海县	587,652	5.0	416.2	6.8	1,412
嘉定县	521,255	4.4	489.8	8.0	1,064
宝山县	436,277	3.7	411.7	6.7	1,060
川沙县	663,675	5.6	467.8	7.6	1,419
远郊6县	3,330,012	28.1	4,122.9	67.2	808
南汇县	657,504	5.5	670.7	10.9	908
奉贤县	507,451	4.3	625.2	10.2	812
松江县	478,249	4.0	596.4	9.7	802
金山县	498,292	4.2	600.2	9.8	830
青浦县	433,035	3.7	677.8	11.0	639
崇明县	755,481	6.4	925.7	15.5	793

出处：根据胡焕庸编(1986)《中国人口 上海分册》，第179页，表7—4生成。

　　同样是郊县，但人口密度、城市发展或者产业特色存在着地区差异。根据到上海市区的距离分为近郊县（上海、嘉定、宝山、川沙）和远郊县（南汇、奉贤、金山、松江、青浦、崇明），前者的人口密度为每平方公里1,237人，后者为每平方公里808人。再看一下都市（城镇）人口占全县总人口的比重，近郊县中平均为24.6％，达到总人口数的近四分之一，其中宝山县（但是包含吴淞区）最高，达到43.8％。而远郊县较低，平均10.0％，最高的金山县也仅有16.5％。

　　郊县农业生产依然占有重要地位，承担着食品原料生产基地的作用。尤其是距上海市区较近的上海县、宝山县、川沙县，开展的是蔬菜栽培等城郊型农业。其他县则围绕种植水稻、小麦等粮食谷物、栽培棉花、油菜及养蚕、养鱼等副业开展农业生产。海拔比较高的北部和东部，棉花种植比较兴盛。另一方面,近年来势头强劲的工业领域中纺织、机械、金属、化肥、农机、建材等行业有所发展。工业在吸收农村剩余劳动力的意义上发挥着重要作用,可以说拥有着改变这个地区传统的社会、经济结构的可能。

表4 上海地区城市化比率

地　区	城市化比率(%)
宝山、嘉定、上海浦西地区	24.6
松江、青浦、金山	12.6
川沙、南汇、奉贤、上海浦东地区	7.2
崇明	6.8
平均	12.8

注:城镇人口占总人口的比例
出处:根据胡焕庸编《中国人口 上海分册》(1986),第202页,表8—4生成。

二、聚落的层次性和空间分布

(1) 聚落的层次性

聚落的层次性,常用关于规模的指标来显示。但是本研究的地区对象中,不是所有的聚落都能够显示出它的规模。所以在这里,笔者认为根据行政制度上划分的聚落能够代表各自的层次,可以求出每个层次级别的聚落数量。同时,通过那些人口数量清晰的聚落,可以探明各个行政层次的聚落规模。而且,如前所述,上海地区由占总人口数量53.3%的市区和占总人口数量46.7%的周边地区组成。市区是人口密度连年居高不下的地区,其本身就形成为一个都市聚落。所以,这里将层次位于上海市区下层的聚落作为研究对象。市区本身的空间结构更适合从都市内部规模的视角来考察,这个问题将留待另一篇文章探讨。因此,要事先说明的是,本研究要作为对象进行分析的,只有上海市郊县,也就是农村特征强烈的地区。

据《中国人口 上海分册》(1987年出版)一书介绍,拥有4个近郊县和6个远郊县的上海市周边地区,存在着33个镇和206个乡。这里所说的镇,是在中国的行政制度中所说的一种都市聚落,是那些从国家获得粮食供给的人所聚居的地方。层次上位居其下的乡是拥有自耕农田的。与之相对,镇在原则上没有耕作的农田。另外,镇还分两种类型,设置了县人民政府的会称作"县城镇",其余的则称作"建制镇"来加以区分。所以,上海市周边地区存在着10个县城镇和23个建制镇。但严格说来,宝山县的人民政府隶属于上海市区的吴淞区,所以县域中并没有县城镇。

  镇的设置标准是全国统一的,但是80年代后该标准逐渐变松。所以,镇的数量有增加的趋势。作为证据,1984年版《全国乡镇地名录》中的记录是该地区有26个镇和206个乡,也就是这期间镇的数量增加了7个。然而,《中国人口 上海分册》同年出版的《中华人民共和国地名词典 上海市》一书中,称该地区有35个镇和199个乡。虽然这是将地名词典中记载的各县进行合计的数字,但是如何去理解这些数字上的差异呢。如果这些数字都是正确的,那就是说存在乡升格为镇、乡与乡合并或区划变更的情况吧。

  因为镇的数量在全国性增加的趋势中,所以确定镇和乡的数量这一工作出乎意料的困难。尤其是城市化发展显著的上海地区,聚落规模的变化十分急剧。此外,本文研究的问题不只是镇和乡的数量,还有其空间范围和人口规模,必须将制度上的聚落和实质上的聚落都纳入视野中来。具体说来,我认为必须将以南汇、崇明两县为中心而存在的上海市直属的农场也纳入聚落的范围中。本研究为了明晰聚落系统的空间特点,主要利用了上海市测绘处编绘的《上海市全图》(1987年12月完成),根据全图,农场拥有的面积相当于乡,所以可以与这个层次水平进行比较。

  上述地图的凡例一栏中,除了用不同的符号和字体标记了县、镇、乡的各级人民政府所在地,对集镇和村民委员会所在地也和地名一同进行标注。后面会详细说明,乡人民政府所在的聚落不一定就会比集镇和拥有村民委员会的聚落人口多。集镇是根据何种标准来定义本来就没有准确的界定。所以,首先从制度方面入手,将有乡人民政府的聚落(乡中心聚落)和有村民委员会的聚落(村聚落)归入不同的层次,其余为数不多的集镇则包含在村聚落中。另外,因为农场聚落人口多、面积大,普遍认为其相当于乡的水平,所以在后面的分析中,决定把它作为乡中心聚落来看待。

表5中,将各县中的聚落数量依次按镇、乡、村层次表示了出来,镇聚落层次上,每个县有2—5个,平均3.6个。同时,乡聚落层次上,从最少的宝山县11个,到最多的崇明县34个,跨度相当大,平均每县20.3个。另外,村聚落层次上,最少的宝山县91个,最多的崇明县343个,同样是差异较大,整体上各县平均228.2个。乡聚落层次中也包括农场聚落,大多分布在开发历史较晚的崇明县、南汇县、奉贤县的沿岸地区。其中一大半都属于上海市农业局。集镇则广泛分布在整个区域,特别是在崇明县和距离市区较近的上海县、川沙县分布较多。集镇比村聚落规模大,但没有达到乡中心聚落的水平,居于两者中间,容易在城市化领先的地区或者面积较大的乡中发现。

表5 各县按层次等级分类的聚落数量

县名	镇聚落层次			乡聚落层次			村聚落层次			合计
	县城镇	建制镇	小计	乡中心聚落	农场聚落	小计	集镇	村聚落	小计	
上海	1	2	3	14		14	12	122	134	151
嘉定	1	3	4	15		15	3	174	177	196
宝山		3	3	10	1	11	2	89	91	105
川沙	1	3	4	24		24	16	223	239	267
南汇	1	4	5	25	4	29	7	305	312	346
奉贤	1	1	2	20	3	23	6	294	300	325
松江	1	2	3	19		19	6	185	190	212
金山	1	4	5	14		14	5	188	193	212
青浦	1	3	4	20		20	4	208	212	236
崇明	1	2	3	25	9	34	24	410	434	471
总计	9	27	36	186	17	203	84	2,198	2,282	2,521

图2以《上海市全图》为基础,单独抽出了镇和乡,对其位置进行了标记。《上海市全图》共由4张地图组成,通过把他们拼在一起便能够了解上海地区聚落分布的情况。在中国,国内详细的地图类资料很难找到,而像这样的大比例尺地图,不单是标明了镇、乡,就连村的位置都标示出来,可以说是非常有价值的。因为该地图基本上完整的标明了行政地区的分界,所以也能够在一定程度上弄清聚落和势力圈的关系。

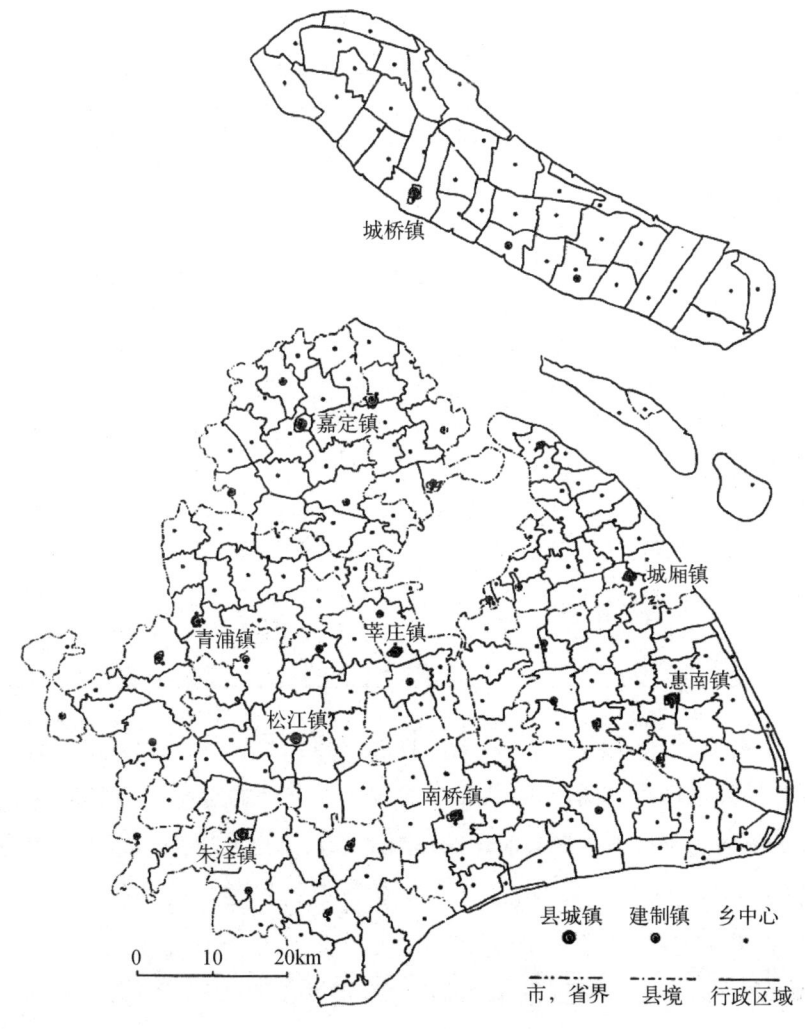

图2 上海地区的聚落分布

(2) 聚落的分布模式

聚落的分布模式特点,可以根据分布密度和集中-分散程度来了解。其中的分布密度,只要将县的总面积除以聚落的总数量就能知道一个聚落的平均面积。实际计算后,相比毗邻市区的上海、嘉定、宝山等各县($2.5—3.5\ km^2$),东部的川沙、南汇、奉贤3县和北部的崇明,聚落的平均面积($1.7—2.2\ km^2$)更小(表6)。聚落平均面积较大为西部的松江、金山、青浦,平均为$2.8—2.9\ km^2$。

表6 各县中聚落的平均面积

	聚落总数	面积(km^2)	聚落平均面积(km^2)
上海	151	382.0	2.5
嘉定	196	484.0	2.5
宝山	105	372.6	3.5
川沙	267	448.6	1.7
南汇	346	687.7	2.0
奉贤	325	702.0	2.2
松江	212	605.6	2.9
金山	212	586.0	2.8
青浦	236	675.5	2.9
崇明	471	1,041.0	2.2
总计	2,521	5,985.0	2.4

但是这里需要注意一点,该计算只不过是根据地图上所记录的聚落,假如邻近市区的近郊县中有些聚落在地图绘制过程中被省略了的话,那就另当别论了。根据前述的《中国人口 上海分册》一书介绍,上海地区由3,007个生产大队,这个数量超过有村民委员会的聚落近800个。如果认定每个生产大队都有村民委员会的话,那就是省略了近800个"生产大队聚落",那么分析的前提本身就站不住脚了。因为没有办法去深究这一点,所以要再次强调一下,归根结底这里只不过是以《上海市

全图》中记录的聚落为基准进行了分析。

接下来第二项,关于以集中-分散度为指标去了解聚落的分布模式,可以采用最近邻分析方法。这一方法是为了掌握动植物种群的空间分布而发明的,在地理学领域则多用于掌握聚落和设施、营业场所的分布。一般将表示分布特点的数值称作 R 指标,由下列公式得出:

$$R = \frac{rA}{rE} \qquad rE = \frac{\sqrt{A}}{2\sqrt{N}} \qquad \cdots\cdots(1)$$

A 为区域的面积,N 为聚落的数量,r 为聚落之间最近邻距离。理论上已知 R 在表示完全集中的 0 到表示平均分布的 2.1419 范围内取值,1.0 上下相当于随机分布。

表 7 所示的是以镇层次和乡层次的聚落为对象计算各县的 R 指标所需要的数值。但是,总共 36 个镇聚落中有 24 个是镇和乡的政府都位于同一聚落里。所以,实际上成为计量对象的聚落数少于制度上镇和乡的合计数。同时,像宝山县的长兴岛、横沙岛那样呈飞地状的岛,也被排除在计量对象之外。这一层次的聚落分布不能称之为随机分布,可以说是离散分布。尤其是,该地区南部的奉贤、南汇、金山 3 县和崇明县的 R 指标超过了 1.5,离散分布的程度很高。

表 7 通过最近邻分析对镇和乡层次聚落分布的测定

县名	聚落数 [N]	县面积 (km²)[A]	最近邻距离的总和 (km)(Ir)	R 指标
上海	17	416.2	61.2	1.456
嘉定	18	489.8	71.8	1.456
宝山	9	411.7	38.2	1.256
川沙	25	467.8	73.4	1.370
南汇	29	670.7	107.3	1.538
奉贤	24	625.2	100.7	1.721
松江	19	596.4	74.9	1.408

续表

县名	聚落数[N]	县面积（km²）[A]	最近邻距离的总和（km）(Ir)	R指标
金山	15	600.2	71.6	1.510
青浦	18	677.8	73.0	1.321
崇明	34	952.7	142.6	1.585
总计	208	5,908.5	814.7	1.470

将空间层次再向下一层，以村聚落包括集镇为对象进行了同样的计算。目的在于了解聚落的离散性分布是否因不同层次而有所差异。据表8中所示的结果可知，川沙、松江、青浦各县的村聚落层次的R指标数值比镇和乡聚落层次要大，虽然只是变大了一点。相反，上海、宝山、奉贤、崇明等7县则数值变小了。尤其是上海县和宝山县的R指标与其他县比明显要小。两县的共同点是面积稍小、聚落数量也少，而且更为重要的是都距离市区近。距离上海的中心街市区近，就意味着会直接受到工业化和郊区化的影响，相比以农业生产为背景形成的聚落，很可能存在着与之不同类型的聚落。虽然R指标同样是数值变小，但是属于远郊县的奉贤县是由于乡镇层次本身的R指标大，与其他2县的情况有所不同。

表8　通过最近邻分析对村层次聚落分布的测定

县名	聚落数[N]	县面积（km²）[A]	最近邻距离的总和（km）(Ir)	R指标
上海	134	416.2	146.5	1.241
嘉定	177	489.8	205.2	1.394
宝山	91	411.7	109.5	1.131
川沙	239	467.8	230.9	1.381
南汇	312	670.7	343.5	1.502
奉贤	300	625.2	338.1	1.561
松江	190	596.4	239.7	1.424

续表

县名	聚落数[N]	县面积(km²)[A]	最近邻距离的总和(km)(Ir)	R指标
金山	193	600.2	246.5	1.448
青浦	212	677.8	268.5	1.417
崇明	434	952.7	481.0	1.496
总计	2,282	5,908.5	2,609.4	1.421

如上所述,上海市周边地区不论哪一层聚落层次,聚落都是离散性地分布。这一现象的背景是,在平坦的地形上开展的农业活动,以及存在着纵横密布的水路网来支撑农业活动。但是,进一步详细探讨一下这样的离散分布,也能够看出地域差别。农业生产突出的远郊县聚落的分布更加离散,与之相对,离市区较近的县或是湖水出众的青浦县聚落则是部分呈块状分布。毋庸置疑的事实是,地形、交通加上生产活动的基础条件与聚落分布之间一定存在着某些关联性。

(3) 行政区域的规模和形状

在前项的分析中,已经明确了乡镇层次的聚落的分布相当离散。一般认为,如果聚落分布是离散性的,以那些聚落为中心的势力圈也大小相同,那么实际上是怎样呢?与此同时,假设聚落的分布遵循着某种规律,可以认为势力圈的形状受其影响也会呈现规律性。本节我们将主要探讨这些问题。

列为对象的势力圈,就是镇和乡的行政区域。势力圈有各种各样,上海市周边地区中只有行政区域是明确延伸范围的。也曾考虑过商圈、服务圈、通勤通学圈,但那些没有明确的资料。在社会主义中国,行政区域不单单是形式上的地域,也拥有着实际意义,影响着地域内居民的社会、经济、生活、文化等活动的范围。过去人民公社制度存在时,人民公社是各类活动的单位,其人民公社的范围和现在的乡或镇的行政区域几乎一致。另外,这里作为对象的镇,不是那类只把街市聚落作为行政区域的集镇(狭义的镇域),而是像乡那样把农村纳入行政区域的镇(广义的镇域)。

上海市周边地区有上述那样的行政区域 213 个。现在,有关这 213 个行政区域,我们明确了它们的面积、包含其中的村的数量(但不包括镇、乡的中心聚落),并求出了相邻数和形状指数,完成了基础统计(表9)。这里所说的相邻数是指任意一个行政区域与周边行政区域在地理上相邻的数量。虽然相邻数自身不直接体现区域的形状,但是可以把握大致的空间特点。但是,行政区域在海岸地区的,就没有相邻的对象。虽然在理论上还存疑,这里将海洋和湖水也权且看作是区域进行了计量。另外,像宝山县的长兴和横沙等那样单独成岛的,因为不符合相邻数的概念所以排除在外。故而相邻数是以 208 个行政区域作为对象进行的。

表9 行政区域的面积、村数、相邻数、形状指数

	行政区域数量	平均值	标准差	变差系数	最大值	最小值
面 积(A)	213	27.9 km²	10.0 km²	0.36	62.6 km²	2.5 km²
村 数(N)	213	9.9	4.2	0.40	25	—
相邻数(C)	208	5.1	1.1	0.21	8	3
形状值(S)	213	0.46	0.12	0.26	0.77	0.10

另一方面,行政区的形状指数,由以下算式得出:

$$S = 2 \cdot \frac{17A}{l^2} \quad \cdots\cdots(2)$$

S 为表示形状的指数,A 为行政区域的面积,l 为任意行政区域之间距离的最长轴。2.17 是指当行政区域为圆形使 S 等于 1.0 时所用的系数值。一般从三角形、四边形到六边形越是接近圆形 S 的值越小。

表9中,208 个行政区域的平均面积为 27.9 km²,其中包含的平均村数为9.9,也就是平均每个行政区域约有 10 个村。但是,通过变差系数为 0.36 和 0.40,可以说面积和村数有相当大的变化幅度,即存在着区

域差异。接下来关于相邻数(C),C=5的最多为88,C=4的数量居其次为49(图3)。在克里斯塔勒的中心地模型中,市场区理论上呈正六边形,这里的情况是,相邻数为6的只有36个区域仅占17.3%。当然并不是说相邻数为4的话就是四边形,相邻数为5的话就是五边形。但是,形状指数的数值分布显示出该地区的行政区域是不同于理论上的中心地模型的。

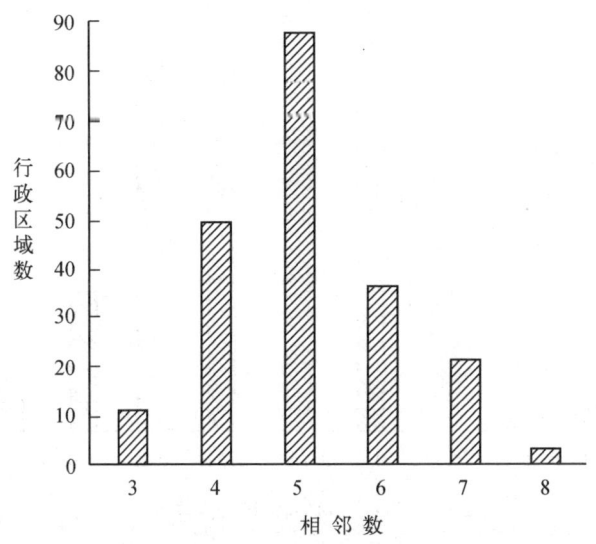

图3 行政区域的相邻数的数值分布

形状指数(S)的平均值为0.47,以平均值为中心,数值在0.40—0.58范围(标准得分在-0.6—+0.6)内的占全部的56.3%(图4)。这一范围内的数值对应的是三角形,所以可知约一半都呈近似的三角形。S值大于这一范围的行政区域只有19.2%,可以说呈四边形以上的形状的行政区域不超过2成。但是这里要注意一点,形状指数是判定行政区域宏观上形状的指标,而不能直接反映出对象区域的道路、水路和行政分界的几何学特点。说到底,若是将多个正方形组合构成一个近似三角形的行政区域,形状指数就会是0.4—0.6之间的值。但毋庸置疑这些行政区域从根本上仍是受到四边形网格模式的影响。

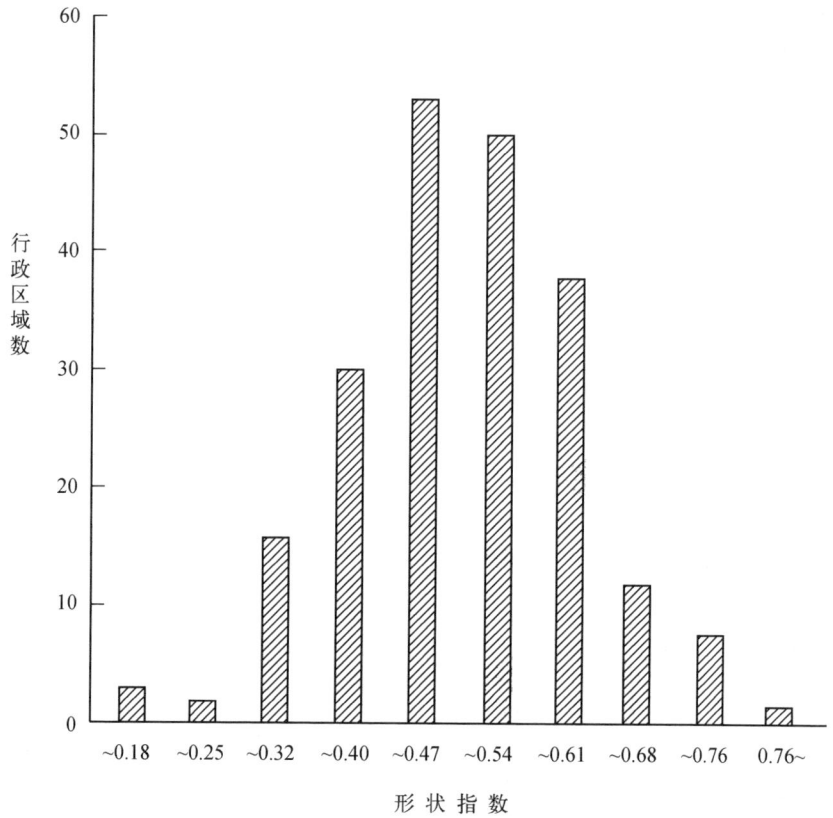

图 4　行政区域的形状指数的数值分布

上海市周边地区中,上海县和青浦县的形状指数的平均值超过了0.5,这两县存在着若干从宏观上看也近似于四边形的行政区域。然而在其他的县,也能发现许多组合了若干微观上近似四边形的图形作为行政区域的地方。尤其是在东南部到南部诸县和崇明县这一特征比较清晰。这明显是受到平行或相交于长江流向和海岸线方向上分布的水路网的影响。聚落的形成以四边形网格状的水路网为前提,以该聚落为中心的行政区域也是考虑了水路网而确定的。将天然屏障和交通路线用作行政分界,古今中外都很普遍,在上海市周边地区则是水路发挥了这样的作用,既是地形的分界,也是交通路线。

(4)聚落的人口规模和形态

以县为单位的人口数量很容易获得,但是从统计资料中找到以聚落为单位的人口数量却不那么简单。前面介绍过的《中华人民共和国地名词典 上海市》一书中,记录了有关上海市周边地区中的镇和大部分乡人民政府所在聚落的人口,以及一部分村聚落的人口。并且表示出了集镇的街市区面积。所以,这里可以尝试将人口、面积清楚的聚落作为对象进行一定的分析。

首先关于镇聚落,我们求出了35个人口数量明确的镇的平均值、标准差和变差系数(表10)。其中,人口数量平均为14,845.5人,标准差为14,983.6人。变差系数较大为1.01,由此可知各镇的人口数量之间存在着相当大的差距。人口数量最多的是松江县的县城镇松江镇(68,000人),第二位的是嘉定县的县城镇嘉定镇(59,000人)。这两个镇的人口数量很大,位列其后的是崇明县的县城镇城桥镇(30,000人),以及同为青浦县县城镇的青浦镇(29,000人),约为松江镇或嘉定镇人口数量的一半。相反,人口数量最小的镇是南汇县的下沙镇(2,000人),5,000人以下的镇有8个。县城镇和建制镇的平均人口有很大差距(31,888.9人和8,138.5人),可见两者之间的差异不仅表现在制度上,也表现在了规模上。

表10 各层次聚落的人口情况

	聚落数量	平均	标准差	变差系数	最大	最小
镇聚落	35	14,245.7	14,745.8	1.04	68,000	2,000
县城镇	9	31,888.9	19,022.7	0.60	68,000	10,000
建制镇	26	8,138.5	5,391.4	0.66	24,000	2,000
乡中心聚落	151	1,680.6	1,180.7	0.70	6,600	130
村聚落	205	596.6	557.1	0.93	2,300	95

了解了镇聚落的街市面积后,我们要弄清这些镇的规模分布和人口与街市面积之间的关系。首先,街市面积平均为1.7 km²,最大的为松江

镇 7.2 km²,最小的是同在松江县的佘山镇 0.12 km²。和人口数量一样,镇之间的街市面积有相当大的差距。所以,用后者除以前者得出普通人口密度为 8,738.0。其次,镇的街市面积与人口的相关系数为 r=0.761（α=0.01 时有意义）,可以看出面积越大的镇人口越多这一趋势（图 5）。

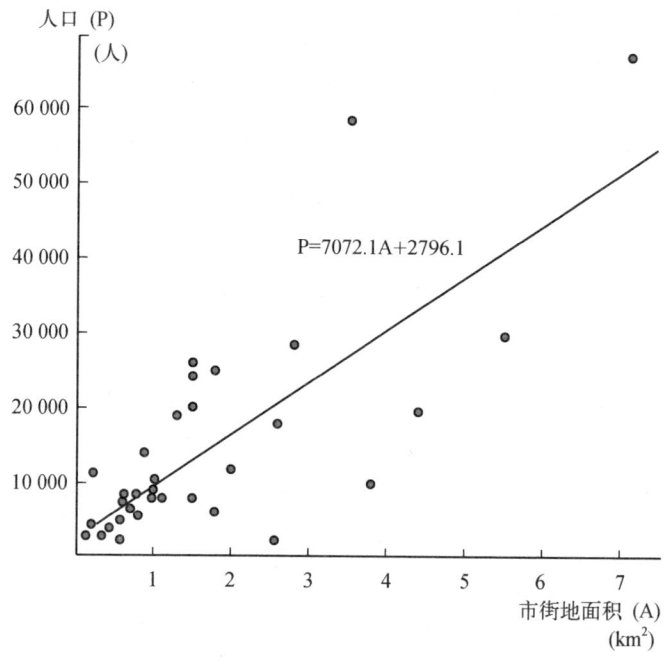

图 5　镇的街市面积和人口的关系

前面曾说过,有关乡层次的聚落,人民政府所在的聚落（乡中心聚落）的人口数量大部分是清楚的。人口数量清楚的 151 个聚落的平均人口数量为 1,680.6 人,其标准差为 1,180.7 人（表 10）。变差系数虽然没达到镇之间那种程度,也有 0.70 这么大,显然聚落之间存在着差距。如前述,镇当中人口数量最小的为 2,000 人,人口超过这个数量的乡中心聚落多达 40 个。从这点来看,仅根据聚落的人口数量是无法区分镇和乡的。另外,计算了乡中心聚落的人口和乡行政区域包含村数的相关系数,为 r=−0.004。这意味着,即使是乡中心聚落很大,其隶属的村落数量未必就多,反之亦然。

最后,以人口数量有记录的村聚落为对象,明确了其人口的数值分布。其中,平均值为596.6人,标准差为557.1人,变差系数为0.93。村聚落人口的变差系数仅次于镇聚落,说明人口在广大的范围内分布。标准的分化的结果为,−0.9(95.2人—262.3人)的为59个,是数量最多的。−0.6(262.3人—429.4人)为42个,仅次其后。即可知近半数的村落的人口约为95人至430人。但从平均值来看,村聚落的人口只有乡中心聚落的35.5%,但是村聚落中也有超过小规模的乡中心聚落人口数量的。也就是说,这种情况下,通过人口也是不能完全区分两个聚落层次的。

三、交通、通信网的空间分布

(1) 水路网与聚落立地

据《中华人民共和国地名词典 上海市》,上海地区的水路网总长约为4万千米。虽然这是个概数,以这个数字来计算平均每平方公里的水路网长度为6.3千米。由于前一节已经计算出镇或乡行政区域的平均面积为27.9平方千米,两者相乘,那么得出平均每个行政区域内有176.1千米的水路。实际上,从《上海市全图》来看,不用说乡中心聚落,就连村聚落也重重环绕着水路。现在,假设有一个面积为27.9平方千米的正方形行政区域,要在其中以网格状布置总长为176.1千米水路,那么东西和南北则各布设了16.7条水路(图6)。以336.7米为间隔的稠密的水路沿线平均分布着12.2个聚落。所以,平均一个聚落就有14.4千米的水路。

这里的计算,终究只是以平均值进行的计算,其意义不过是体现出平均的情况。实际上因地点不同也存着地域差异。然而看似过剩的稠密水路网,是无法单纯从交通目的上说明的。人们常说,在长江三角洲地区的历史性课题,并非如何从水中获益,而是如何摆脱水患。水路在成为交通路线之前首先是排水通路,是确保耕地和居住地不被水淹的必要手段。在本就人多地少的耕地里还特意设置水路,这种行为是自相矛

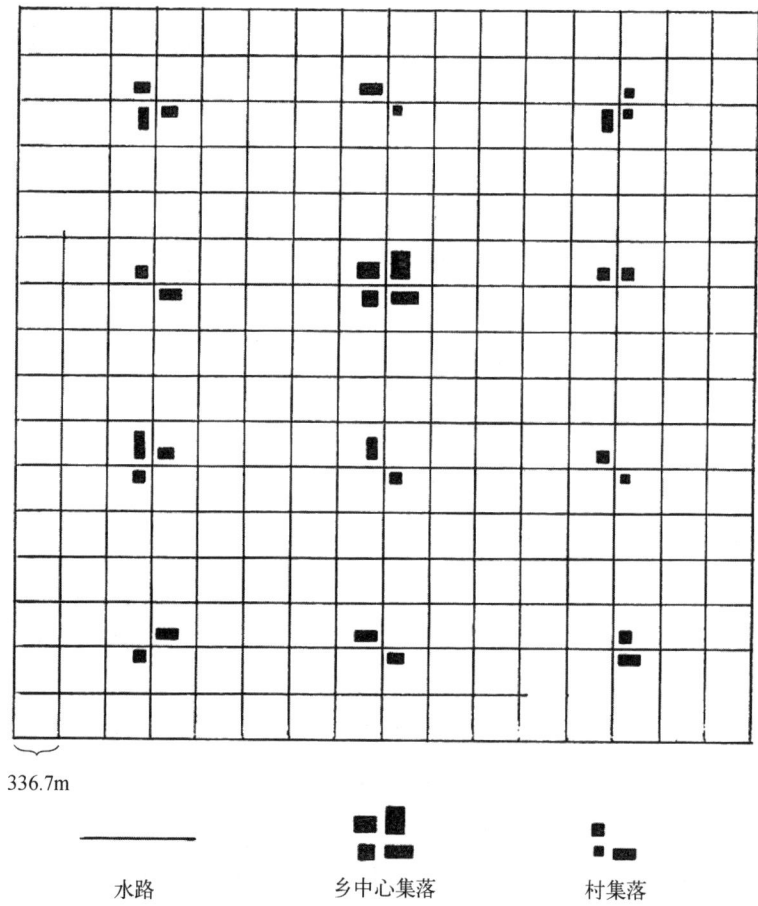

图 6　乡层次水路和聚落的分布模型

盾的。再者,假如水路是以交通目的而开凿的话,那么如今正在引进比水路更为便利的自行车交通方式,水路甚至可以说是陆路交通的障碍,应当加速推进水路的填埋,但是实际上并非如此。确实,有时会见到在部分街市填埋水路的事例,但是只要水路还发挥着排水的功能,那么就不可能进行大规模的填埋。

如前述,水路网的总长为 4 万千米,其中主要水路的全长为 1,109.2 千米。这是按照《全国交通管运线路里程示意图 第二版》(1982 年出版)中标示的上海地区的主要水路网计算得出的(图 7)。图中记载的主要港口

第五章 上海市周边地区聚落系统的空间结构

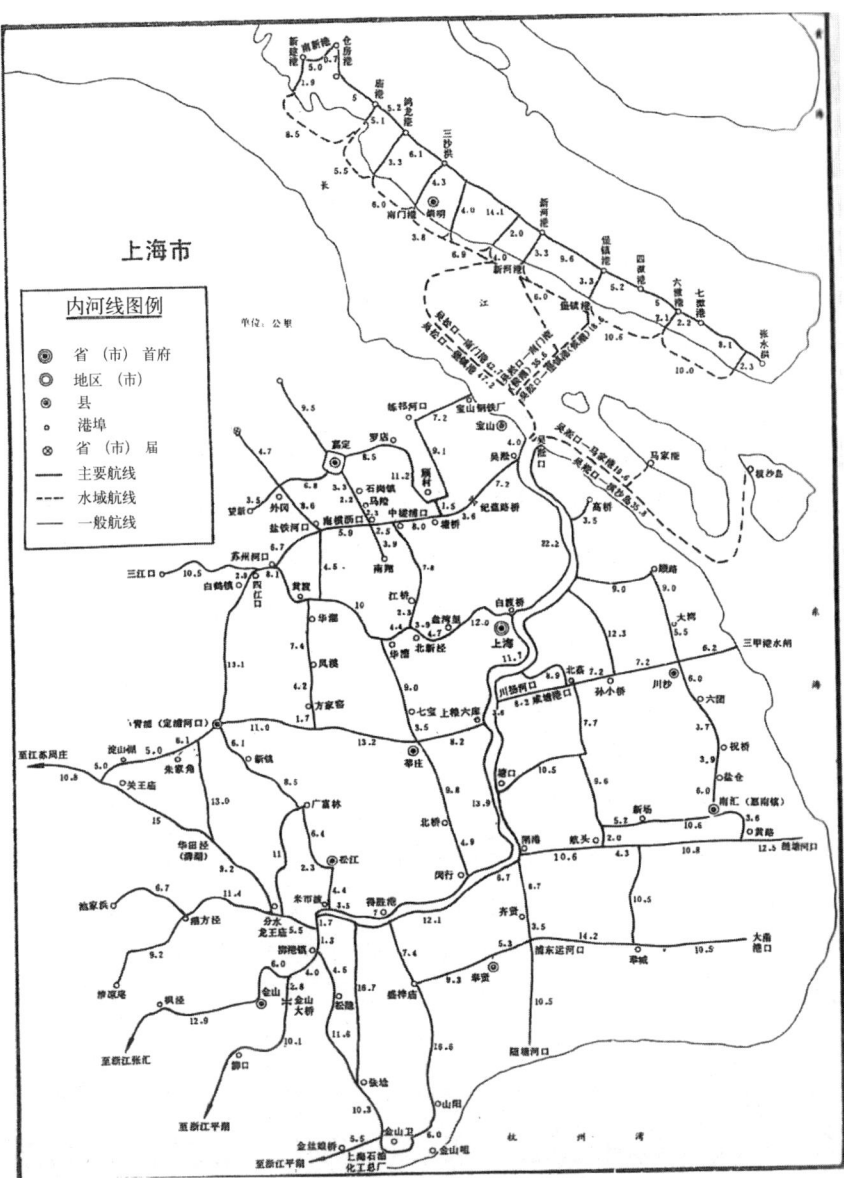

图7　上海地区的主要水路网

出处：《全国交通管运线路里程示意图 第二版》（人民交通出版社，1982年，第37页）进行了部分修正。
注：图中的数字为距离（千米）

或聚落有 148 个,他们的平均距离为 7.5 千米。长度占整个水路网 2.8%的这些主要水路,大多是以上海市中心的白渡桥为主要起点和终点运行的船舶航线。航线大致分三个方向。最主要的方向为从市中心向西南方向,松江县、金山县的主要聚落通过这个方向的航线与市中心相连。第二是从西部向西北部方向,连接青浦县、嘉定县主要聚落到市中心。最后,第三个方向是往东部的川沙县和南汇县的航线。另外,还有横穿长江向北部崇明县的航线,但不属于主要航线。

如此,各县的主要聚落通过主干航线与市中心连接在一起。的确,水路网是纵横密布的,但是成为主干航线的是以市中心为起终点的放射状的水路模式。这样的水路,深入到所有层次的聚落之中,聚落和水路在立地上有密切的关系。但是,规模较小的村层次的聚落,一般的模式是房屋沿水路成行排列。到了乡中心聚落层次,房屋则聚集在水路交叉成十字形或 T 字形的运河沿岸。这样的形态差异很难从计量上进行把握,但据《上海市全图》所显示的街市概要,这样判断基本无误。

另一方面,关于镇一层次的聚落形态,除了看图,还可以参考《中华人民共和国地名词典 上海市》所记载的关于街市形态的说明文,总共介绍了 30 个镇的情况,可以总结出大部分的镇均为依据十字形水路的矩形街市区。而且其方向大致为东西或是南北走向,这是因为,水路方向与自北向南流的长江平行或相交。同时,与之相关的是,由于沿着东西—南北方向交汇的数条水路建造房屋和城市设施,就形成了四边形的聚落。

(2) 公路网和汽车路线网

上海地区有沪宁铁路、沪杭铁路等 9 条铁道路线。但是其总长仅为 236 千米,平均每条铁路仅有 26.2 千米。现在的中国,铁路主要用于运输城市和地区之间的旅客、货物。这一点与日本是相当不同的,日本是将铁路利用为大城市圈内的运输手段。在上海地区,除去水路网,旅客运输大多是通过汽车交通来进行,汽车交通这一手段用于中心和周边地区的连接或周边地区相互之间的连接。所以,关于陆路交通有必要探讨的是汽车交通,而不是铁路交通。

汽车交通不言而喻是利用公路网运行的。据《全国公路管运线路里程示意图 第二版 第三分册 华东地区》(1984年出版),公路网和水路网一样,都以连接市中心和周边地区的公路为主,呈网状发展(图8)。公路网与水路网平行延伸的情况在《上海市全图》中也可以得到确认,但是其密度却跟水路无法相比。对《全国公路管运线路里程示意图 第二版 第三分册 华东地区》所图示的主要道路网上标记的距离进行统计后,总长是1,739.9千米。将其除以总面积得到0.27千米/平方千米,这与主要水路网整体的密度0.17千米/平方千米数值较为相近。公路网的密度虽然远比不上全部水路网的密度6.3千米/平方千米,但可以说与主要水路网的分布水平相当。

上述的线路里程示意图中,总共记载了375个聚落。所以可以认为镇和乡层次的聚落基本上包含在其中。聚落之间的公路距离为4.6千米,这与第2节中求得的镇和乡中心地的聚落间最近邻距离3.9千米较为相近。由此,可以说主要公路网是对应这两个聚落层次而展开的。这里所用的资料中,记录着每个主要的汽车线路的起点、终点和图中的站名及线路距离。线路数量总共为50条,其总距离为1,784.3千米。所以,平均每条线路的距离为35.7千米。50条线路大部分都是以市区边缘部的重要交通站点为起点形成前往周边地区的汽车线路。西区汽车站(徐家汇[①])、北区汽车站、塘桥、吴淞、周家渡等是汽车线路的主要起点,从市内汽车换乘也是在这里进行。总之,和水路网的情况相同,上海市中心市区和周边地区呈放射状连接的模式,在汽车交通方面也能够看到。

汽车交通网这一基本特征,通过上海市测绘处编绘的《上海市区交通图》可以更加明确地体现出来(图9)。根据此图,从西区汽车站、北区汽车站那些位于市区的汽车始发站,发出的路线连接周边地区聚落的同

[①] 译者注:原文中为除家汇,但上海市区内无该地名,且徐家汇与西区汽车站位置相近,故推断原作者应是将徐家汇误写为"除家汇"。

江南三角洲市镇研究

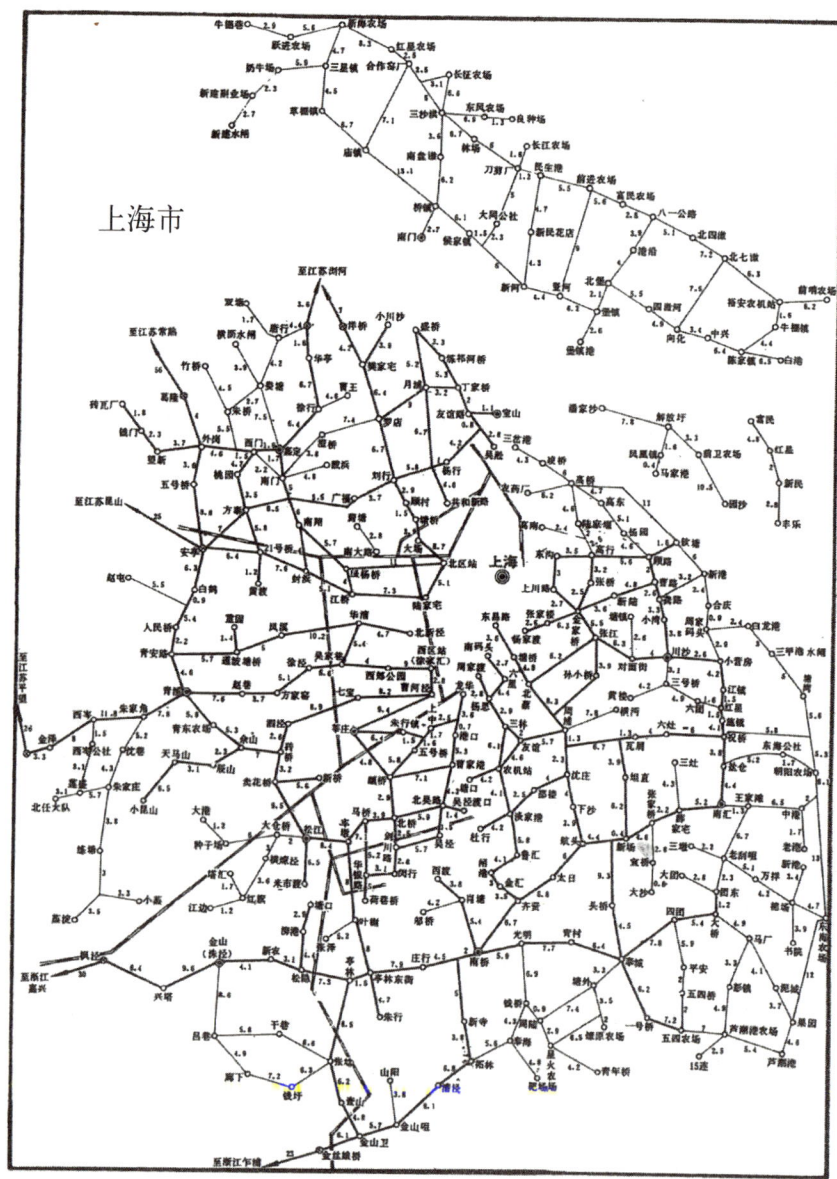

图8 上海地区的主要公路网

出处：《全国公路管运线路里程示意图 第二版 第三分册 华东地区》(人民交通出版社,1984年)第1页,进行了部分修正。
注：图中的数字为距离（千米）

第五章　上海市周边地区聚落系统的空间结构

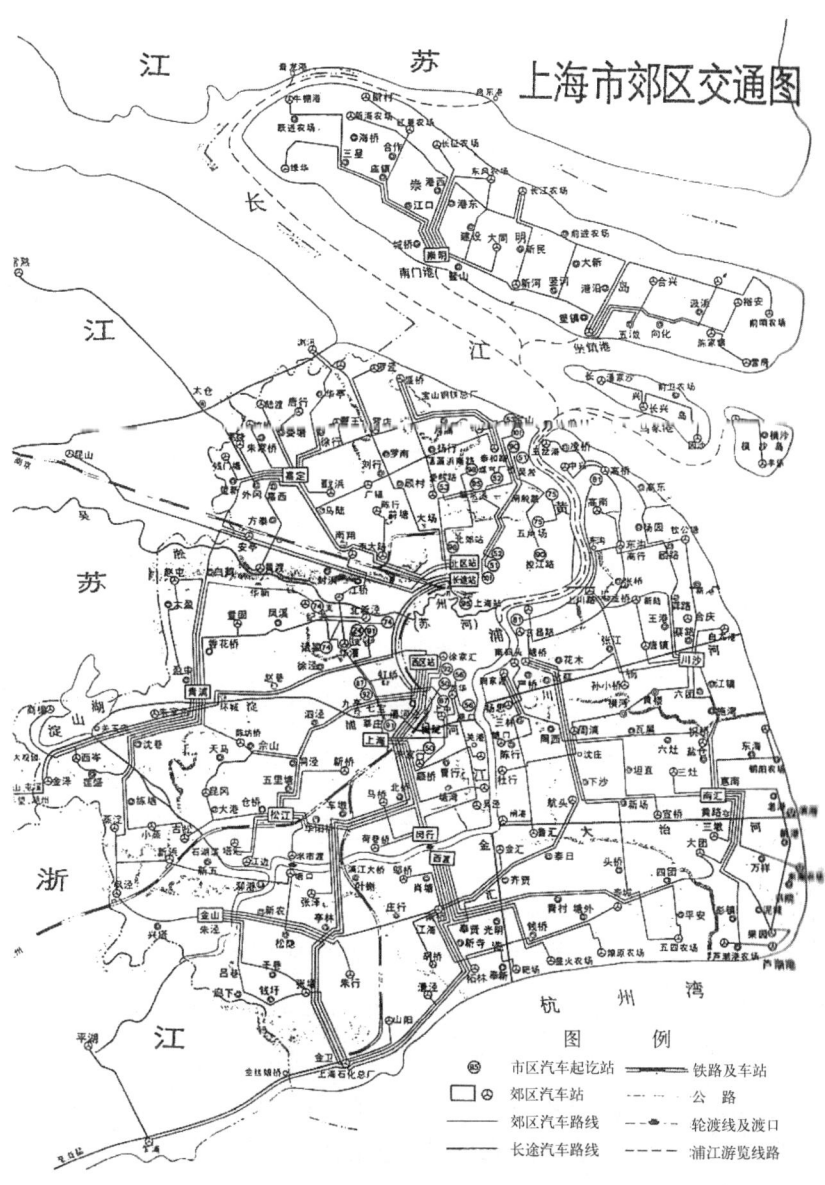

图 9　上海地区的汽车线路网

出处：上海市测绘处编《上海市区交通图》（1986 年）进行了部分修正。

时,还继续向前延伸。各县的县城镇比起其他聚落出发到达的路线数量更多,具有交通连结点的性质。并且还了解到,从市区方向开来的汽车的抵达这些县城镇的同时,这些县城镇也在向其腹地发车,发挥着交通中心地的功能。《上海市交通图》的凡例中标注了两种郊区汽车站,除宝山县和奉贤县以外8个县的县城镇作为重点汽车站。从这里也可以看出县城镇是汽车交通的重要据点。另外在奉贤县,重点站在西渡,是由于这里是黄浦江的渡航地点。宝山区由于靠近市区,腹地面积不大,所以没有重点站。

主要的汽车交通大多是连接市区和周边地区的,另一方面周边地区相互联系的线路尽管不多但也存在着。另外,建制镇大部分都也有汽车站,连入了整体的汽车交通网。由于所有的县都有连接县城镇和建制镇的汽车交通,所以通过汽车交通进行上海中心市区—县城镇—建制镇这种层次间聚落的移动是可行的。另外,将现在的汽车路线网与70年代末期的相比,并未看出基本模式本身发生大的变化。但是,过去10年间,路线的数量全面增加。值得指出的是,开往周边地区新建的石油化学联合企业(金卫)和钢铁联合企业(宝山)方向的路线,得到了大幅度的扩充。郊区汽车利用的目的之一是通勤,工厂区的形成对汽车交通的发展也产生了一定影响。

(3) 邮政局的分布和联系网

和交通系统一样,通信系统对聚落系统的维持也发挥着重要的作用。在中国,就算是人口和产业的基本资料都难以充分收集,1989年笔者在上海地区进行调查时,偶然间得到了这一地区的邮政局的地区分布图。这张上海市邮电管理局所编绘的《邮政编码示意图》被认为是在邮政局顾客填入邮政编码时所参考的地图,笔者将这其作为资料收集了。因此,准备通过探讨这张地图,弄清上海地区的通信系统的部分情况。

这张地图分正反两面,一面是市的邮政局和其服务区域,另一面标绘的则是周边地区的邮政局和服务区域(图10)。周边地区的邮政局分布图还画出了联系网,所以也能够了解到邮政局之间的联系。这里我们一边联系前面一直阐述的上海市周边地区的聚落系统,一边来探讨这里的通信系统,所以考察限定在周边地区。

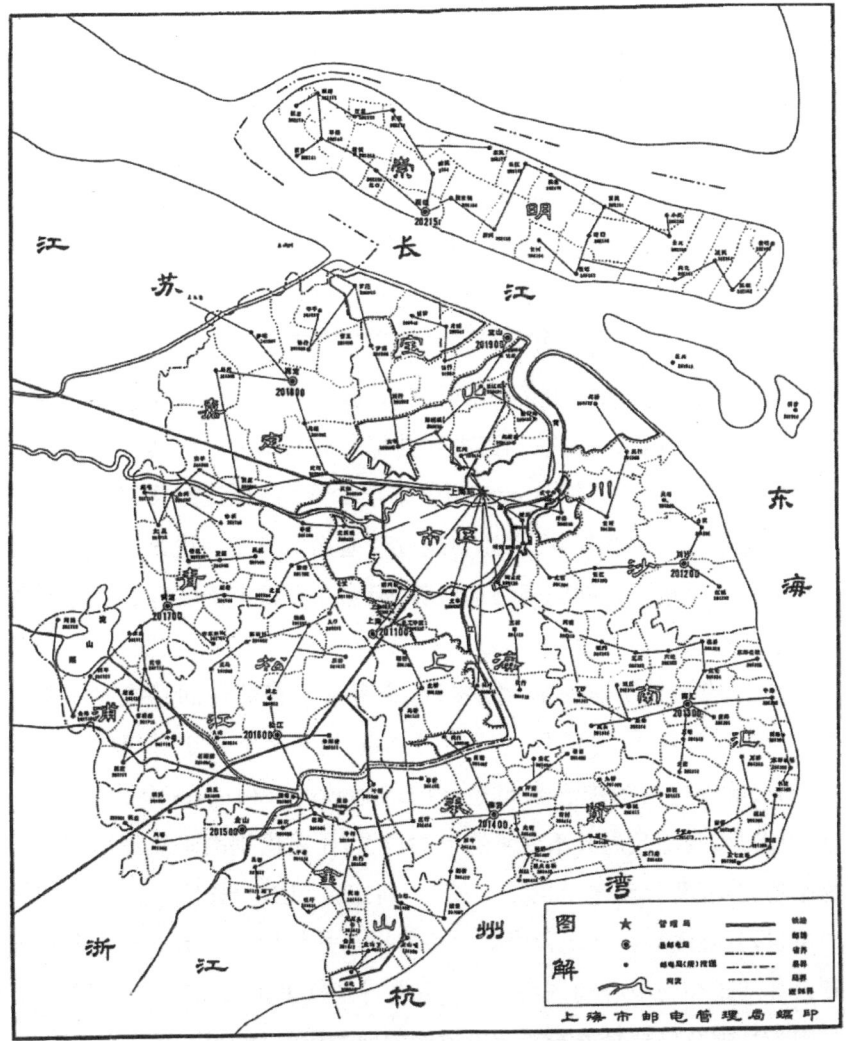

图10　上海地区的邮政局分布和联系网

出处:上海市邮电管理局编绘《邮政编码示意图》

《邮政编码示意图》的凡例(图解)中,标有三类邮政局的符号。第一类是位于最高层级的管理局,这个只有在上海火车站附近有一家,所以判断为中央邮政局。第二类是县邮政局,分布于周边地区的10个县人民政府所在地,即县城镇。换言之,行政组织的空间分布和邮政局的分布,在这个层次上是完全一致的。

第三类是邮政局(所),共计158家。在第2节中已经明确,镇和乡中心聚落总共有239个,所以就不能说邮政局存在于全部这些聚落中。实际探讨一下分布的地点,金山县和青浦县的聚落数与邮政局数几乎一致,镇和乡是邮政局设置的单位。然而在上海县、川沙县、宝山县,邮政局的数量不及聚落数量的半数。在这些县,多个行政区域合在一起的范围作为了一个邮政局的服务区域。一般上海地区的近郊县邮政局数量少,远郊县邮政局设置的数量与聚落数量基本平衡。

接下来关注邮政局相互联系的网络模式,可以指出几个特点。第一是层次上的结构,从各邮政局集中到县邮政局的邮件最终送往上海市中心的中央邮政局。但是,从示意图上描绘的线路图来看,县邮政局并不是直接连着中央邮政局,在中途会经过普通局。虽然这里无法判断实际的移动是否是按照这样的网络进行着,但是在图纸上确实存在着这样的网络层次结构。

第二,一般认为县邮政局发挥着统率县内普通局的功能。如南汇县、奉贤县、松江县、青浦县、崇明县县邮政局基本上位于县域的中心位置,那么就以这里为中心来布置县内的邮政网。相反,在金山县、宝山县、上海县,县邮政局并不处于据点的位置,于是由别的邮政局承担这一统率功能,或者分设多个网络。另外,嘉定县和川沙县位于这些县中间的位置,县邮政局在一定程度上发挥着据点的作用。宝山县和上海县没有以县邮政局为中心的网络,其原因之一是这里距离市区较近,金山县是因为县邮政局自身处于县域里过于偏西的位置。

第三,想考察一下是否存在跨越县域的路径。因为最后要到达市中心的中央邮政局,所以一定存在着连接市中心和周边地区的路径。那么是否存在周边地区各县之间相连的路径。先从结论说起,分别有连接青浦、嘉定、宝山3县的路径、连接松江、金山、奉贤、南汇4县的路径。也就是西部和北部相连,南部和东部相连。除了地理上分离的崇明县,只有一个川沙县处于有些孤立的状态。而这意味着什么呢,虽然有的还不能做出充分的判断,但这是一条考察周边地区内部地域联系的一条手段。

另外,关于这里所用的《邮政编码示意图》,在这里简单介绍一下其原本的功能,即邮政编码的编排方式。与区号的编排方式一样,首先每个县为6位号码,顺序是大致以顺时针方向排列,从川沙县的201200开始,南汇县201300,奉贤县201400……这样的顺序编排。接下来镇和乡层次的邮政局也是从东开始顺时针方向在最后一位递增。比如川沙县为201201,201202,201203……。但是不知道为什么,所有邮政编码中跳过了后两位为10或20的号码,09之后直接为11,19之后直接为21。

四、聚落系统的空间模型

(1) 聚落系统的空间特点

分析到这里,笔者已经讨论了上海市周边地区聚落系统的构成。本节要构建出这一地区的聚落系统的空间模型。首先要对目前已经明确的聚落系统的空间特点进行整理。然后,以这些空间特点为线索,尝试构建出能够说明现实空间聚落系统结构的空间模型。

首先,关于聚落的空间分布,无论是在镇和乡层次,还是在包括集镇的村聚落层次,聚落都分布得相当离散。其次,以镇和乡中心聚落为中心的行政区域的相邻数,大多为4或5。同时,虽然形状指数大多显示为三角形,但从微观来看以四边形为基础的形状相当普遍。图11中,将行政区域的分界线用直线描绘,从地图中也可以看出对象地区的四边形的空间特点。

另一方面,有关反映出聚落规模的人口,镇聚落、乡中心聚落、村聚落之间的平均人口有着明显的差距。在行政组织方面形成的"县城镇—建制镇—乡人民政府所在地—村民委员会所在地"这样的层次结构,可

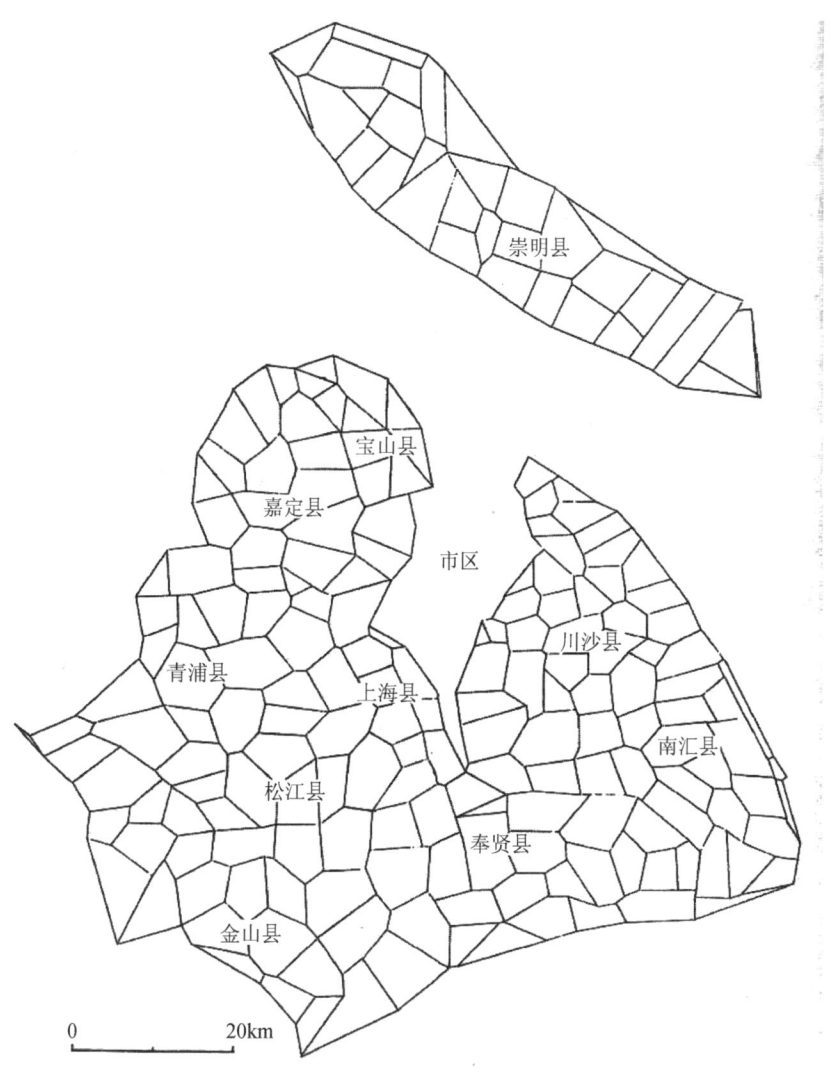

图 11　上海地区的行政区域略图

以说从人口规模方面也能得到验证。再加上关于聚落相互间联系的交通网,主要的水路交通连接了市中心和周边地区,另一方面高密度的水路网覆盖着整个地区。公路交通、汽车交通也基本上体现为市中心和周边地区呈放射状连接。镇和乡中心聚落在这样的交通网中发挥着连结点的作用。从邮政局分布来观察的通信网的情况也是如此。

综上所述,上海市周边地区的聚落分布显示出相当明显的规律性。其背景为三角洲平坦的地形条件,和以农业为中心的土地利用。加之,以排水为目的而开凿的近似四边形网格状的水路网作为交通手段,也得到了充分利用。可以认为,在影响聚落立地的地形、耕地、交通等诸多条件的综合作用下,今天的聚落系统得以成形。这就是今天我们所看到的上海市周边地区的聚落系统。

(2) 聚落系统的空间模型

所谓构建聚落系统的空间模型,就是要对实际由诸多因素作用形成的聚落系统,着眼于其中的主要因素并以归纳或演绎的方式再现,从而体现有关聚落系统的形成因素和过程的观点。从目前的分析中已知上海市周边地区每有1个县城镇就有3个建制镇和20.7个乡中心聚落(包括农场聚落的话就为 22.6 个)。平均每个县城镇有包含集镇在内的村聚落 253.6 个。也就是说,每个层次中的聚落数量的比例从上到下的顺序为 1:3:21:254。当然,这是整体的平均值,不言而喻,聚落的数量存在着地区差异。与中心地理论中构建理论性的中心地模型一样,这里求得的每个层次的聚落数量是构建分层次的聚落模型时的重要依据。

先不提上面的关于聚落的非空间上的经验性结果,空间上也已经弄清了几个颇有意思的事实。首先,看到镇层次的聚落分布,县城镇的分布近似于等间距的形态。虽然莘庄镇(上海县)和嘉定镇(嘉定县)、城厢镇(川沙县)之间的距离稍长,但是这中间存在着人口为 14,000 人的南翔镇(嘉定县)和人口 24,000 人的周浦镇(川沙县)。如果再考虑上人口 14,000 人以上的建制镇,那么又出现川沙县的高桥镇(1,8000 人),所以聚落分布的规律性就更加明显了。设定对象区域由北向南分别有 3 条轴,每个轴上从东依次分布 3、4、2 个镇。周浦镇和松江镇分别位于轴之间。之所以考虑的是南北走向的空间轴,是由于长江的流向就是如此,而且存在着与之平行的水路网和公路网。这些主要的镇之间存在其他的镇的情况很多,其聚落立地的规律性可以理解为符合中心地理论中的交通原理。

接着,比镇层次低一级的乡中心聚落,在模型中将县域横竖等分后,它们大多位于这些行政区域的中心。之前已经反复指出,行政区域在设立时,大致上都考虑到存在着东西南北方向上密布的水路网。以前面提到的聚落数量的比例为线索来思考,可以说7个乡包围着1个建制镇,或更普遍的是5个乡包围一个镇,再向下一层到了村聚落层次,它们也是在乡这一行政区域中普遍分布。那么就是1个行政区域内存在11—12个村聚落。

对上述每个层次的聚落数量比例和各层次聚落的分布特点加以思考后,制作出了图12中的聚落系统空间模型。虽然未在图上表明,但基本上是以东西和南北走向的陆路和水上交通路线为前提,在图上分层次安排了聚落的位置。县城镇设了9个,与实际数量相同。下面分别各设置了3个建制镇,这也符合实际情况,但是将其位置放在了县的边界上。这是从纯理论的角度表示的相邻县城镇之间的势力关系。如果按照行政原理人为设置县界,就能减少这样的问题。建制镇下面的乡中心聚落为每个县城镇25个,共计225个。这也比较接近实际数字的22.6和226。但是需要注意的是,县城镇所处的地点同样也有乡中心聚落,这是为了更加接近于现实情况中县城镇并非都带有广义上的行政区域。

这样模型中,所有的建制镇都不带广义的行政区域。实际上,27个建制镇中,有14个只有街市区,其余的13个带有广义的行政区域。所以为了解决建制镇位于县界上以及不包含广义行政区域的问题,对图12的模型进行了修正以构建更接近现实的模型。这样得出的是图13中的空间模型。在这个模型中,之前位于县界上的建制镇都包含在了县域中。但要注意的是,与图12比,一眼看上去似乎建制镇的数量大幅减少,但是实际以完整的聚落单位来计数,数量是基本不变的。实际上是考虑到了分布的平衡,将27个减为26个。另外,还要注意,为了让建制镇带有广义的行政区域,减少了乡的行政区域数量。因此,各层次的聚落数量从上依次成了9—26—199。如果26个建制镇中有一半只有街市区的话,就是9—26—212。现实中的各层次聚落数量为9—27—203,因此这个模型可以说是相当接近实际的。

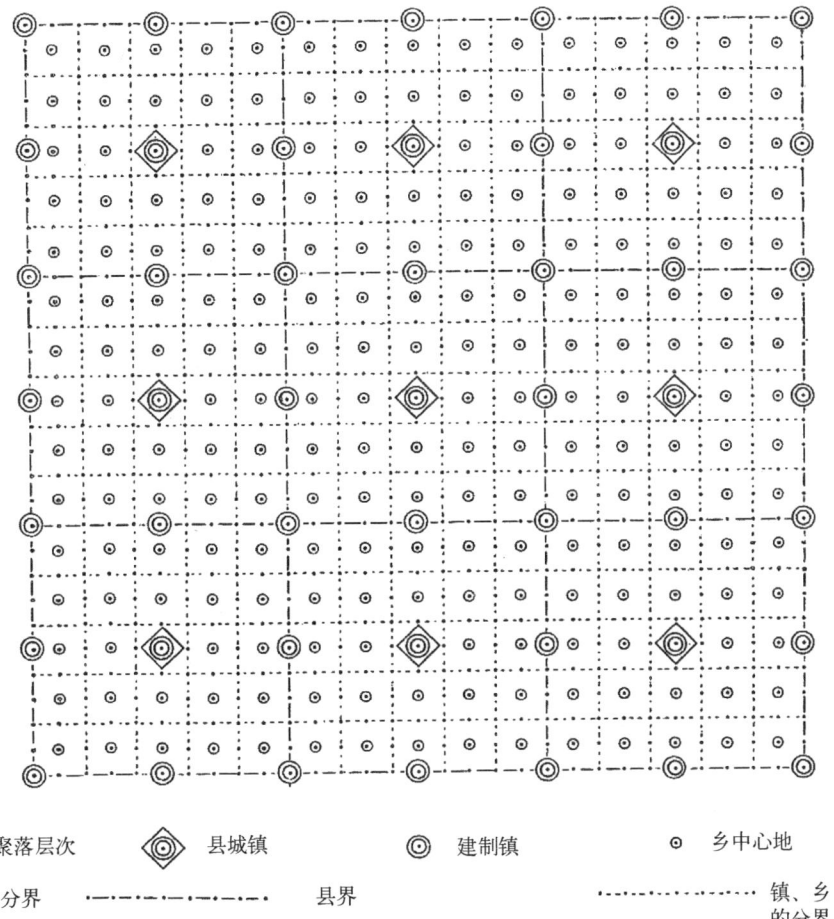

| 聚落层次 | ◈ 县城镇 | ◉ 建制镇 | ⊙ 乡中心地 |
| 分界 | —·—·— 县界 | ┄┄┄ 镇、乡的分界 |

图 12　聚落分布的空间模型 Ⅰ

以上构建的空间模型中,沿着南北方向三条轴和东西方向的一条轴,交通原理起到了完整的作用。也就是连接县城镇的直线上分布着所有低层次的聚落。与实际的地图相对照,在模型中相当于县城镇的地方写上实际的聚落名称,会发现与现实中的聚落系统相当接近。在修正模型时,曾注意尽量去均衡地分布县城镇,但如果不这样考虑,而是将县城镇放在实际的位置,应当能够更加接近实际的状态。但是,不符合理论根据的修正会减弱模型构建的真正意义,因此故意没有做这样的尝试。

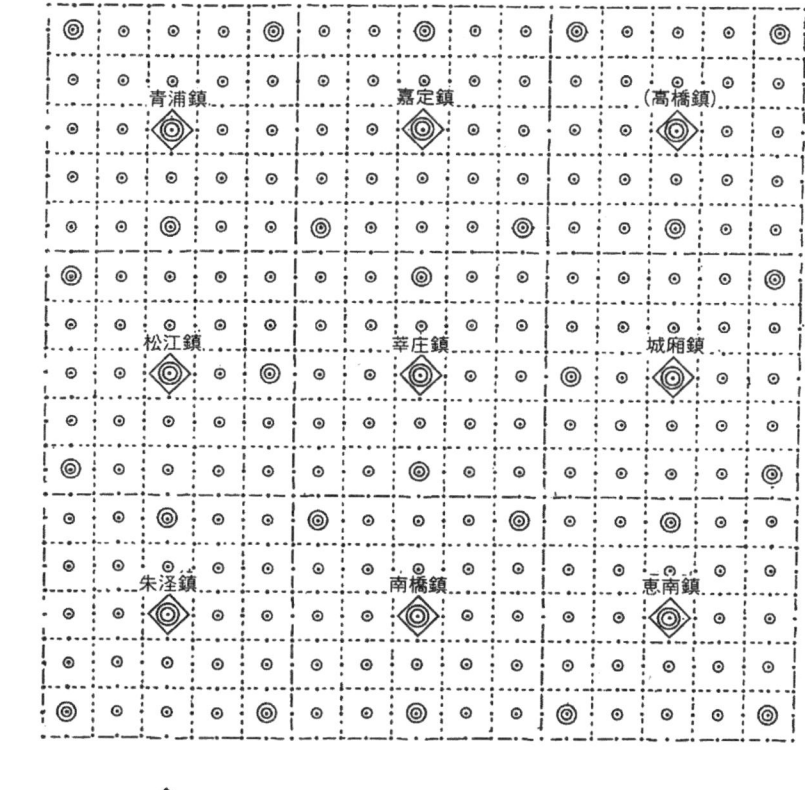

| 聚落层次 | ◈ 县城镇 | ◉ 建制镇 | ⊙ 乡中心地 |

分界 ——·—— 县界 ········· 镇、乡的分界

图13 聚落分布的空间模型Ⅱ

五、结语

本文中以上海市周边地区为对象进行了关于聚落系统的空间结构的研究，首先指出了从聚落的空间分布中发现的规律性。这样的规律性很容易推测出和地形、生产、交通等诸多条件有密切的关系。城市立地类型研究中已有的定论中指出了三种类型：中心地型、交通立地型、资源立地形。在这个地区无法明确界定其所属类型为第一种还是第二种。

所有的聚落都是通过稠密分布的水路网连接，所有具有基本的交通立地型的特征。同时，大部分的聚落以农业为基础形成，作为据点发挥统率作用的关键是乡中心聚落，上面一层是镇聚落。在这些聚落层次间的交流，由水路和汽车等交通手段来进行。邮政所代表的通信系统也基本上沿袭这一结构。

笔者对该地区有关小规模聚落的统计资料收集不足，所以研究这些聚落发挥的功能并不容易。关于聚落系统的空间结构的研究，一般是将聚落的规模和分布作为主要对象进行的，但是只有明确了功能的集聚规模、结构和其影响圈，才能成为综合性的研究。在这个意义上，本研究只不过是掌握了聚落系统的大致框架。但是，不弄清空间结构也就是那个大致框架的基本特征，今后的研究也无法进行。

上海地区在中国也是级别最大的人口稠密区。近年来，随着经济发展，周边地区的工业化和城市化也在不断推进。但是，在汽车大众化尚未完全深入渗透的中国，聚落以非常小型紧凑的形态存在。这与日本有很大的差异。战后，伴随着汽车大众化的发展，日本出现了城市的盲目扩张，地区面貌随之改变。虽然上海市的中心市区自身就是一个巨大的都市聚落，但另一方面，周边的农村地区还都统一存在着以传统的镇和乡为中心的街市聚落。都市和农村的中心聚落像这样在空间上相隔而且共存，现在日本很难见到这样的事例。如果经济发达，汽车大众化快速渗透，这样的都市、农村关系大概就会消失吧。我想，那时上海地区的聚落系统就会发生很大的变化。

引用文献

胡焕庸编:《中国人口 上海分册》中国财政经济出版社，1986年。

上海市编纂委员会:《中华人民共和国地名词典 上海市》，商务印书馆，1989年。

上海市测绘处编:《上海市区交通图》，中华地图学社，1988年。

上海社会现状和趋势编写组:《上海社会现状和趋势》,华东师范大学出版社,1986年。

《全国交通管运线路里程示意图 第二版》新华书店,人民交通出版社,1982年。

《全国公路管运线路里程示意图 第二版 第三分册 华东地区》新华书店,人民交通出版社,1984年。

中华人民共和国民政部行政区域处编:《全国乡镇地名录》,1984年。

中共上海市委宣传部、上海市统计局组织编写:《上海胜利的十年(1976—1986)》上海人民出版社,1986年。

(丁韵 译)

第六章　苏州市及周边地区集市的状况

石原润

前言

　　解放前,中国存在着很多的定期集市和每日集市,这些集市作为商业活动的场所发挥着重要的功能,是市镇的重要构成要素,迄今已有众多的相关研究。① 但中国解放后这些传统集市如何演变、现况如何,很难说已经充分探明。

　　据施坚雅(Skinner 1964/65. Part 3)的研究,1948 年临近解放时,以传统集市为主的市场中心地在中国拥有 58,555 处。然而解放后,随着商业社会主义化和国营商业公司、供销合作社纷纷成立,传统集市加速衰退,尤其是 1958 年"大跃进"时期甚至一度尝试关闭大部分的集市。尽管如此,"大跃进"运动失败后经过调整期,对传统集市进行了恢复和重新评价。施坚雅推测,1964 年末仍有 42,000—45,000 个传统集市在发挥功能。

　　之后,1966 年开始的"文化大革命"期间,这类传统集市和自由交易

---

① Skinner(1964/65),石原(1973,1980)等。

被批判和压迫为"资本主义尾巴"或是"资本主义苗头"。① 但是,整个人民公社时代中,一部分农作物还是通过所谓的自由市场出货(小岛,1988,p11),传统集市并未被全部消灭。尽管得不到定量的数据,但我认为传统集市可能是以数量减少规模缩小的状态,顽强的存活下来了。

表1 集市数量的变迁

	合计	城市	农村
1980年	40,809	2,919	37,890
1982年	44,775	3,591	41,184
1983年	48,003	4,488	43,515
1984年	56,500	6,144	50,356
1985年	61,337	8,013	53,324
1986年	67,610	9,701	57,909
1987年	69,683	10,908	58,775
1988年	71,359	12,181	59,178

出处:《中国统计年鉴》,中国统计出版社,1989年。

1978年中国共产党第十一届三中全会以后,中国的经济政策发生了急剧的变化。根据当时的决定,农村集市(传统集市)的交易和自留地、家庭副业一样,被看成是"社会主义经济的必要补充",反而变为了积极的评价(水冈,1982)。于是,1979年9月,全国的农村集市恢复到了33,527处。另外,城市中的集市也恢复起来,1980年,不仅是"农副产品市场",甚至是交易工业产品的"小商品市场"也得到了认可(小泽,1986,p.177)。

观察表1中1980年后的城市和乡村的集市数量的变化,可以看出其数量连年增长,仅1988年乡村集市的数量也已经超出了施坚雅所估计的解放前传统集市的数量。另外值得注意的是,城市地区的集市尤为

---

① 例如,"文革"期间在农村经营的典型"大寨方式"下,集市交易受到排斥。参考小岛(1985,p.4)

急剧地增长。毋庸赘言,其背景是经济现代化和开放化政策的推行,例如:人民公社解体、农业实行家庭联产承包责任制,①农产品价格自由化的大幅迈进,乡镇企业显出发展态势的同时,被称为"个体户"的工商业个体经营获得承认,通过这些,农村、城市的市场经济化都得到了发展。于是,据推算,1985/86 年阶段,集市的贸易额在零售业销售总额中所占比重,城市占 10％多,农村占 20％多,尤其蔬菜和猪肉的销售额在其中占到了 60—70％②(石原,1986,p.18)。

然而,尽管传统集市如此复兴,其重要性也不断增强,关于这些集市的现状,我国学界并没有进行充分的研究。管窥之见,水冈(1982)进行的关于广东省高鹤县的实地调查,几乎是这方面唯一真正的研究,该报告介绍了 1981 年广东省农村地区集市的繁盛状况。之后,人民公社解体,实行家庭联产承包责任制,③集市周边的农村变化显著。同时,关于城市中急剧增加的集市,我们几乎不太了解其实际的状况。另外,全国包括农村和城市的各类集市的概况,也尚未充分明确。

所以本文中,首先,①对中国城乡的各类集市的特点进行概览;然后,②通过对位于江南三角洲的苏州市和周边地区进行实地调查,目标是尽量探明农村和城市中集市的现状。

一、从《全国主要集市名册》中看各种集市的特点

(1) 资料的性质和分析方法

本节中以《全国主要集市名册》(以下简称《名册》)为资料,来把握全中国集市的概况。《名册》是由国家工商行政管理局市场管理司和中国

---

① 译者注:原文为"个人农制"(个体农业制)。
② 表示的是《中国统计年鉴》1987 年版记录的 1986 年度"集市贸易成额"在"社会商品零售总额"中所占的比重。但须注意"社会商品零售总额"中,不仅有零售业,还包含餐饮业、工业及其他部门的销售额。
③ 同注①。

农村经营报社共同编著,1987年由农村读物出版社出版的。① 个人所见,这是唯一能够广泛提供关于集市信息的资料。全书分4册,是共计2,216页的大部头,第1、2册收录为《农村集贸市场》,第三册收录为《城市集贸市场》,第四册收录为《专业市场、农副产品批发市场》。所收录的市场的数量为:农村集贸市场约8,000个,城市集贸市场约1,800个,专业市场约2,600个,农副产品批发市场约600个,合计约13,000个。这个数字和表1中所示的全国集市数量69,610个(其中城市10,908个,乡村58,775个)相比,相当于近五分之一。书中关于其采录的市场的筛选标准,虽未加以任何说明,但从"主要集市"这一标题来看,应当是挑选了比较重要的集市。

《名册》中,按照行政区划列出各个集市,分别记载了 a. 名称、b. 地址、c. 主要经营项目、d. 摊位数(固定摊位数量和临时摊位数量)、e. 市场建设(分为露天、棚顶、商场)、f. 交通状况(公路、铁路、水路、市内交通)、g. 电话(电话号码或传呼号码)。所以,本节将这些信息作为分析对象整理如下。

关于 a. 名称,主要考察"名称末尾那个表示'集市'之意的普通名词是什么",即集市的叫法。后面会提到,这些叫法有"～市""～集市"等,各种各样。之所以关注集市的叫法,是因为过去中国各地对集市的传统叫法大相径庭。②

关于 b. 地址,通过地址判断出集市立地的聚落,考察聚落的特点,即集市"所在聚落"。类别区分如下:按照中国的行政区划,称作"～市"的市区里的集市③(类别为"市");传统县城及其周边的集市(类别为"县"),

---

① 林(1989)曾简要介绍过本资料。
② 石原(1968,1980)等。
③ 根据1955年6月制定的规定,中国能够称作"市"的标准为,10万以上人口的城镇,具备一定规模的工业、交通、商业等诸多功能(Taubmann,1986)。之后,1986年4月对这一规定又进行了修改,变为6万以上非农业人口、年国民生产总值2亿元以上的城镇,但少数民族地区、边远地区、风景名胜所在的重要城镇,即使达不到上述标准也能够成为"市",只要具备了一定条件整个县域也可以成为"市"。

这些县都达不到"～市"的标准；镇以及同等规模的聚落①中的集市（类别为"镇"）；还有乡、村等农村聚落中的集市（类别为"乡"）。②

关于 c. 主要经营项目，记录的格式并不统一，既有概括性的商品分类（如农副产品③、日用工业品等），也有更为详细的分类（蔬菜、水果、粮油、禽畜、水产、竹木、纤维制品、自行车、玩物、木器、家具等）。所以，本文中设了 26 种商品的门类④，包含了上述两种分类方式，对各个集市的主要经营商品进行了分类（集市的"商品"）。如果要记录多个商品的门类，就采用前三种商品，通过它们的组合来进行命名。

d. 摊位数是体现集市规模的重要指标，所以除了固定摊位数和临时摊位数，还要考虑两者合计的摊位数。另外，关于 e. 市场建设，考察是露天、棚顶还是商场（集市的"市场建设"）。

关于 f. 交通状况，考察集市的交通条件，即：有无公路、铁路、水路（包括海路、运河）以及市内交通。另外，考察集市的 g. 通信条件，即：有没有电话。

作为分析方法，首先分别对上述四种集市，把除"摊位数"之外的所有指标分门别类进行集市数量的单纯计数，然后，关于"摊位数"，求出"固定""临时""合计"等摊位数的平均值，通过探讨这些来把握集市的特征。

关于分析对象地区，农村集贸市场从全国选取了北京市、天津市、上海市、江苏省、安徽省、江西省及广东省，其他的集市则再加上山东省和四川省。⑤ 分析对象的集市数量如表 2 所示。

---

① 墟、场、埠、街等。
② 另外，如果有些聚落即使属于市区，但不属于中心街市区，认为其构成了乡村、镇，或是县城的话，将其分别归类于"乡""镇""县"。
③ 根据中国的统计资料的习惯用法，所谓的农副产品，指的是主要粮食之外，包括蔬菜、水果、畜牧产品、家庭手工产品等全部农户家庭的副产品。
④ 26 种商品的门类如下：
　农副产品、日用工业产品、蔬菜、水果、粮油、禽畜、皮革、水产品、点心、快餐、农具、燃料、木材等、家具、竹制品·木器、其他工艺品、纸、纤维制品、矿产、药、自行车、旧物、玩物、土特产、其他、不明。
⑤ 对象地区由下列条件选定：①属于中国本土②包含了华北、华中、华南的代表性地区③包括曾进行过关于传统集市的代表性研究的地区。

表2 分析对象的集市数量

省、直辖市	农村集贸市场	城市集贸市场	专业市场	农副产品批发市场	合计
北京市	18	22	5	5	50
天津市	29	26	10	10	75
河北省	681	27	66	19	793
山东省	—	162	129	15	306
上海市	39	73	23	0	135
江苏省	393	127	158	17	695
浙江省	229	34	164	5	432
安徽省	254	84	162	14	514
江西省	236	55	112	21	424
四川省	—	152	350	47	549
广东省	471	107	201	85	864
总计	2,350	869	1,380	238	4,837

（2）农村集贸市场

以计数结果为基础概观一下这类集市特征。

集市的叫法（表3），"市场"和"集市"几乎占到了全部。关于两者的地区分布能否反映出集市传统叫法的地区差异（华北的"集"，江南的"市"，四川的"场"，华南的"墟"），对各个地区的计数结果进行分析后，其答案是否定的。称作"市场"的比率很高，北京市（83.3%）、江苏省（82.7%）、安徽省（99.2%）、江西省（72.9%）、广东省（91.5%），称作"集市"的比率也呈现出很高的比例，天津市（100%），河北省（77.1%），浙江省（98.1%），上海市（70.9%）。这与传统叫法的地区差异并不相符。应该说是各个行政单位采用了统一的叫法，又或者，后面提到集市属性的不同，现代集市的叫法更多是因不同的属性来决定。

表 3　集市的叫法

叫　法	农村集贸市场	城市集贸市场	专业市场	农副产品批发市场
～集市	963(41.1)	30(3.5)	8(0.6)	
～集	18(0.8)	40(4.0)	5(0.4)	
～市	1(0.0)	1(0.1)	49(3.6)	1(0.4)
～交易所			14(1.0)	
～市场	1,344(57.4)	797(92.0)	1,248(90.7)	232(97.9)
～商场	1(0.0)		13(0.9)	
～菜场	6(0.3)	2(0.2)		
～场	2(0.1)		7(0.5)	
～摊区			20(1.5)	
～服务所・服务部・服务站	5(0.2)		5(0.4)	3(1.3)
～集贸中心・贸易中心・交易中心	1(0.0)		2(0.2)	1(0.4)
其他	2(0.1)	1(0.1)	5(0.4)	
合计	2,343(100.0)	866(100.0)*	1,376(100.0)	237(100.0)
不明	7	3	4	1

注:( )内为构成比。
＊译者注:原著为866(100.0),实际应为871(100.0)。

关于集市的所在聚落(表4),农村集贸市场在"市"中基本没有,"县"里也较少,"镇"里最多,其次是"乡"。"市"和"县"里较少自然因为"农村集贸市场"的性质,但是"镇"的农村集贸市场数量"乡"多,是因为选取的是"主要集市"。

表 4　集市的所在聚落

所在聚落	农村集贸市场	城市集贸市场	专业市场	农副产品批发市场
市	13(0.6)	780(90.1)	366(26.5)	114(47.9)
县	417(17.8)		303(22.0)	42(17.6)
镇	1,127(48.0)	64(7.4)	380(27.5)	61(25.6)

续表

所在聚落	农村集贸市场	城市集贸市场	专业市场	农副产品批发市场
乡	792(33.7)	22(2.5)	331(24.0)	21(8.8)
合计	2,349(100.0)	866(100.0)	1,376(100.0)*	238(100.0)
不明	1	3	0	0

注:( )内为构成比。

*译者注：原著为1,376(100.0)，实际应为1,380(100.0)。

集市的主要经营商品(表5)中,"农副产品"约占三分之二,"农副产品＋禽畜＋肉"也占有一席之地,基本上是以农副产品为主体的集市,可以说就是所谓的"农副产品集贸市场(也可简称农贸市场)"。

表5 集市的主要经营商品

主要经营商品	农村集贸市场	城市集贸市场	专业市场	农副产品批发市场
农副产品	1,540(65.6)	710(82.0)	40(2.9)	134(56.8)
农副产品＋粮油		46(5.3)		
农副产品＋禽畜＋肉	33(1.4)		1(0.1)	1(0.4)
农副产品＋水产品	87(3.7)	4(0.5)		
农副产品＋竹木	15(0.6)	7(0.8)	1(0.1)	6(2.5)
农副产品＋日用工业产品	549(23.4)	60(6.9)	5(0.4)	5(2.1)
粮油	1(0.0)	3(0.3)	10(0.7)	4(1.7)
水果	1(0.0)		12(0.9)	24(10.2)
禽畜、肉		1(0.1)	415(30.2)	20(8.5)
水产品		1(0.1)	16(1.2)	18(7.6)
竹木			59(4.3)	1(0.4)
木器			28(2.0)	
家具			16(1.2)	
日用工业产品	11(0.5)	6(0.7)	528(38.4)	5(2.1)
纤维制品			21(1.5)	1(0.4)
自行车			38(2.8)	

续表

主要经营商品	农村集贸市场	城市集贸市场	专业市场	农副产品批发市场
玩物			30(2.2)	
旧物			19(1.4)	1(0.4)
其他组合	112(4.8)	28(3.2)	176(12.8)	16(6.8)
合计	2,349(100.0)	866(100.0)	1,375(100.0)*	236(100.0)
不明	1	3	5	2

注:( )内为构成比。
* 译者注:原著为1,375(100.0),实际应为1,415(100.0)。

集市的摊位数量中,农村集贸市场的固定、临时、合计摊位数与其他类集市相比都是最多的,仅从摊位数来看,农村集市比城市集市的规模要大。另外,临时摊位数量约为固定摊位数量的两倍。

表6 集市的平均摊位数量

	农村集贸市场	城市集贸市场	专业市场	农副产品批发市场
固定摊位数量	271.9	151.1	85.6	102.3
临时摊位数量	583.1	335.1	152.3	161.4
合计摊位数量	789.9	482.4	295.2	236.2

关于集市的建设(表7),农村集贸市场最多的是露天式,其次是棚顶式,商场式较少,市场建设不够完备。可以指出的是,棚顶式所占比率低于城市集贸市场,商场式所占比率低于农副产品批发市场。

表7 集市的市场建设

建设	农村集贸市场	城市集贸市场	专业市场	农副产品批发市场
露天式	1,087(46.3)	283(32.6)	653(47.6)	57(24.3)
棚顶式	1,055(44.9)	514(59.2)	623(45.4)	140(59.3)
商场式	200(8.5)	71(8.2)	96(7.0)	39(16.5)
合计	2,342(100.0)	868(100.0)	1,372(100.0)	236(100.0)
不明	8	1	8	2

注:( )内为构成比。

再看一下交通条件(表8),农村集贸市场中几乎所有的集市都通有公路,但是铁路和水路的条件比专业市场和农副产品批发市场还要差。另外,水路条件方面地域之间的差异较为显著,江南地区的集市具备水路的比率较高,如上海市("具备水路"的为100%)和江苏省(同38.4%)。同时,有关集市的通信条件,农村集贸市场中具备电话的集市的比例在四种市场当中最低。

表8 集市的交通、通信条件

交通、通信条件	农村集贸市场	城市集贸市场	专业市场	农副产品批发市场
具备公路	2,226(94.7)		1,212(87.8)	185(77.7)
具备铁路	285(12.1)		261(18.9)	52(21.8)
具备水路	409(17.4)	1(0.1)	297(21.5)	56(23.5)
具备市内交通		862(99.2)	92(6.7)	39(16.4)
具备电话	261(11.1)	326(37.5)	205(14.9)	70(29.4)
具备寻呼	448(19.1)	14(1.6)	109(7.9)	44(18.5)
集市总数	2,350(100.0)	869(100.0)	1,380(100.0)	238(100.0)

注:( )内为占集市总数的比率。

(3) 城市集贸市场

通过计数结果来观察一下城市集贸市场的特点。关于集市的叫法(表3),大部分的城市集贸市场都被称作"市场",只有少数被称作"集市"或"集",暗示出与农村集贸市场相比,城市集贸市场的传统色彩可能较弱。所在聚落的类别(表4)中,归类到"市"中的数量当然是占了绝对优势,而归入"镇"和"乡"中的较少。[1]

商品类别(表5)中,"农副产品"最多,还可以看到一些"农副产品+日用工业产品""农副产品+粮油"等类型,但都是以农副产品为中心的所谓的"农贸市场",这一点与农村集贸市场的特点一致。摊位数量(表

---

[1] 按照前注中所述进行处理的结果。

6)中,固定、临时、合计的摊位数量都要少于农村集贸市场,但多于其他两种市场。临时摊位数量达到固定摊位数量的两倍之多,这一点和农村集贸市场也是相似的。

但是市场建设(表7)方面,棚顶式的比率远远高出农村集贸市场,可以说比农村集贸市场更为现代化。关于交通条件(表8),"具备市内交通"的集市数量占绝对优势,而其他交通状况则基本没有记载。另外关于通信条件(表8),具备电话的集市数量高于其他任何一种市场。

(4)专业市场

通过计数结果来把握一下专业市场的特点,首先叫法(表3)方面,大部分为"市场"。"集""集市"几乎见不到,比起农村集贸市场,这一点与城市集贸市场更为接近。但是,还有"市""交易所""商场""摊区"等,这些叫法虽然数量少,但种类多,这点与前两者都有不同。

所在聚落(表4)方面,可以看到无论是"市""县""镇""乡",都有一定比例数量的专业市场,在各种类型的聚落都有选址,这和农村集贸市场、城市集贸市场不同。另外,主要经营商品(表5)中,"日用工业产品"和"禽畜、肉"最多,还有"竹木""自行车""玩物""木器"等,涵盖农业、工业的各种商品中,专业经营某种特定商品的集市较为多见。这点也是与农村、城市两类集贸市场的不同之处。同时,还要指出的是,和农村和城市的集贸市场相比,固定、临时、合计的摊位数量都少了许多。

市场建设(表7)方面,露天式最多,其次为棚顶式。乍看之下与农村集贸市场类似,但是实际上"禽畜""竹木""自行车""玩物"市场大部分都是露天式,反之"日用工业产品"市场多为棚顶式,因为主要经营商品种类不同,市场的设施就会有很大差异,应当认为呈现的数值反映出了这种差异。关于交通条件,当然大部分都通有公路,铁路和水路条件也比农村集贸市场稍稍优越。另外,和农村集贸市场一样,江南地区通有水路的专业市场的比率较高,如上海市(34.8%)、江苏省(45.6%)、浙江省(53.7%)。通信条件(表8)方面,具备电话的专业市场的比率高于农村集贸市场,但远低于城市集贸市场。

(5) 农副产品批发市场

根据计数结果来尝试把握农副产品批发市场的特点。

关于叫法(表3),几乎都叫做"市场",其他的叫法几乎可以忽略不计。所在聚落(表4)方面,在所有类型的聚落中都有选址,但是仍然能够看出城市型聚落的构成比率较高这一趋势。所以,虽然既有地处农村地区的收购市场,也有地处城市地区的消费地批发市场,但可以看出后者的比重更高。

关于商品(表5),半数以上都为"农副产品",紧随其后的是"禽畜、肉""水产品"等,在中国人习惯的分类里,都可以归入"农副产品"的范畴中。

关于摊位数量(表6),临时摊位数量和合计摊位数量这两项数据在四种市场中是最少的。但唯有固定摊位数量要高于专业市场。我认为这一点体现出了批发市场的特征。

关于市场建设(表7),棚顶式最多,而且商场式的比率在四种市场中最高,可以说是市场建设最为完善的一类集市。关于交通条件(表8),通有铁路及水路的集市的比率在四类市场中最高。通信条件(表8)方面,通电话的集市的比率也仅次于城市集贸市场。另外,通有水路的专业市场的比率同其他类型的市场一样,江南地区明显较高,如江苏省(51.8%)、浙江省(80.0%)。

(6) 小结

前面对《名册》进行了分析,就分析的结果进行归纳总结如下。

① 集市分为四种,农村集贸市场、城市集贸市场、专业市场和农副产品批发市场。其中农村集贸市场和城市集贸市场都是统称为"集贸市场"的农副产品零售市场,只不过是因地处农村或城市而有所区分。与之相对,专业市场指的是,经营各类特定工业产品的专门市场,在城市和农村都有立地。另外,农副产品批发市场是经营一般农副产品或其中的特定商品的批发市场,也包括农村立地的收购市场,但主要由城市立地的消费地批发市场构成。

② 四种市场中,从摊位数量来看规模,农村集贸市场最大,农副产品批发市场最小。然而,摊位中,固定摊位的比率在农村和城市集贸市场中较低,专业市场,尤其是农副产品批发市场中较高。此外,市场建设方面,农村集贸市场和专业市场条件最为不佳,农副产品批发市场最为完善。交通、通信条件也是农村集贸市场最差,交通条件最好的是农副产品批发市场,通信条件最好的是城市集贸市场。

③ 集市至少在官方上称作"市场"最为居多,也有的称作"～集市""～集""～市""～交易所""～商场""～摊区"。这些叫法并没有完全沿袭中国各地的传统叫法。

二、苏州市及其周边的集市

(1) 调查对象地区和调查方法

前一章对中国的集市进行了全国性的概览,那么,这些集市在现实中是如何经营,发挥着怎样的功能呢？1988年7月笔者得以在地处江南三角洲的江苏省苏州市及其周边的吴县(尤其是木渎镇)对实际情况进行了初步的调查。① 本节中就调查的结果进行汇报。

苏州市在1982年人口普查时统计人口为67.3万人(1986年为72.2万人),其中市区(基本相当于街市区)人口为56.6万人,郊区(相当于郊外农村地区)人口为10.7万人。众所周知,苏州是拥有众多名胜古迹的江南"古城",也是沟渠纵横的"水城",吸引了大量的游客。但另一方面也是大运河沿线江南的中心城市之一,郊外也有不少的现代化工厂。另外,环抱苏州市的吴县1982年的人口为114.9万人(1986年为116.5万人),是江南三角洲典型的农村,由2镇37乡组成。其中木渎镇地处苏

---

① 实地调查受到了"昭和63年(1988年)名古屋大学加藤龙太郎基金"和"文部省科学研究费国际学术研究"(代表森正夫,课题编号63045014)的援助。同时在当地还得到了当时南京大学的研究生黎航的帮助。

州市区西南方向约10公里的位置。过去曾经是以分布在江南三角洲大多数农村为背景的地方小镇,现在许多的乡镇企业和一些现代化工厂(风扇厂等)选址在此,具有了工业镇的特色。1982年人口普查时统计人口为1.9万人,现在与附近的乡合并后,人口达到了5.2万人,但街市区人口为1.9万人。

在苏州市及吴县的调查主要实施了以下3个项目:① 参考《名册》通过实地考察来弄清集市的分布,② 了解部分集市的市场建设、商户的业种构成及市场内的布局,③ 对一些集市中随机抽样出的商户进行关于其属性和行为的采访调查。

(2) 集市的分布

综合《名册》的记载和笔者的实地调查,苏州市市区的集市分布状况如图1所示:

大部分集市都相当于前一章中提到的"城市集贸市场",也就是设立在城市地区以贩卖(零售)农副产品为中心的集市。其数量为21处[①],其中13处记载在《名册》中。这些集市在市区特别是市中心几乎是以1 km前后的间隔平均分布。但市区边缘地带的分布稍微分散,这是因为城门附近分布着规模较大的集市。所有的集市都是每天开市的早市,交易的高峰是早晨6点至9点。这个时间,上班前的男女提着购物袋,步行(一部分是骑自行车)出门去买东西。可以说市区内的居民可徒步往返的范围内一定设有集市。

图中标注了《名册》所载集市的摊位数量合计,同时还在( )内标注了经过实地调查的集市所确认的摊位数量。 一般来说前者的数值较大,这是因为后者的数值仅仅以调查当时的摊位为对象,没有包含之前先回家的和之后又过来的。若认为摊位数量体现集市的规模,如图明示,大规模的"城市集贸市场"(《名册》或实地调查中摊位数量400以上的)位于

---

① 其中两处无法确认正确的位置。

城市中心和老城区的四个城门（娄门、葑门、南门、阊门①）附近。城门附近设立大集市是中国许多城市的传统模式，苏州市可以说也是沿袭了这样的传统。这些集市不仅处于近郊农民通过陆路最容易接近的位置，也处于通过船舶走外城河及其贯通的沟渠容易接近的位置（参考图1）。其他的集市的摊位数量为100—300个之间，规模较小，其大部分都比较平均地分布在城内，即外城河的内侧。

其次，《名册》中记载苏州市区内有8处"专业市场"，其中7处可以明确位置的市场标记在了图1中。阊门附近的石路是最大的，其次是市中心的玄妙观和南门，其他都是摊位数量在100个左右的小规模市场。大部分的专业市场是经营日用工业产品的，西园市场主要经营土特产，大成坊北边的两处市场是经营自行车和玩物（花鸟鱼虫）的专业市场。这些集市都是每天开市的昼市。如图所示，其分布集中在市中心以西，然而原因尚未清楚。②

此外，环绕苏州市区的郊区如图2所示有4个乡，记载在《名册》中的市场有3处归类为"城市集贸市场"，有2处归类为"专业市场"。

另一方面，比苏州市郊区更外围的吴县的县域内，包括木渎镇在内，有8处"农村集贸市场"记载在《名册》中，如图2所示，这些市场分别坐落于2个建制镇③和6个乡。但据笔者现场观察，这类集市好像都设立在各乡的中心聚落。④ 以此类推，吴县下辖2镇37乡，就有近40处农村集贸市场，其分布应当与图2所示的镇和乡中心聚落的分布相一致。这些市场相互间隔5—10公里，分布于附近的农民能够骑车或徒步在半天

---

① 译者注：原文为"间门"，实为阊门。后文同。
② 近年来，苏州市的街市区逐步跨越外城河向西部延伸，那里出现了大规模的住宅小区，或许与之有关。
③ 所谓的建制镇，并非通称的"镇"，是根据乡镇制度作为正式行政区划设立的镇，是人口和非农业人口率达到一定程度的聚落。
④ 据《全国乡镇地名录》(1986)，江苏省的乡镇数量为2,078。与之相对，据《江苏省经济年鉴》(1986年，p. Ⅳ—109)，省内所有市场数量为4,853。除去城市集贸市场、专业市场、农副产品批发市场，可以推断每个乡镇平均存在农村集贸市场1处有余。

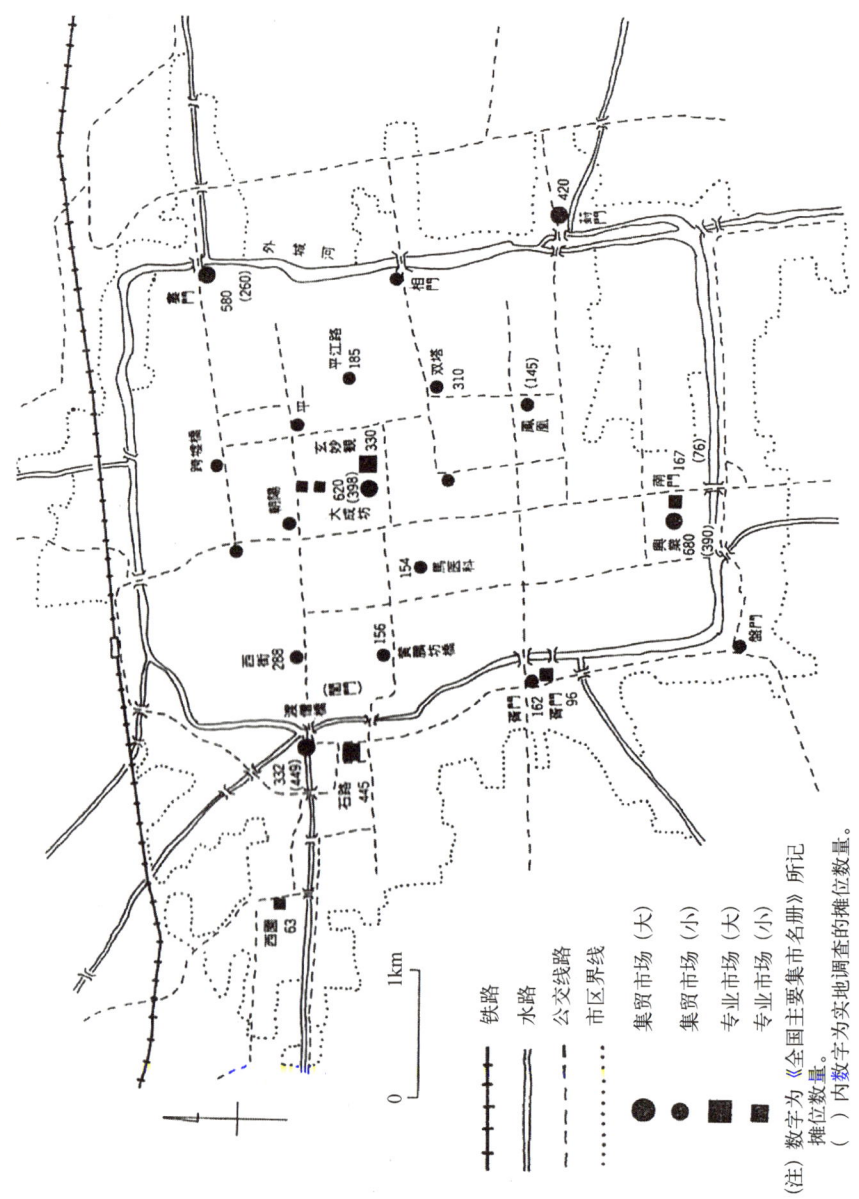

图 1　苏州市市区的集市分布

内进行充分买卖的范围内。此外,据笔者观察,这些集市也是每天开市的早市。

第六章 苏州市及周边地区集市的状况

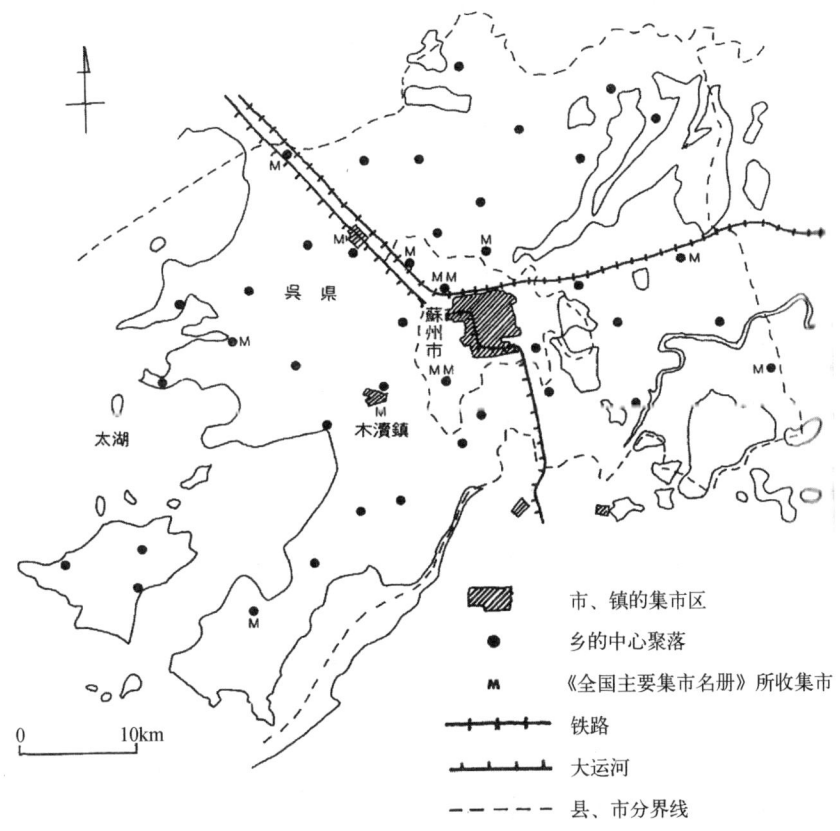

图 2 苏州市郊区及吴县的集市分布

(3) 集市的构造

关于集市的构造,笔者分别调查了下列集市。苏州市区"城市集贸市场"中:①《名册》中未记载的小规模集市凤凰市场,②《名册》中记载为露天式集市、作为其代表的大成坊市场,③同样作为棚顶式集市代表的兴业市场,④同样作为商场式集市代表的娄门市场,以及⑤作为专业市场代表的南门市场。还有作为"农村集贸市场"的代表吴县木渎镇的⑥木渎镇市场。

图 3 是未记载于《名册》的小规模城市集贸市场"凤凰农贸市场"的平面图。"凤凰农贸市场"位于市区的东南部,在南北走向的公交线路以

219

西,依托公营菜场(生鲜食品市场,在永久建筑物中开设一些国营商店)在街边以 L 形展开,商户大多采用露天形式,一部分使用的是所谓的棚顶。在棚顶区摆摊的都是持有经营许可证的固定商户。大部分鲜鱼摊位、所有豆制品摊位、以及一部分蔬菜摊位使用的是棚顶,相反,大部分蔬菜摊位及所有经营蛋类的摊位采用的是露天。棚顶区商品按类别分区一目了然,而露天区内蔬菜摊位中混杂着腌菜摊位和经营工厂制品的摊位。另外,菜场中的国营商店的商品不是少就是旧,所以在早市开放期间往往被冷落。

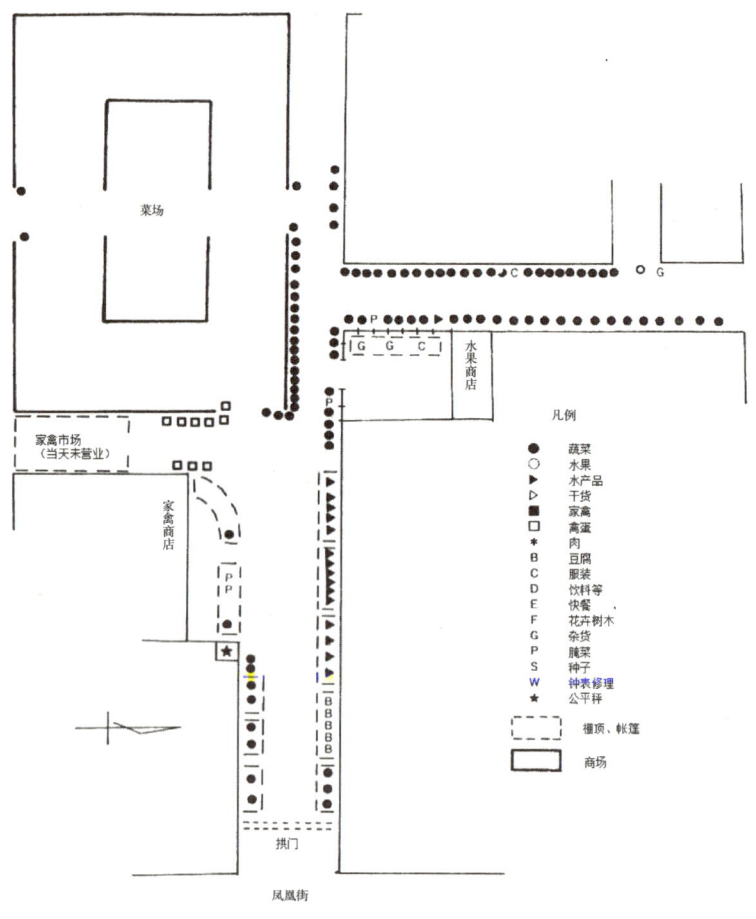

图 3　凤凰农贸市场

图4是位于市区中心的城市集贸市场"大成坊农贸市场"。这个集市位于苏州市最繁华的商业街观前街以北,沿着皮市街这条窄路连绵分布了两个街区。《名册》中记载的是露天式的集市,实地考证的结果,绝大多数的确是露天摊位,也存在着一部分棚顶式的摊位。后者多为经营肉、禽畜、鲜鱼、水果、豆制品的摊位,但也不能说这些业种的摊位都是棚顶式。虽然对业种进行了分区,但每类业种分区中有时又混杂了不同的业种。同时,大成坊农贸市场附近还有一个叫做"玄妙观菜场"的小规模公营菜场,早市时间内也是完全冷清的。另外,大成坊农贸市场东面隔一个街区有一个玄妙观,让人联想到浅草观音寺,[1]在其周边尤其是东面展开的是"玄妙观东脚专业市场"。据《名册》记载,大成坊农贸市场固定摊位20个,临时摊位620个,是最大级别的集市,实地调查时也确认了398个摊位。笔者认为,这是由于观前街和玄妙观所共同产生的吸引力所造成的。

图5所示的是位于南门附近的"兴业农副产品市场[2]"和"南门工业小商品(专业)市场"。主要分布在南北主干道人民路以西的西二路上和T形交叉的南北向道路上。前者覆盖了西二路的西段并扩展到南北向道路,《名册》记载其为固定摊位80个、临时摊位600个的最大级别的集市,实地调查时的摊位数量为390个。虽然《名册》中记载的是棚顶式,但是在连廊下面也排列着水果批发摊位、鲜鱼摊位和禽畜摊位,棚顶下则是豆制品及干货摊位。但是,多数蔬菜、水果、蛋类的商户在露天下摆摊。也明显形成了按商品类别分区。

西二路的东段是"南门工业小商品(专业)市场",据《名册》记载固定摊位数为157个,临时摊位数为10个,然而实地调查时只有76个。正如

---

[1] 译者注:浅草观音寺位于日本东京都台东区内隅田川河西岸,是市中历史最为悠久的寺庙,主要供奉观世音菩萨。江户时代后,依托浅草观音寺周边地带出现了寺前商业街"门前町",逐渐繁荣兴盛。
[2] 南北向道路的北段有连廊上面挂着"南门批零市场"的牌子,但是交易主体是零售,从主要经营商品和集市的连贯性判断,其为《名册》中"兴业农副产品市场"的组成部分。

江南三角洲市镇研究

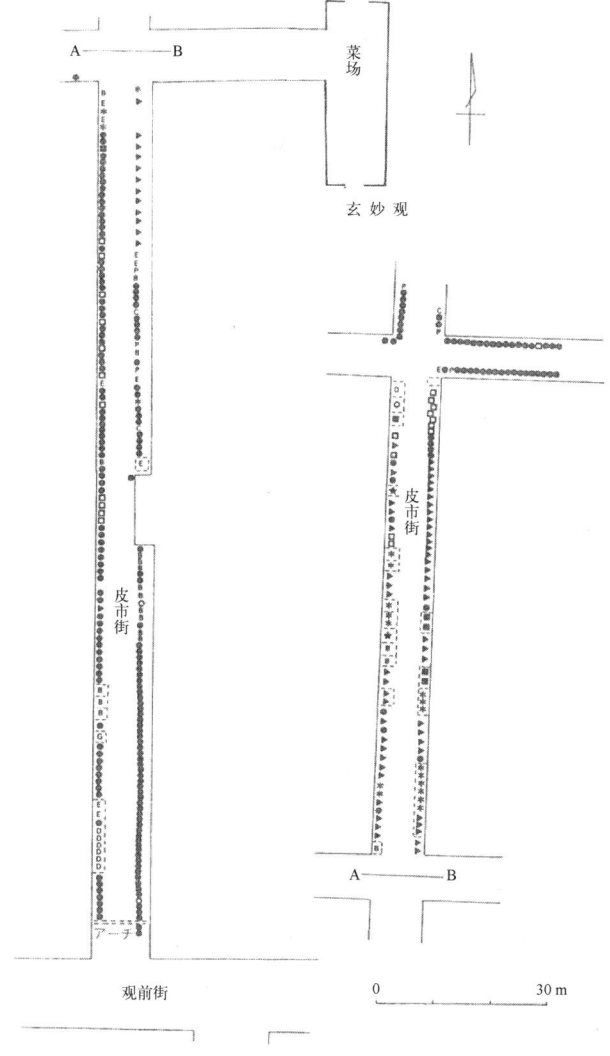

图 4　大成坊农贸市场

《名册》的记载,该集市是棚顶式,几乎所有的摊位都用的是棚顶式。买卖的商品以服装、杂货为主,也有肉类和水果。按商品类别进行的分区也非常清晰。同时,紧邻该集市也有一个公营的"南门菜场"。从图 5 中可以看到,"兴业农副产品市场"和"南门工业小商品市场"事实上是贯通相连的,同时还与"南门菜场"形成整体效应,增强了聚客能力。

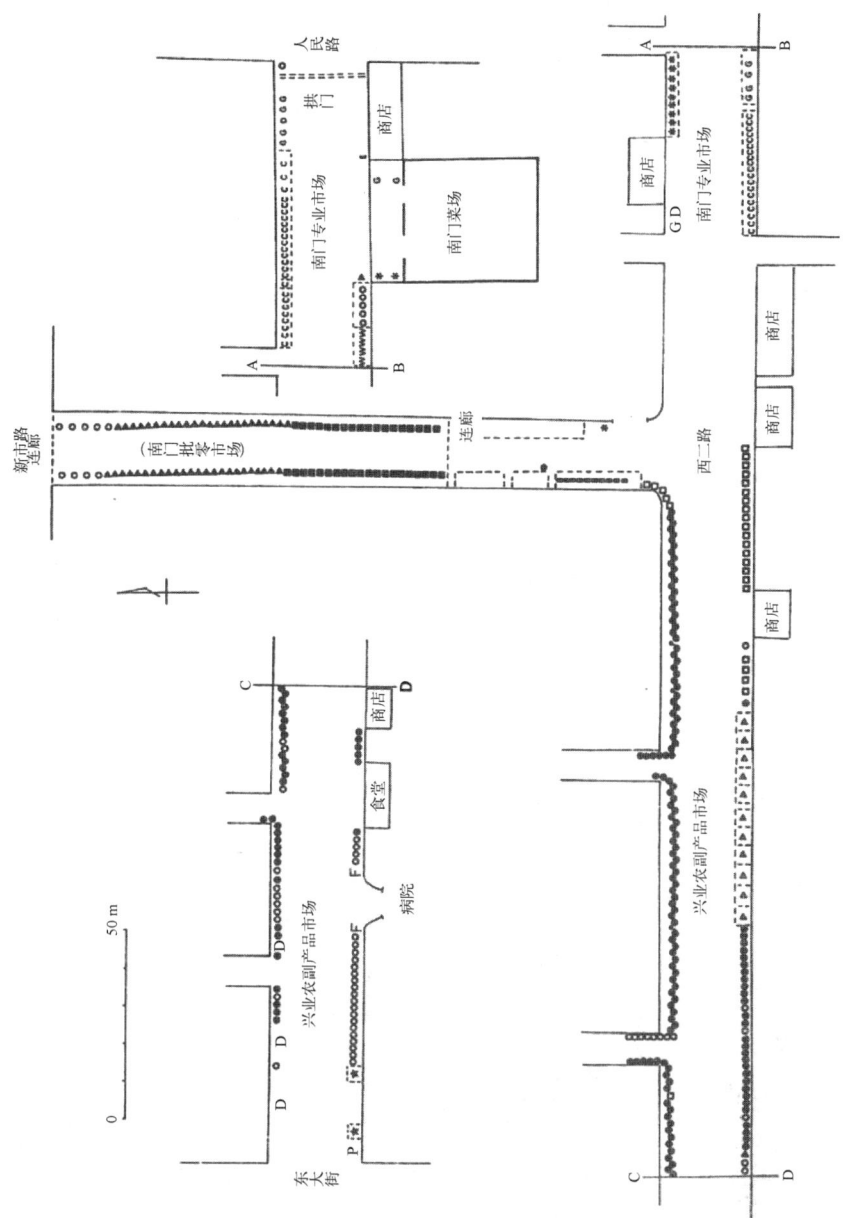

图 5　兴业农副产品市场与南门工业小商品市场

图 6 是"娄门农贸市场"的平面图,这个集市毗邻市区东北部的旧娄

门遗址,位于外城河桥畔、市内公交始发站以南,还拥有码头。如《名册》所载该集市是商场式集市,建有大型的混凝土棚屋,在下面摆摊的是所有鲜鱼、肉、禽畜、豆制品的商户和一部分蔬菜和水果商户。相反,干鱼商户在室外的棚顶下经营,其余大部分蔬菜和水果商户在露天经营。《名册》记载的固定摊位数为80个,临时摊位数为500个,而调查时摊位数合计为260个。该市场明确形成了商品种类分区。

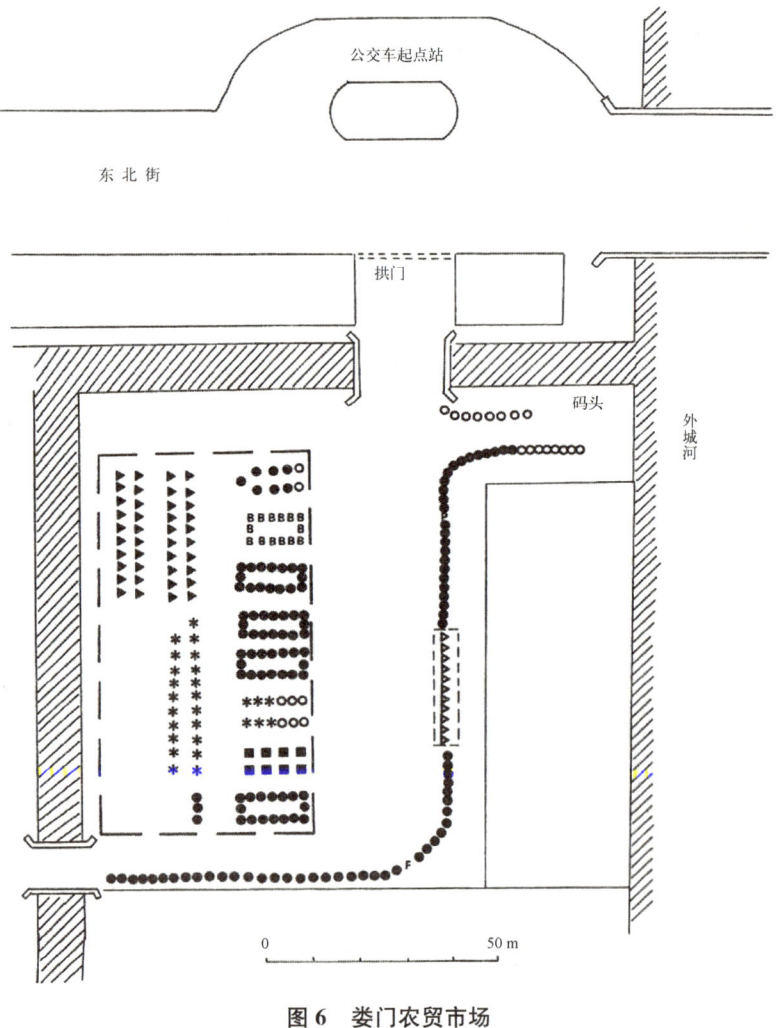

图6 娄门农贸市场

与上述苏州市区内的集市不同,图7为属于农村集贸市场的"木渎综合农贸市场"的平面图。该集市位于镇中南北主干道(公路)附近,由北区和南区构成,两区相隔约100米。前者(图7 A)由坐落在主干道东侧、经营蔬菜和肉的商场式市场,以及分布在其北侧小路上、主要经营杂货和种子的棚顶式市场组成。后者(图7 B)中间隔有一个公营菜场(生

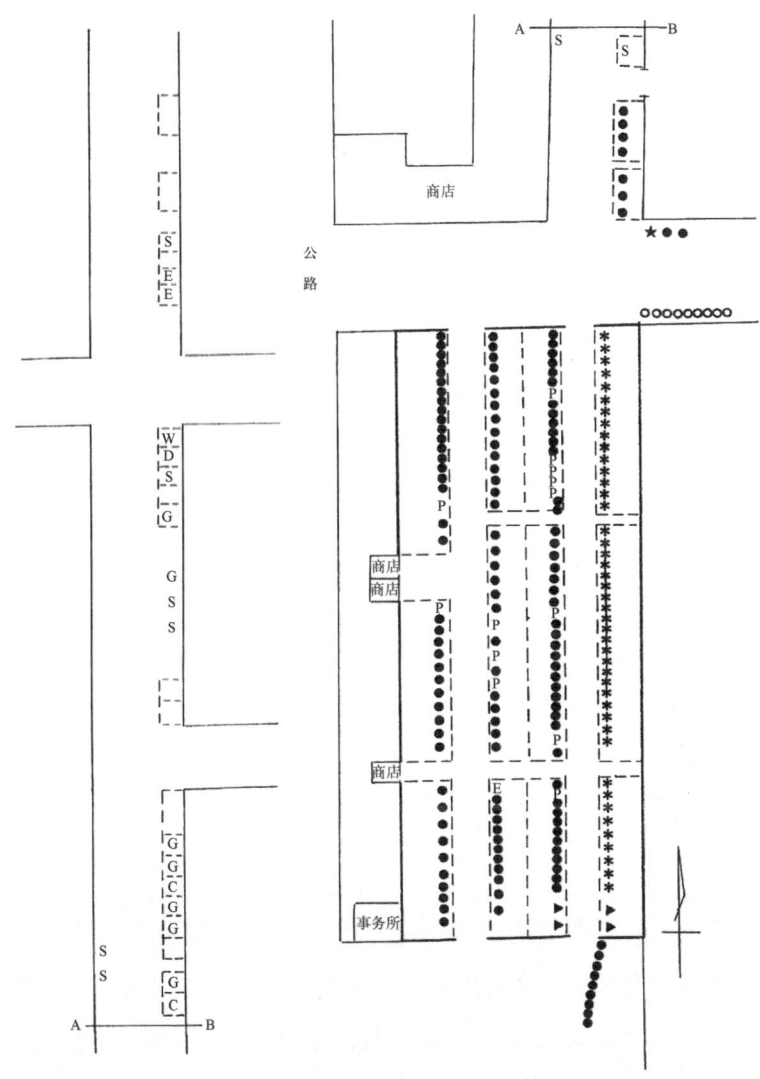

图7　A 木渎综合农贸市场北区

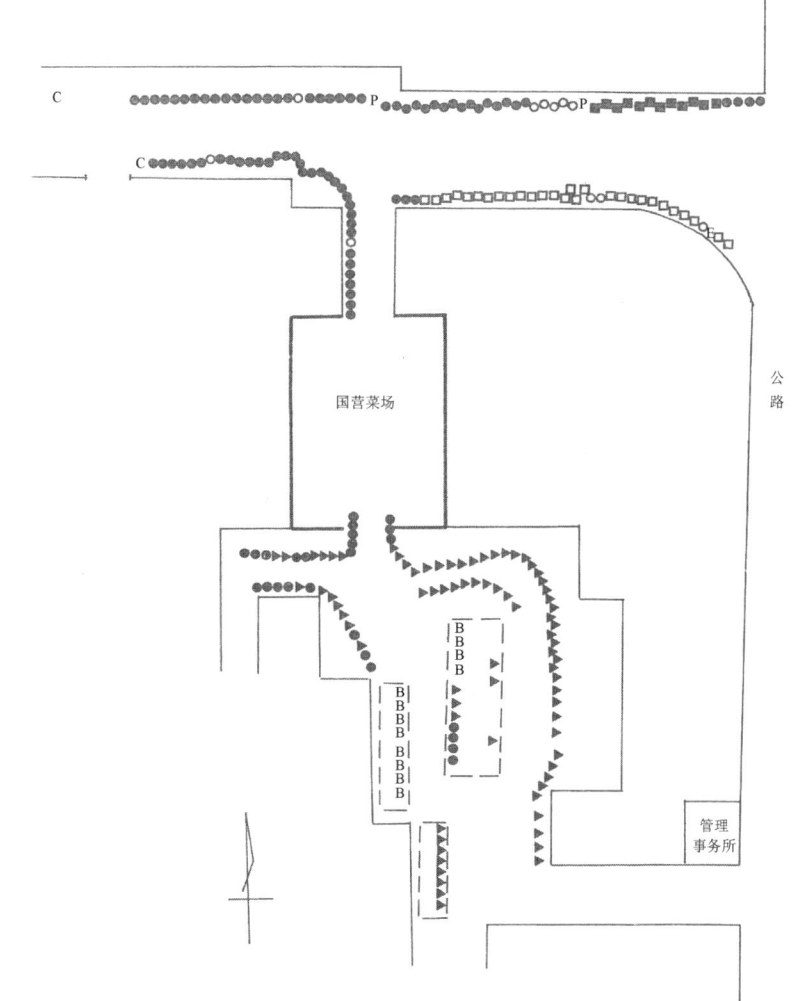

图 7　B 木渎综合农贸市场南区

意冷清），它处于主干道西侧稍稍深入的位置，公营菜场北侧的路边有露天经营禽畜、蛋类、蔬菜的集市，南侧的广场上有一部分在棚顶下、一部分露天经营鲜鱼和豆制品的集市。《名册》中记载的是棚顶式的集市，商场式的建筑应该是新建的。《名册》中记载固定摊位数为 112 个，临时摊位数为 789 个，而实地调查时合计为 426 个。吴县辖内只有 2 个建制镇，木渎镇是其中之一,其中心性较强,并且镇内的集市只有"木渎综合农贸市场"这一处,如此一来摊位数量就会较多。

另外,从表9可以看出以上6个集市商户的业种类别结构。凤凰、大成坊、兴业、娄门等城市集贸市场和木渎镇的农村集贸市场都是蔬菜最多,其次为水产、水果、肉、蛋类、禽畜、豆制品,体现出所谓的农副产品市场(农贸市场)的特点。与之相对,南门的工业小商品市场服装、杂货的比重尤为高,明显体现为不同类型的市场。

表9 商户的业种类别结构

		蔬菜	水果	花、种子	腌菜	豆制品	水产品	干货	禽畜	蛋类	肉	快餐	饮料等	钟表修理	服装	杂货	合计
集贸市场（农副产品市场）	凤凰	103 (71.0)	1 (0.7)		4 (2.8)	7 (4.8)	16 (11.0)				9 (6.2)				2 (1.4)	3 (2.0)	145 (100.0)
	大成坊	220 (55.2)	4 (1.0)		8 (2.0)	21 (5.3)	68 (17.1)		14 (3.5)	15 (3.8)	22 (5.5)	15 (3.8)	7 (1.8)		1 (0.3)	3 (0.8)	398 (100.0)
	兴业（南门）	179 (45.2)	69 (17.4)	2 (0.5)	4 (1.0)	10 (2.5)	49 (12.4)	11 (2.8)	41 (10.4)	27 (6.8)	1 (0.3)		3 (0.8)				396 (100.0)
	娄门	134 (51.5)	24 (9.2)	1 (0.4)	1 (0.4)	14 (5.4)	40 (15.4)	11 (4.2)	8 (3.1)	6 (2.3)	21 (8.1)						260 (100.0)
	苏州市小计	636 (53.0)	98 (8.2)	3 (0.3)	17 (1.4)	52 (4.3)	173 (14.4)	22 (1.8)	63 (5.3)	57 (4.8)	44 (3.7)	15 (1.3)	10 (0.8)		3 (0.3)	6 (0.5)	1,199 (100.0)
	木渎镇	141 (35.3)	31 (7.8)	8 (2.0)	15 (3.8)	13 (3.3)	86 (21.9)		12 (3.0)	31 (7.8)	44 (11.1)	3 (0.8)	1 (0.3)	1 (0.3)	4 (1.0)	7 (1.8)	397 (100.0)
	合计	777 (48.8)	129 (8.1)	11 (0.7)	32 (2.0)	65 (4.1)	259 (16.1)	22 (1.4)	75 (4.7)	88 (5.5)	88 (5.5)	18 (1.4)	11 (0.7)	1 (0.1)	7 (0.4)	13 (0.9)	1,592* (100.0)
专业市场	南门		6 (7.5)			1 (1.3)					11 (13.8)	1 (1.3)	2 (2.5)	4 (5.0)	44 (55.0)	11 (13.8)	80 (100.0)

* 译者注:原著为1,592(100.0),实际应为1,596(100.0)。

(4) 商户的属性和行为

凤凰、大成坊、兴业、娄门、渡僧桥(阊门)等5个苏州市内的集市,加上木渎镇的集市,在共计6个集贸市场中,对随机抽样的72名商户进行采访调查,得到了如下的回答。

首先,看一下受访者的业种类别结构,蔬菜数量超过一半(61.6％),其次为水产品(12.6％),蛋类(9.7％),禽畜(5.6％),水果(4.2％),豆制品(4.2％),腌菜(1.4％),杂货(1.4％),可以说是较好地代表了集贸市场的业种结构。

受访者的性别结构为男性58.3％,女性41.7％,男性稍多。与业种结构交叉分析后,经营禽畜的全部为男性,经营水产的也主要是男性,相反,蛋类主要由女性经营,可以看出一定程度的性别分工。但是,经营蔬菜、水果、豆制品的男女均有。

再看一下受访者的年龄层次结构,10—30岁的青年层次占26.3％,30—50岁的中年层次占61.1％,50岁以上的老年层次占12.5％,可以理解为这个地区的集市是由中年层次坚固支撑的。

然后,对于"出售的商品是自制的还是进购的"这一问题,90.3％的回答是自制,回答进购的占9.7％。所以,可以认为大部分的商户都是来贩卖自家农副产品的农民。另一方面,也应当注意到,还有一些人是从别处进购后在集市贩卖,是一种商人式的行为。与业种交叉分析,工业产品的杂货类中进购的商户自然较多,农副产品中,销售蛋类和蔬菜的也存在一部分进购的商户。

关于商品运输至集市的方式,用自行车、三轮车的占绝大多数(72.2％),徒步挑担(13.9％)和划船(9.7％)的稍多,用卡车(2.8％)和坐公交(1.4％)的较少。

从集市看受访者居住的方位,如表10,渡僧桥市场在市区西北阊门附近,居住在其北面的较多。市区东北的娄门市场和市区东南的凤凰市场,居住在其东面的较多。兴业市场在市区南部的南门附近,居住在其南部一带(东南、南、西南)的较多。大部分商户都是市区外的农民,大概是因为他们选择了最近的老城门附近的集市,所以看到上面的现象也就能够理解了。①

表10 商户(受访者)的居住地方位

方位	渡僧桥(阊门)	娄门	大成坊	凤凰	兴业(南门)	苏州市*小计	木渎镇	合计
北	6	1	1	1		9	2	11
东北						0		0
东	2	7	8	6	3	26	3	29
东南			1	1	2	4	1	5
南	1	1			2	5	10	15
西南					1	1	2	3
西	1	1	1		2	5	2	7
西北						0		0
不明				2		2		2
计	10	10	10	11	11	52	20	72

＊译者注:"苏州市"原著作"蔬州市",表中数据有所改动。

从居住地到集市的所用时间,如表11,三十分钟到一个小时的最多,不到两个小时的则包括了大部分(77.8%)。但其中也有人花费十个小时以上或是一天以上。由于这些路程中花费时间过长的商户,使所用时间的平均值达到了151.7分钟,但所用时间的中位数计算出来是30分钟。

表11 商户(受访者)到集市所用时间

所用时间	人数	百分比(%)
0分钟~	13	18.1
30分钟~	29	40.3
1小时~	14	19.4

---

① 然而,苏州市中心的大成坊的市场商户多是来自东面,木渎镇的市场来自南面的尤其多,就不符合这样的说明。这类情况应当考虑到蔬菜等的主产地分布有所偏重的可能性。

续表

所用时间	人数	百分比(%)
2小时~	9	12.5
5小时~	2	2.8
10小时~	3	4.2
24小时~	2	2.8
合计	72	100.0

从上述的移动方式和所用时间推算了受访者的移动距离。① 其结果如表12所示,5—10千米最多,不到20千米的占了大部分(79.1%)。但另一方面,虽然是少数,也有移动距离为100千米、200千米的,由此平均移动距离达到了21.5千米,取中位数则只有5.0千米。交叉分析移动距离和业种后得知,来自100千米外远处的商户是一部分经营水果、禽畜和蔬菜的商人。再交叉分析移动距离和运输方式,不到5千米距离内徒步和骑自行车的数量基本相当,5—50千米距离内多是骑自行车的,10千米以外开始出现划船的,而在50—500千米距离内划船的数量最多,超过200千米,卡车就成了主要的运输方式。

表12 商户(受访者)到集市的移动距离

移动距离	人数	百分比(%)
0.0 km~	9	12.5
2.0 km~	10	13.9
5.0 km~	24	33.3
10.0 km~	14	19.4
20.0 km~	9	12.5
50.0 km~	2	2.8

---

① 移动距离的推算,分别将徒步、自行车、船、公交、卡车的时速设为4千米、10千米、4千米、30千米、40千米。

续表

移动距离	人数	百分比(%)
100.0 km~	2	2.8
200.0 km~	2	2.8
合计	72	100.0

受访者的出摊频率如表13,每天都来的占65.3%,加上"几乎每天""隔天""经常"来的就达到了82.0%。可以说每天开放的市场,商户的出摊频率也明显较高。

表13 商户(受访者)的出摊频率

频率	人数	百分比(%)
每天	47	65.3
几乎每天	2	2.8
隔天	3	4.2
经常	7	9.7
有时	12	16.7
不明	1	1.4
合计	72	100.0

最后询问了平均一天的营业总额,如表14,只得到了14名受访者的回答。整体平均为21.8元,分业种由低到高分别为蛋类12.5元、蔬菜17.7元、水产品27.7元、禽畜35.0元。以此推算,即使一天卖20元,每天出摊,一个月就有600元的毛营业额,既然多数的商品是农民自家的农副产品,那么可以推测纯利润也不少。该地区的工厂工人的平均工资为每月100元,加上奖金也就是150元左右,相比之下可以说是相当有利可图的谋生之道。

表 14　商户(受访者)平均 1 日的营业额

营业额	人数	百分比(%)
～9 元	3	16.7
10 元～	4	22.2
20 元～	5	27.7
30 元～	5	27.7
50 元～	1	5.5
小计	18	100.0
未回答	54	—

(5) 小结

前文是在苏州市及其周边通过实地调查所探明的情况,可归纳为如下几点:

① 在苏州市区尤其市中心,大多数的"(城市)集贸市场"基本上平均分布相互间隔 1 千米左右,也存在有几处"专业市场"。集贸市场中规模较大的是市中心的和老城门附近的,可以说反映了集市传统的立地模式。另一方面还推测出,苏州市的郊区和外围的吴县在比率上几乎每个乡镇都分布着 1 个"(城市或农村)集贸市场"。

② 集贸市场是以蔬菜、水果、水产、豆制品等生鲜食品为中心的集市,多布局在公营的菜场旁边,但是现在已经取代菜场,成了生鲜食品的主要供给地。[1]

③ 观察集市的建设情况,可分类为绝大部分摊位都是露天的集市、许多摊位在棚顶下的集市和建有"商场"建筑物的集市,这些与《名册》中

---

[1] 根据全国城镇居民的抽样调查显示,1986 年全年平均每日在集市购买的食品支出比上一年增加了 29.7%。同时,在集市购买的支出在食品类总支出中所占的比率为 36.4%,尤其是生鲜食品达到了 52—74%(《中国经济年鉴》1987 年,p.Ⅵ—169)。另有报告称,江苏省城市地区的集市交易量在副食品方面超过了国营商业(《江苏省经济年鉴》1986 年,p.Ⅳ—109)。

露天、棚顶、商场的区分相一致。但现实中,一般是露天、棚顶、商场中的2种甚至3种混合存在。无论是哪种,都能明显看出商户按照商品类别集中、形成各自分区的倾向。

④ 集贸市场的商户,性别上男性稍多,年龄阶层上中年层次最多。贩卖自制农副产品的农民占绝大多数,很多商户是徒步或骑自行车花费2小时以内,来自20千米距离以内的地方,每天或几乎每天出摊。尽管是少部分,商户中也并非全都是近郊农民,如进购商品再行贩卖的商贩、划船、开卡车、乘公交来的经营者,花费10小时以上从100千米以外来的人经营者。与工厂工人的工资相比,商户的营业额可以说处于相当高的水平。

最后,略微比较一下水冈(1982年)调查的1981年珠江三角洲集市和笔者调查的1988年苏州地区集市的异同。首先关于集市的时间,前者是10天3次的定期集市,后者是每日集市。这种差异,与其说是时间上的差异,不如说是不同地区在传统上的差异。① 其次从市场建设来看,前者据说是露天式(绝大部分摊位为露天),后者却能看到相当多的棚顶式和商场式。因为集市的设施年年都在加以改善,②所以,这一差别反映出的是因调查的年份不同造成的差别。再从商户的性质来看,前者包含了许多由人民公社和生产大队等生产单位派遣来的人,工业产品方面尤其如此。与之相对,后者的商户全部是私人商贩,大部分是生产者农民,还有一部分是从别处进购农业、工业产品的"个体户"小商人。两者的差别明显反映出时期上的差别。另外,从平均每人每天的营业额来看,前者是数元至50元以上,后者是平均20多元,没有很大的差距。但前者是10天3次的集市,后者是每日集市,对于同样每个开市日都出摊的人来说,后者的营业额更多。最后,关于国营、公营的零售商店,前者生鲜食品方面这些商店仍然繁荣,而后者已明显呈现凋零的趋势。这也可以说反映了两个调查实施的时期有所不同。

---

① 参考 Skinner(1964,Part 1)及石原(1980)。
② 例如,据《中国经济年鉴》(1987年,p.Ⅵ—170),近年来市内(商场式)市场和棚顶式市场的建设正在不断推进。

三、结语

本章中根据《名册》对中国的集市进行了宏观的分析,并通过苏州地区的实地调查进行了微观上的探讨,接下来代替结论,指出本研究的问题点和不明之处。

首先,《名词》最多只收录了主要的集市,收录的概率会因集市种类、农村或城市、省和地区的不同而异,其统计分析自身就存在局限性。今后,我认为有必要做全面调查,例如:省或地区这类中等规模行政区内集市的分布和属性。

另一方面关于实地调查,由于我将对象设定为以苏州市为中心的地区,尽管充分获取了关于城市集市的信息,但关于农村的信息没能充分获取。把握农村集市的现状是今后的重要课题。同时,关于城市的集市,由于种种制约,调查也仍然只停留在了初步阶段。还留下了许多有待探明的课题,比如市场管理的实际情况,商户的属性和生产、销售活动,买方的实际状况等。另外,《名册》中收录的批发市场没能成为本次实地调查的对象。这也成为今后要探讨的课题。

纵览解放后中国集市的历史,明显受到了政府经济政策的决定性影响。1990年代,虽然中国经济似乎再次进入了调整期,但是经济现代化的路线基本不变。集市作为自由市场,我们需要深入关注它今后的动向。

参考文献

石原润:《世界各地における定期市の発生とその機能について》,《名古屋大学文学研究部研究论集》47,1986年。

石原润:《河北省における明・清・民国时代における定期市》,《地理学评论》46—4,1973年。

石原润:《華中東部における明・清・民国时代の伝统的市(market)について》《人文地理》32—3,1980年。

石原亨一:《中国の経済改革と商品経済》《亚洲经济》27—8,1986年。

《江苏省经济年鉴》,1986年。

小岛丽逸:《三中全会農政と農業経営組織》《亚洲经济》26—1,1986年。

小岛丽逸:《新たな矛盾に悩む中国農業》《亚洲经济》29—9,1986年。

中华人民共和国民政部行政区划处编:《全国乡镇地名录》,1986年。

《中国经济年鉴》,经济管理出版社,1987年。

国家工商行政管理局市场管理司、中国农村经营报社合编:《全国主要集市名册》,农村读物出版社,1987年。

《中国统计年鉴》,中国统计出版社,1987年。

《中国统计年鉴》,中国统计出版社,1989年。

林和生:《中国の市場研究に関する新資料》《日中地理学会议会报》17,1989年。

古泽贤治:《商業》,大阪市立大学经济研究所编《世界大都市2,上海》东京大学出版会,1986年。

永冈不二雄:《中国の農村市場中心地と現代化政策》《亚洲经济》23—8,1982年。

严善平:《中国における都市化の展開と人口・労働力の移動》《亚洲经济》30—7,1989年。

Skinner, G. W. (1964/65): Marketing and Social Structure in Rural China, (Parts 1—3), *The Journal of Asian Studies*, Vol. 24.

Taubmann, W. (1986): Stadtentwicklung in der Volksrepublik China, *Geographische Rundshau*, 38. H. 3.

(丁韵 译)

市镇研究文献目录

第1部分　中国史、地理学相关

[1]日文(作者、编者姓氏按日文假名排序)

天野元之助：《现代支那の市集と庙会》，《东亚学》第2辑，1940年

石原润：《河北省における明・清・民国时代における定期市》，《地理学评论》46卷4号，1973年

石原润：《华中东部における明・清・民国时代の传统的市(market)について》，《人文地理》32卷3号，1980年

石原润：《定期市の研究—机能と构造—》，名古屋大学出版会，1987年

石原润：《中国の自由市场について—苏州地域の事例を中心に—》，《名古屋大学文学部研究论集》110·史学，1991年

梅原郁：《宋代地方都市の一面—镇の变迁を中心として—》，《史林》41卷6号，1958年

梅原郁：《宋代の地方都市》，《历史地理教育》卷12号，1966年

加藤繁：《唐宋の草市に就いて》，《史学杂志》37编1号，1926年，后收录于《支那经济史考证》上，东洋文库，1952年

加藤繁：《唐宋时代の草市及び其の发展》，《市村博士古希记念东洋史论丛》1933年，后收录于《支那经济史考证》上，东洋文库，1952年

加藤繁：《唐宋时代の市》，《福田德三博士追悼论文集》1933年，后收录于《支那经济史考证》上，东洋文库，1952年

加藤繁：《清代に於ける村镇の定期市》，《东方学报》23卷2号，1936年，后收录

于《支那経済史考証》上,东洋文库,1952年

金井德幸:《南宋時代の市鎮と東嶽廟》,《立正史学》61,1987年

川胜守:《長江デルタにおける鎮市の発達と水利》,《佐藤博士還暦記念中国水利史論叢》,国书刊行会,1981年

川胜守:《中国近世都市の社会構造—明末清初,江南都市について—》,《史潮》新6号,1979年

川胜守:《明代,鎮市の水柵と巡検司制度—長江デルタ地域について—》,《東方学》第74辑,1987年

川胜守:《清初,莊氏史禍事件と南潯鎮社会》,《九州大学·东洋史论集》11号,1983年

河地重藏:《毛沢東と現代中国》(ミネルヴァ書房,1972年)"第四章 旧中国の農村経済体制と村落(第四章 旧中国的农村经济体制和村落)。第五章 アヘン戦争以後のウエスタン・インパクトと中国の農村経済体制(第五章 鸦片战争后的西方冲击和中国的农村经济体制)"

北村敬直:《清代における湖州府南潯鎮の綿問屋について》,《经济学杂志》57卷3号,1967年

仓持德一郎:《四川の場市》,《日本大学史学会研究汇报》1,1957年

栗林宣夫:《明清時代の小市集について》,立正大学史学会創立五十周年纪念事业实行委员会《宗教社会史研究》,雄山阁,1977年

小岛泰雄:《現代中国の生活空間—江蘇省六合县のばあい—》,《史林》74卷3号,1991年

斯波义信:《宋代江南の村市(market)と廟市(fair)》,《东洋学报》44卷1·2号,1961年

斯波义信:《中国都市をめぐる研究概況—法制史を中心に—》,《法制史研究》23卷1号,1974年

斯波义信:《商工業と都市の発展》,岩波讲座《世界歴史》9·中世3,1970年

斯波义信:《宋代の湖州における鎮市の発展》,《榎博士還暦記念東洋史論叢》,山川出版社,1975年

斯波义信:《中国,中近世の都市と農村—都市史研究の新しい視角—》,《近世都市の比較史的研究[共同研究論集]1》,大阪大学文学部,1982年

斯波义信:《中国中世的商業》(中世史讲座3《中世の都市》,学生社,1982年

周藤吉之:《宋代の郷村における小都市の発展(上·下)—特に店·市·步を中心として—》,《史学杂志》59编9·10号,150年,后收录于《唐宋社会经济史研究》,东京大学出版会,1965年

曾我部静雄:《唐以前の草市》,《东亚经济研究》16卷4号,1932年

曾我部静雄:《唐宋時代の草市》,《社会经济史学》24卷1号,1958年,后收录于

《宋代経済史の研究》,吉川弘文馆,1974年

　　田中正俊:《中国における地方都市の手工業—江南の製糸・絹織物業を中心に—》,中世史讲座3《中世の都市》,学生社,1982年

　　中村哲夫:《清末華北における市場圏と宗教圏》,《社会经济史学》40卷3号,1973年

　　中村哲夫:《清末華北の農村市場》,讲座中国近现代史2《義和団運動》,东京大学出版会,1978年

　　滨岛敦俊:《明清江南城隍考》,唐代史研究会编《中国都市の歴史的研究—唐代史研究会報告—》第Ⅳ集,1988年6月

　　滨岛敦俊:《明末江南郷紳の具体像—南潯・莊氏について—》,岩见宏、谷口规矩雄编《明末清初期の研究》,京都大学人文科学研究所,1989年

　　滨岛敦俊:《明清時代,江南農村の「社」と土地廟》,《山根幸夫教授退休記念明代史論叢》下,汲古书院,1980年

　　林和生:《明清時代,広東の墟と市—伝統的市場の形態と機能に関する一考察—》,《史林》63卷1号,1980年

　　林和生:《民国代における華中・華南の商業集落》,《人文》27,京都大学教養部,1981年

　　林和生:《中国近世の地方都市の一面—太湖平原の鎮市と交通路について—》,京都大学文学部地理学教室编《空間・景観・イメージ》,地人书房,1983年

　　林和生:《中国近世における地方都市の発展—太湖平原烏青鎮の場合—》,梅原郁编《中国近世の都市と文化》,京都大学人文科学研究所,1984年

　　林和生:《中国の市場研究に関する新資料》,《日中地理学会议会报》17号,1989年

　　林上:《中国蘇州地域における集落システムの構造と産業の発展》,《名古屋大学教養部纪要》第34辑,1990年

　　古島和雄:《旧中国における土地所有とその性格》,山本秀夫、野间清编《中国農村革命の展開》,亚洲经济研究所,1972年,后收录于古田和雄著《中国近代社会史研究》,研文出版,1982年

　　増井经夫:《広東の墟市—市場近代化に関する一考察—》,《东亚论丛》4,1941年

　　水冈不二雄:《中国の農村市場中心地と現代化政策》,《亚洲经济》23卷8号,1982年

　　森胜彦:《清代から民国に至る山東省の定期市》,《筑波大学历史地理研究会志》1,1978年

　　森时彦:《民国時期江南デルタにおける鎮の定着商業》,《アジア諸民族における社会と文化—岡本敬二先生退官記念論集—》,国书刊行会,1984年

森田明:《清代湖広地方における定期市について》,《九州大学商経論叢》5卷1号,1964年

山根幸夫:《明清時代華北における定期市》,《史論》,东京女子大学历史学研究室8,1960年

山根幸夫:《明末清初の華北の市集の紳士・豪民》,《中山八郎教授頌寿記念明清史論叢》1977年

山根幸夫:《明清時代華北市集の牙行》,《星博士退官記念中国史論集》,1978年

山根幸夫:《中国中世の都市》,中世史講座3《中世の都市》,学生社,1982年

山根幸夫:《清代山東の市集と紳士層—曲阜息陬義集を中心として—》,《中国研究集刊》2,1985年

[2] 中文（作者、编者姓氏按拼音排序）

陈学文:《明清时期江南的一个专业市镇——濮院镇的经济结构之探索》,《中国社会经济史研究》1985年第1期

陈学文:《略论明中叶市镇经济的发展》,《松辽学刊》1987年第2期,名古屋大学文学部东洋史学研究室藏)

陈学文:《略论明中叶江南一个县份的社会经济结构》,《浙江学刊》1985年第5期

陈学文:《明清时期双林镇的社会经济结构探索》,《浙江学刊》1986年第5期

陈学文:《明清时期杭州府仁和县三个市镇的历史考察》,《历史地理》第5期,1987年

陈学文:《明清时期江南丝绸手工业重镇菱湖的社会经济结构》,浙江省社会科学院编刊《明清时期江南市镇史研究》,1987年

陈学文:《明清时期南浔镇的社会经济结构》,《浙江学刊》1988年第1期

陈学文:《中国封建晚期的商品经济》,湖南人民出版社,1989年

樊树志:《中国封建晚期的濮院镇》,《江海学刊》1985年第3期

樊树志:《明清丝绸市镇的微观分析》,《史林》1986年第3期,上海社会科学院历史研究所三十周年纪念特辑

樊树志:《市镇和乡村的城市化》,《学术月刊》1987年第1期

樊树志:《明清江南市镇と都市化について》,《史泉》65号,松浦章解说

樊树志:《明清长江三角洲的市镇网络》,《复旦学报(社会科学)》1987年第2期

樊树志:《明清江南市镇の実態分析—蘇州府呉江県を中心として—》,《中国近代史研究》5号,1987年4月

樊树志:《苏松棉布业市镇的兴衰》,《中国经济史研究》1987年第4期

樊树志:《南浔镇和湖丝贸易》,《学术月刊》1988年第6期

樊树志:《明清江南市镇的实态分析——以苏州府嘉定县为中心》,《学术研究》1988年第1期

樊树志:《明清江南市鎮の実態分析―湖州府を中心として―》,《九州大学东洋史论集》16号
樊树志:《苏松棉布业市镇的兴衰》,《中国经济史研究》1987年第4期
樊树志:《明清江南市镇探微》,复旦大学出版社,1990年
范金民:《明清杭嘉湖农村经济结构的变化》,《中国农史》1988年第2期
范金民:《明清时期苏州市镇的发展特点》《南京大学学报》哲学·人文·社会科学)1990年第4期
傅衣凌:《明代江南市民经济试探》"五 明代后期江南城镇下层市民的反封建运动",上海人民出版社,1957年
傅衣凌:《明清时代江南市镇经济的分析》,《明清社会经济史论文集》人民出版社,1982年
傅宗文:《宋代的草市镇与扩城建郊》,《社会科学战线》1988年第4期
傅宗文:《宋代草市镇研究》,福建人民出版社,1989年
洪焕椿、罗仑主编:《长江三角洲地区社会经济史研究》,南京大学出版社,1989年
梁庚尧:《南宋的市镇》,《汉学研究》3—2[方志学国际研讨会论文专号2]1985年)
梁淼泰:《明清时期景德镇城市经济的特点》,《南开学报(哲学社会科学)》1984年第5期
林绍明:《明清年间江南市镇的行政管理》,《华东师范大学学报(哲学社会科学)》1987年第2期
刘石吉:《明清时代江南地区的专业市场》,《食货月刊》第8卷第6—8期,1978年
刘石吉:《明清时代江南市镇之数量分析》,《思与言》第16卷第2期,1978年
刘石吉:《明清时代江南市镇研究》,中国社会科学出版社,1987年
刘石吉:《小城镇经济和资本主义萌芽——综论近年来大陆学界有关明清市镇的研究》,《"中央研究院"三民主义研究所人文及社会科学集刊》1—1[庆祝"中央研究院"成立六十周年],1988年
罗仑、夏维中:《明清时代江南运河沿岸市镇初探》,《南京大学学报》(哲学·人文·社会科学)1990年第4期
全汉昇:《宋代南方的墟市》,《"中央研究院"历史语言研究所集刊》9,1947年
沈德飞:《明清时期吴江市镇初探》,《史林》1987年第4期
宋家泰、庄林德:《江南地区小城镇形成发展的历史地理基础》,《南京大学学报》(哲学·人文·社会科学)1990年第4期
宋元强:《区域社会经济史研究的新进展》,《历史研究》1988年第3期
韦庆远:《清代区域社会经济史研究概况》,《学术研究》1988年第2期
叶依能:《明清时期太湖地区市镇发展之研究》,《农业考古》1988年第1期

郁越祖:《关于宋代建制镇的几个历史地理问题》,《历史地理》6号,1988年

张华:《明代太湖流域专业市镇兴起的原因及其作用》,《南京大学学报》(哲学·人文·社会科学)1990年第4期

[附 资料集、目录类]

洪焕椿编:《明清苏州农村经济资料》,江苏古籍出版社,1988年

洪焕椿、罗仑编:《长江三角洲地区社会经济史研究》,南京大学出版社,1989年

浙江省社会科学院历史研究所、经济研究所、嘉兴市图书馆合编:《嘉兴府城镇经济史料类纂》和附录,1985年

浙江省社会科学院历史研究所、南京师范大学历史系合编(陈忠平、陈学文补订):《中国城镇史论著目录》,中国古代城市经济史学术讨论会参考资料,1985年,名古屋大学文学部东洋史学研究室藏)

[英文](作者、编者姓氏按字母排序)

Elvin, Mark, Market Towns and Waterways : The Country of Shang-hai from 1480 to 1910, in Skinner, G. W. (ed), *The City in Late Imperial China*, Stanford University Press, 1977.

Skinner, G. W., Marketing and Social Structure in Rural China, *The Journal of Asian Studies*, Vol. XXIV, No. 1, Nov. 1964; Vol. XXIV, No. 2, Feb. 1965; Vol. XXIV, No. 3, May. 1965. [日译版]今井清一、中村哲夫、原田良雄译《中国農村の市場·社会構造》,法律文化社,1979年

Skinner, G. W. (ed), *The City in Late Imperial China*, Stanford University Press, 1977. Part 2 Regional urbanization in Nineteenth-Century China (pp. 211—49) Part3 Cities and the Hierarchy of Local Systems (pp. 275—351) [日译版]今井清一译《中国王朝末期の都市》,晃洋书房,1989年

Yang, Ching-kun(杨庆堃)*A North China Local Market Economy ;A Summary of a Study of Periodic Markets in Chowping Hsien* , Shantung, Institute of Pacific Relations(太平洋问题调查会),1944.

第2部分 小城镇研究相关

[1][日文](作者、编者姓氏按日文假名排序)

石田浩:《中国農村社会経済構造の研究》,晃洋书房,1986年

石田浩:《中国農村の歴史と経済—農村変革の記録—》,关西大学出版部,1991年

宇野重昭、朱通华编:《農村地域の近代化と内発的発展論—日中「小城鎮」共同研究—》,国际书院,1992年

《中国における「小城鎮」建設に関する研究—江蘇省を中心として—》,NIRA

研究丛书 NO.890037，综合开发研究机构，1989 年

《中国における"小城鎮"建設》，NIRA《政策研究》VOL.2 NO.9《アジアの小農と農村問題》，综合开发研究机构，1989 年

鹤见和子：《内発的発展論の系譜》(鹤见和子、川田侃编《内発的発展論》，东京大学出版会，1989 年

森正夫：《1988 年夏江南デルタ小城鎮紀行》，《名古屋大学文学部研究论集》107・史学 36

山本英治：《江南の小城鎮》，《日中文化研究》2・特集《江南の文化と日本》，勉诚社，1991 年

[2] 中文（作者、编者姓氏按拼音排序）

杜秀达：《小城镇建设在实现"四化"过程中的地位和作用——繁昌县小城镇调查》，《安徽师大学报（哲学社会科学）》1984 年第 2 期

方明：《小城镇研究综述》，《中国社会科学》1985 年第 4 期

费孝通：《小城镇四记》，新华出版社，1985 年，[日译版]《江南農村の工業化——"小城鎮"建設の記録 1983—84 —》，大里浩秋、并木赖寿译，研文出版，1988 年

费孝通：《江村经济》，江苏人民出版社，1986 年

费孝通：《沿海六行》，人民出版社，1987 年

黄维岳、王柏森、庞殿勋编：《小城镇建设探讨》，人民日报出版社，1985 年 [内容：论文集・我见集・问答集・名镇录・一镇一品・附录]

江苏省小城镇研究课题组编：《小城镇 大问题——江苏省小城镇研究论文选第 1 集》，江苏人民出版社，1985 年

江苏省小城镇研究会课题组编：《小城镇 大开拓——江苏省小城镇研究论文选第 2 集》，江苏人民出版社，1986 年

江苏省小城镇研究会课题组：《江苏小城镇建设的社会目标和基本经验——江苏省小城镇研究综合报告》，《社会学研究》1986 年第 4 期

江苏省小城镇研究会课题组、江苏省统计局编：《小城镇区域分析——江苏省小城镇普查资料集》，中国统计出版社，1987 年

江苏省小城镇研究会编：《小城镇干部必读》，江苏人民出版社，1987 年

姜寒冰编：《江苏名镇》(上)・(中)，上海社会科学院出版社，1987、1988 年

李晶晶：《城郊发展乡镇企业的联合之路——昆明市近郊部分乡镇企业调查》，《云南社会科学》1986 年第 4 期

梁立新：《大力发展小城镇是改变我国城乡关系的关键》，《社会科学[兰州]》，1987 年第 1 期

罗晰：《小城镇发展的趋势和前景——陕西省小城镇调查与研究》，《人文杂志》1987 年第 5 期

吴大声、居福田：《试论江苏省小城镇研究的战略意义》，《江海学刊》1983 年第

6期

吴熔、吴德富、钱国耿：《充分发挥小城镇的纽带作用——江苏省江都县宜陵镇调查》，《江海学刊》1983年第6期

夏维中：《明清时代浒墅镇的研究》，洪焕椿、罗仑编《长江三角洲地区社会经济史研究》

乡镇企业发展研究课题组：《治理整顿中乡镇企业发展的对策》，《南京大学学报（哲学·人文·社会科学）》1990年第4期

薛葆鼎：《小城镇需要新政策》，《江淮论坛》1984年第3期

张雨林：《小城镇建设与城乡协调发展》，《中国社会科学》1984年第4期

赵喜顺：《论"离土不离乡"》，《社会科学研究》1984年第4期

郑宗寒：《试论小城镇》，《中国社会科学》1983年7月

钟华华：《水乡古镇——安昌、斗门》，《建筑学报》1984年第10期

朱通华、王雪非：《江苏 城镇化目标的选择和"离土不离乡"的探讨》，《南京大学学报（哲学 人文 社会科学）》1990年第4期

祝彭华：《关于小城镇建设的一些情况和问题——湖北省孝感地区330个小城镇调查》，《社会科学辑刊》1986年第4期

邹农俭：《集镇发展与中国城市化道路》，《社会科学[上海]》，1987年第11期

[附 文献目录类]

江苏省社会科学院图书馆编：《小城镇专题资料索引（1984）》（A4版120页，中国发行，1985年，名古屋大学文学部东洋史学研究室收藏）[内容：党和国家领导关于小城镇问题的指示和讲话、政策、小城镇研究总论、沿革和规划、劳动力、资金、商品流通、各项建设与城镇同步发展、智力开发、多层次的城镇经济、改革、建设文明镇、名镇录]（主要收录了中国各地报纸刊登的逾四千篇评论、报道、论文的标题）

[3][英文]（作者、编者姓氏按字母排序）

Fei Hsiao Tung（费孝通），*Peasant Life in China*，G. Routeledge-London, Dutton-New York, 1939.[日译版]仙波泰雄、盐谷安夫共译《支那の农民生活—扬子江流域に於ける田园生活の实态调查—》，生活社，1939年

Fei Hsiao Tung（费孝通），*Chinese Village Close-up*，New World Press, Bei-Jing, 1983.[日译版]《江南农村の工业化—"小城镇""建设の记录"1983—84 —》

（森正夫、稻田清一编，丁韵译）

后　记

承蒙南京大学历史学院范金民教授厚意，日本名古屋大学出版会1992年出版的《江南三角洲市镇研究》，现译为中文由江苏人民出版社出版，可以方便中国的广大读者阅读了。对于范金民教授自不待言，对于从事翻译工作的丁韵、胡婧以及许金生诸位深表谢忱。同时，衷心感谢负责繁重出版工作的江苏人民出版社编审王保顶先生。

我们得悉此次翻译、出版计划时十分惊讶。因为自1992年日文出版后已经过去二十六年岁月。江南三角洲各市镇在此后获得显著发展，在其所在县发挥作用之大，对于江南三角洲影响之深，在此期间也是显而易见的。如果以这种市镇之现状为基准，我们在所谓市镇的"开始发展期"进行的实地调查所取得的研究成果，会有用吗？这是我们坦率的想法。

不过，需要提请留意的，是构成本著内容，亦可称为我们研究方法的特征之处，那就是本著可以称为历史学与地理学共同研究的产物。我们中有三人，即森、高桥（本姓津田，已故）和稻田，虽然在社会经济史、法制史、社会史各领域的学识有浓淡之别，但均具有深入关注。其他三人，即海津、石原、林是地理学者，同时又受过人文地理学的基础性教育，其中既有在自然地理学、环境学方面造诣深厚者，亦有立足于对中国南北东西的广泛实地调查而深悉定期集市与农村空间者,还有对中心地理论与都市地理具有深刻认识者。我们通过对江南三角洲全域的广泛性观察调查、对上海市地域的这一实地调查,以及在中国南京、日本名古屋举行的研究会,花时间反复深入讨论,互相启发。此次译为中文,顺便将书末的"执笔者介绍"加以增补,以反映各位作者现在的情形。

我们的研究,有些章节在1992年原著出版时就有不少欠成熟之处。江南三角洲的市镇与三角洲后来二十多年的发展,没有涵盖、反映到如今状况之处也不少吧。不过,本书是基于调查这一共有的体验,运用历史学与地理学方法共同研究的产物,各位在阅读时如果能够留意到本书的这一特征,我们就至为欣喜了。

最后,衷心欢迎各位读者坦诚的意见与批评。

森正夫
2018年8月15日

作者简介（按章节顺序）

森正夫

1935 年生。历任名古屋大学教授，名古屋大学副校长，爱知县立大学校长。著有《明代江南土地制度の研究》，同朋舍出版，1988 年（中文译本《明代江南土地制度研究》，江苏人民出版社，2014 年）；《"地域社会"视野下的明清史研究——以江南和福建为中心》，江苏人民出版社，2017 年。

海津正伦

1947 年生。历任名古屋大学文学部教授，名古屋大学院环境学研究科教授，奈良大学文学部教授，名古屋大学名誉教授，东京大学空间情报学科学研究中心客座教授。著有《冲積低地の古環境学》，古今書院，1994 年；《冲積低地の地形環境学》（合著），古今書院，2012 年。

稻田清一

1956 年生。历任甲南大学文学部专任讲师，甲南大学文学部教授。著有《太湖流域社会の歴史学的研究》（合著），汲古書院，2007 年；《中国農村の信仰と生活—太湖流域社会史口述記録集—》（合著），汲古書院，2008 年。

高桥芳郎

本名津田芳郎。高桥为旧姓,也用于笔名。1949年生。历任名古屋大学教养部副教授,北海道大学文学部教授。2009年逝世。著有《宋一清身分法の研究》,北海道大学出版会,2001年;《宋代中国の法制と社会》,汲古書院,2002年。

林上

1947年生。历任名古屋大学教养部教授,名古屋大学大学院环境学研究科教授,中部大学文学部教授,名古屋大学名誉教授。著有《中心地理論研究》,大明堂,1986年;《現代都市地理学》,原書房,2012年。

石原润

1939年生。历任名古屋大学文学部教授,京都大学文学部教授,奈良大学文学部教授,奈良大学校长。著有《定期市の研究:機能と構造》,名古屋大学出版会,1987年;《農村空間の研究》上、下,大明堂,2003年。

"海外中国研究丛书"书目

1. 中国的现代化　[美]吉尔伯特·罗兹曼 主编　国家社会科学基金"比较现代化"课题组 译　沈宗美 校
2. 寻求富强:严复与西方　[美]本杰明·史华兹 著　叶凤美 译
3. 中国现代思想中的唯科学主义(1900—1950)　[美]郭颖颐 著　雷颐 译
4. 台湾:走向工业化社会　[美]吴元黎 著
5. 中国思想传统的现代诠释　余英时 著
6. 胡适与中国的文艺复兴:中国革命中的自由主义,1917—1937　[美]格里德 著　鲁奇 译
7. 德国思想家论中国　[德]夏瑞春 编　陈爱政 等译
8. 摆脱困境:新儒学与中国政治文化的演进　[美]墨子刻 著　颜世安 高华 黄东兰 译
9. 儒家思想新论:创造性转换的自我　[美]杜维明 著　曹幼华 单丁 译　周文彰 等校
10. 洪业:清朝开国史　[美]魏斐德 著　陈苏镇 薄小莹 包伟民 陈晓燕 牛朴 谭天星 译　阎步克 等校
11. 走向21世纪:中国经济的现状、问题和前景　[美]D.H.帕金斯 著　陈志标 编译
12. 中国:传统与变革　[美]费正清 赖肖尔 主编　陈仲丹 潘兴明 庞朝阳 译　吴世民 张子清 洪邮生 校
13. 中华帝国的法律　[美]D.布朗 C.莫里斯 著　朱勇 译　梁治平 校
14. 梁启超与中国思想的过渡(1890—1907)　[美]张灏 著　崔志海 葛夫平 译
15. 儒教与道教　[德]马克斯·韦伯 著　洪天富 译
16. 中国政治　[美]詹姆斯·R.汤森 布兰特利·沃马克 著　顾速 董方 译
17. 文化、权力与国家:1900—1942年的华北农村　[美]杜赞奇 著　王福明 译
18. 义和团运动的起源　[美]周锡瑞 著　张俊义 王栋 译
19. 在传统与现代性之间:王韬与晚清革命　[美]柯文 著　雷颐 罗检秋 译
20. 最后的儒家:梁漱溟与中国现代化的两难　[美]艾恺 著　王宗昱 冀建中 译
21. 蒙元入侵前夜的中国日常生活　[法]谢和耐 著　刘东 译
22. 东亚之锋　[美]小R.霍夫亨兹 K.E.柯德尔 著　黎鸣 译
23. 中国社会史　[法]谢和耐 著　黄建华 黄迅余 译
24. 从理学到朴学:中华帝国晚期思想与社会变化面面观　[美]艾尔曼 著　赵刚 译
25. 孔子哲学思微　[美]郝大维 安乐哲 著　蒋弋为 李志林 译
26. 北美中国古典文学研究名家十年文选 乐黛云 陈珏 编选
27. 东亚文明:五个阶段的对话　[美]狄百瑞 著　何兆武 何冰 译
28. 五四运动:现代中国的思想革命　[美]周策纵 著　周子平 等译
29. 近代中国与新世界:康有为变法与大同思想研究　[美]萧公权 著　汪荣祖 译
30. 功利主义儒家:陈亮对朱熹的挑战　[美]田浩 著　姜长苏 译
31. 莱布尼兹和儒学　[美]孟德卫 著　张学智 译
32. 佛教征服中国:佛教在中国中古早期的传播与适应　[荷兰]许理和 著　李四龙 裴勇 等译
33. 新政革命与日本:中国,1898—1912　[美]任达 著　李仲贤 译
34. 经学、政治和宗族:中华帝国晚期常州今文学派研究　[美]艾尔曼 著　赵刚 译
35. 中国制度史研究　[美]杨联陞 著　彭刚 程钢 译

36. 汉代农业:早期中国农业经济的形成　[美]许倬云 著　程农 张鸣 译　邓正来 校
37. 转变的中国:历史变迁与欧洲经验的局限　[美]王国斌 著　李伯重 连玲玲 译
38. 欧洲中国古典文学研究名家十年文选乐黛云　陈珏 龚刚 编选
39. 中国农民经济:河北和山东的农民发展,1890—1949　[美]马若孟 史建云 译
40. 汉哲学思维的文化探源　[美]郝大维 安乐哲 著　施忠连 译
41. 近代中国之种族观念　[英]冯客 著　杨立华 译
42. 血路:革命中国中的沈定一(玄庐)传奇　[美]萧邦奇 著　周武彪 译
43. 历史三调:作为事件、经历和神话的义和团　[美]柯文 著　杜继东 译
44. 斯文:唐宋思想的转型　[美]包弼德　刘宁 译
45. 宋代江南经济史研究　[日]斯波义信 著　方健 何忠礼 译
46. 一个中国村庄:山东台头　杨懋春 著　张雄 沈炜 秦美珠 译
47. 现实主义的限制:革命时代的中国小说　[美]安敏成 著　姜涛 译
48. 上海罢工:中国工人政治研究　[美]裴宜理 著　刘平 译
49. 中国转向内在:两宋之际的文化转向　[美]刘子健 著　赵冬梅 译
50. 孔子:即凡而圣　[美]赫伯特·芬格莱特 著　彭国翔 张华 译
51. 18世纪中国的官僚制度与荒政　[法]魏丕信 著　徐建青 译
52. 他山的石头记:宇文所安自选集　[美]宇文所安 著　田晓菲 编译
53. 危险的愉悦:20世纪上海的娼妓问题与现代性　[美]贺萧 著　韩敏中 盛宁 译
54. 中国食物　[美]尤金·N.安德森 著　马孆　刘东 译　刘东 审校
55. 大分流:欧洲、中国及现代世界经济的发展　[美]彭慕兰 著　史建云 译
56. 古代中国的思想世界　[美]本杰明·史华兹 著　程钢 译　刘东 校
57. 内闱:宋代的婚姻和妇女生活　[美]伊沛霞 著　胡志宏 译
58. 中国北方村落的社会性别与权力　[加]朱爱岚 著　胡玉坤 译
59. 先贤的民主:杜威、孔子与中国民主之希望　[美]郝大维 安乐哲 著　何刚强 译
60. 向往心灵转化的庄子:内篇分析　[美]爱莲心 著　周炽成 译
61. 中国人的幸福观　[德]鲍吾刚 著　严蓓雯 韩雪临 吴德祖 译
62. 闺塾师:明末清初江南的才女文化　[美]高彦颐 著　李志生 译
63. 缀珍录:十八世纪及其前后的中国妇女　[美]曼素恩 著　定宜庄 颜宜葳 译
64. 革命与历史:中国马克思主义历史学的起源,1919—1937　[美]德里克 著　翁贺凯 译
65. 竞争的话语:明清小说中的正统性、本真性及所生成之意义　[美]艾梅兰 著　罗琳 译
66. 中国妇女与农村发展:云南禄村六十年的变迁　[加]宝森 著　胡玉坤 译
67. 中国近代思维的挫折　[日]岛田虔次 著　甘万萍 译
68. 中国的亚洲内陆边疆　[美]拉铁摩尔 著　唐晓峰 译
69. 为权力祈祷:佛教与晚明中国士绅社会的形成　[加]卜正民 著　张华 译
70. 天潢贵胄:宋代宗室史　[美]贾志扬 著　赵冬梅 译
71. 儒家之道:中国哲学之探讨　[美]倪德卫 著　[美]万白安 编　周炽成 译
72. 都市里的农家女:性别、流动与社会变迁　[澳]杰华 著　吴小英 译
73. 另类的现代性:改革开放时代中国性别化的渴望　[美]罗丽莎 著　黄新 译
74. 近代中国的知识分子与文明　[日]佐藤慎一 著　刘岳兵 译
75. 繁盛之阴:中国医学史中的性(960—1665)　[美]费侠莉 著　甄橙 主译　吴朝霞 主校
76. 中国大众宗教　[美]韦思谛 编　陈仲丹 译
77. 中国诗画语言研究　[法]程抱一 著　涂卫群 译
78. 中国的思维世界　[日]沟口雄三 小岛毅 著　孙歌 等译

79. 德国与中华民国 [美]柯伟林 著 陈谦平 陈红民 武菁 申晓云 译 钱乘旦 校
80. 中国近代经济史研究:清末海关财政与通商口岸市场圈 [日]滨下武志 著 高淑娟 孙彬 译
81. 回应革命与改革:皖北李村的社会变迁与延续 韩敏 著 陆益龙 徐新玉 译
82. 中国现代文学与电影中的城市:空间、时间与性别构形 [美]张英进 著 秦立彦 译
83. 现代的诱惑:书写半殖民地中国的现代主义(1917—1937) [美]史书美 著 何恬 译
84. 开放的帝国:1600年前的中国历史 [美]芮乐伟·韩森 著 梁侃 邹劲风 译
85. 改良与革命:辛亥革命在两湖 [美]周锡瑞 著 杨慎之 译
86. 章学诚的生平及其思想 [美]倪德卫 著 杨立华 译
87. 卫生的现代性:中国通商口岸卫生与疾病的含义 [美]罗芙芸 著 向磊 译
88. 道与庶道:宋代以来的道教、民间信仰和神灵模式 [美]韩明士 著 皮庆生 译
89. 间谍王:戴笠与中国特工 [美]魏斐德 著 梁禾 译
90. 中国的女性与性相:1949年以来的性别话语 [英]艾华 著 施施 译
91. 近代中国的犯罪、惩罚与监狱 [荷]冯客 著 徐有威 等译 潘兴明 校
92. 帝国的隐喻:中国民间宗教 [英]王斯福 著 赵旭东 译
93. 王弼《老子注》研究 [德]瓦格纳 著 杨立华 译
94. 寻求正义:1905—1906年的抵制美货运动 [美]王冠华 著 刘甜甜 译
95. 传统中国日常生活中的协商:中古契约研究 [美]韩森 著 鲁西奇 译
96. 从民族国家拯救历史:民族主义话语与中国现代史研究 [美]杜赞奇 著 王宪明 高继美 李海燕 李点 译
97. 欧几里得在中国:汉译《几何原本》的源流与影响 [荷]安国风 著 纪志刚 郑诚 郑方磊 译
98. 十八世纪中国社会 [美]韩书瑞 罗友枝 著 陈仲丹 译
99. 中国与达尔文 [美]浦嘉珉 著 钟永强 译
100. 私人领域的变形:唐宋诗词中的园林与玩好 [美]杨晓山 著 文韬 译
101. 理解农民中国:社会科学哲学的案例研究 [美]李丹 著 张天虹 张洪云 张胜波 译
102. 山东叛乱:1774年的王伦起义 [美]韩书瑞 著 刘平 唐雁超 译
103. 毁灭的种子:战争与革命中的国民党中国(1937—1949) [美]易劳逸 著 王建朗 王贤知 贾维 译
104. 缠足:"金莲崇拜"盛极而衰的演变 [美]高彦颐 著 苗延威 译
105. 饕餮之欲:当代中国的食与色 [美]冯珠娣 著 郭乙瑶 马磊 江素侠 译
106. 翻译的传说:中国新女性的形成(1898—1918) 胡缨 著 龙瑜宬 彭珊珊 译
107. 中国的经济革命:二十世纪的乡村工业 [日]顾琳 著 王玉茹 张玮 李进霞 译
108. 礼物、关系学与国家:中国人际关系与主体性建构 杨美慧 著 赵旭东 孙珉 译 张跃宏 译校
109. 朱熹的思维世界 [美]田浩 著
110. 皇帝和祖宗:华南的国家与宗族 [英]科大卫 著 卜永坚 译
111. 明清时代东亚海域的文化交流 [日]松浦章 著 郑洁西 等译
112. 中国美学问题 [美]苏源熙 著 卞东波 译 张强强 朱霞欢 校
113. 清代内河水运史研究 [日]松浦章 著 董科 译
114. 大萧条时期的中国:市场、国家与世界经济 [日]城山智子 著 孟凡礼 尚国敏 译 唐磊 校
115. 美国的中国形象(1931—1949) [美]T.克里斯托弗·杰斯普森 著 姜智芹 译
116. 技术与性别:晚期帝制中国的权力经纬 [英]白馥兰 著 江湄 邓京力 译

117. 中国善书研究　[日]酒井忠夫 著　刘岳兵 何英莺 孙雪梅 译
118. 千年末世之乱:1813年八卦教起义　[美]韩书瑞 著　陈仲丹 译
119. 西学东渐与中国事情　[日]增田涉 著　由其民 周启乾 译
120. 六朝精神史研究　[日]吉川忠夫 著　王启发 译
121. 矢志不渝:明清时期的贞女现象　[美]卢苇菁 著　秦立彦 译
122. 明代乡村纠纷与秩序:以徽州文书为中心　[日]中岛乐章 著　郭万平 高飞 译
123. 中华帝国晚期的欲望与小说叙述　[美]黄卫总 著　张蕴爽 译
124. 虎、米、丝、泥:帝制晚期华南的环境与经济　[美]马立博 著　王玉茹 关永强 译
125. 一江黑水:中国未来的环境挑战　[美]易明 著　姜智芹 译
126. 《诗经》原意研究　[日]家井真 著　陆越 译
127. 施剑翘复仇案:民国时期公众同情的兴起与影响　[美]林郁沁 著　陈湘静 译
128. 华北的暴力和恐慌:义和团运动前夕基督教传播和社会冲突　[德]狄德满 著　崔华杰 译
129. 铁泪图:19世纪中国对于饥馑的文化反应　[美]艾志端 著　曹曦 译
130. 饶家驹安全区:战时上海的难民　[美]阮玛霞 著　白华山 译
131. 危险的边疆:游牧帝国与中国　[美]巴菲尔德 著　袁剑 译
132. 工程国家:民国时期(1927—1937)的淮河治理及国家建设　[美]戴维·艾伦·佩兹 著　姜智芹 译
133. 历史宝筏:过去、西方与中国妇女问题　[美]季家珍 著　杨可 译
134. 姐妹们与陌生人:上海棉纱厂女工,1919—1949　[美]韩起澜 著　韩慈 译
135. 银线:19世纪的世界与中国　林满红 著　詹庆华 林满红 译
136. 寻求中国民主　[澳]冯兆基 著　刘悦斌 徐硙 译
137. 墨梅　[美]毕嘉珍 著　陆敏珍 译
138. 清代上海沙船航运业史研究　[日]松浦章 著　杨蕾 王亦铮 董科 译
139. 男性特质论:中国的社会与性别　[澳]雷金庆 著　[澳]刘婷 译
140. 重读中国女性生命故事　游鉴明 胡缨 季家珍 主编
141. 跨太平洋位移:20世纪美国文学中的民族志、翻译和文本间旅行　黄运特 著　陈倩 译
142. 认知诸形式:反思人类精神的统一性与多样性　[英]G.E.R.劳埃德 著　池志培 译
143. 中国乡村的基督教:1860—1900 江西省的冲突与适应　[美]史维东 著　吴薇 译
144. 假想的"满大人":同情、现代性与中国疼痛　[美]韩瑞 著　袁剑 译
145. 中国的捐纳制度与社会　伍跃 著
146. 文书行政的汉帝国　[日]富谷至 著　刘恒武 孔李波 译
147. 城市里的陌生人:中国流动人口的空间、权力与社会网络的重构　[美]张骊 著　袁长庚 译
148. 性别、政治与民主:近代中国的妇女参政　[澳]李木兰 著　方小平 译
149. 近代日本的中国认识　[日]野村浩一 著　张学锋 译
150. 狮龙共舞:一个英国人笔下的威海卫与中国传统文化　[英]庄士敦 著　刘本森 译　威海市博物馆 郭大松 校
151. 人物、角色与心灵:《牡丹亭》与《桃花扇》中的身份认同　[美]吕立亭 著　白华山 译
152. 中国社会中的宗教与仪式　[美]武雅士 著　彭泽安 邵铁峰 译　郭潇威 校
153. 自贡商人:近代早期中国的企业家　[美]曾小萍 著　董建中 译
154. 大象的退却:一部中国环境史　[英]伊懋可 著　梅雪芹 毛利霞 王玉山 译
155. 明代江南土地制度研究　[日]森正夫 著　伍跃 张学锋 等译　范金民 夏维中 审校
156. 儒学与女性　[美]罗莎莉 著　丁佳伟 曹秀娟 译

157. 行善的艺术:晚明中国的慈善事业　[美]韩德林 著　吴士勇 王桐 史桢豪 译
158. 近代中国的渔业战争和环境变化　[美]穆盛博 著　胡文亮 译
159. 权力关系:宋代中国的家族、地位与国家　[美]柏文莉 著　刘云军 译
160. 权力源自地位:北京大学、知识分子与中国政治文化,1898—1929　[美]魏定熙 著　张蒙 译
161. 工开万物:17世纪中国的知识与技术　[德]薛凤 著　吴秀杰 白岚玲 译
162. 忠贞不贰:辽代的越境之举　[英]史怀梅 著　曹流 译
163. 内藤湖南:政治与汉学(1866—1934)　[美]傅佛果 著　陶德民 何英莺 译
164. 他者中的华人:中国近现代移民史　[美]孔飞力 著　李明欢 译　黄鸣奋 校
165. 古代中国的动物与灵异　[英]胡司德 著　蓝旭 译
166. 两访中国茶乡　[英]罗伯特·福琼 著　敖雪岗 译
167. 缔造选本:《花间集》的文化语境与诗学实践　[美]田安 著　马强才 译
168. 扬州评话探讨　[丹麦]易德波 著　米锋 易德波 译　李今芸 校译
169. 《左传》的书写与解读　李惠仪 著　文韬 许明德 译
170. 以竹为生:一个四川手工造纸村的20世纪社会史　[德]艾约博 著　韩巍 译　吴秀杰 校
171. 东方之旅:1579—1724耶稣会传教团在中国　[美]柏理安 著　毛瑞方 译
172. "地域社会"视野下的明清史研究:以江南和福建为中心　[日]森正夫 著　于志嘉 马一虹 黄东兰 阿风 等译
173. 技术、性别、历史:重新审视帝制中国的大转型　[英]白馥兰 著　吴秀杰 白岚玲 译
174. 中国小说戏曲史　[日]狩野直喜 张真 译
175. 历史上的黑暗一页:英国外交文件与英美海军档案中的南京大屠杀　[美]陆束屏 编著/翻译
176. 罗马与中国:比较视野下的古代世界帝国　[奥]沃尔特·施德尔 主编　李平 译
177. 矛与盾的共存:明清时期江西社会研究　[韩]吴金成 著　崔荣根 译 薛戈 校译
178. 唯一的希望:在中国独生子女政策下成年　[美]冯文 著　常姝 译
179. 国之枭雄:曹操传　[澳]张磊夫 著　方笑天 译
180. 汉帝国的日常生活　[英]鲁惟一 著　刘洁 余霄 译
181. 大分流之外:中国和欧洲经济变迁的政治　[美]王国斌 罗森塔尔 著　周琳 译　王国斌 张萌 审校
182. 中正之笔:颜真卿书法与宋代文人政治　[美]倪雅梅 著　杨简茹 译　祝帅 校译
183. 江南三角洲市镇研究　[日]森正夫 编 丁韵 胡婧 等译　范金民 审校
184. 忍辱负重的使命:美国外交官记载的南京大屠杀与劫后的社会状况　[美]陆束屏 编著/翻译
185. 修仙:古代中国的修行与社会记忆　[美]康儒博 著　顾漩 译
186. 烧钱:中国人生活世界中的物质精神　[美]柏桦 著　袁剑 刘玺鸿 译
187. 话语的长城:文化中国历险记　[美]苏源熙 著　盛珂 译
188. 诸葛武侯　[日]内藤湖南 著　张真 译
189. 盟友背信:一战中的中国　[英]吴芳思 克里斯托弗·阿南德尔 著　张宇扬 译
190. 亚里士多德在中国:语言、范畴和翻译　[英]罗伯特·沃迪 著　韩小强 译
191. 马背上的朝廷:巡幸与清朝统治的建构,1680—1785　[美]张勉治 著　董建中 译
192. 申不害:公元前四世纪中国的政治哲学家　[美]顾立雅 著　马腾 译
193. 晋武帝司马炎　[日]福原启郎 著　陆帅 译
194. 唐人如何吟诗:带你走进汉语音韵学　[日]大岛正二 著　柳悦 译

195. 古代中国的宇宙论 [日]浅野裕一 著 吴昊阳 译
196. 中国思想的道家之论:一种哲学解释 [美]陈汉生 著 周景松 谢尔逊 等译 张丰乾 校译
197. 诗歌之力:袁枚女弟子屈秉筠(1767—1810) [加]孟留喜 著 吴夏平 译
198. 中国逻辑的发现 [德]顾有信 著 陈志伟 译
199. 高丽时代宋商往来研究 [韩]李镇汉 著 李廷青 戴琳剑译 楼正豪 校
200. 中国近世财政史研究 [日]岩井茂树 著 付勇 译 范金民 审校
201. 北京的人力车夫:1920年代的市民与政治 [美]史谦德 著 周书垚 袁剑 译 周育民 校
202. 魏晋政治社会史研究 [日]福原启郎 著 陆帅 刘萃峰 张紫毫 译
203. 宋帝国的危机与维系:信息、领土与人际网络 [比利时]魏希德 著 刘云军 译
204. 行善的艺术:晚明中国的慈善事业(新译本) [美]韩德玲 著 曹晔 译